Teoria das Relações Internacionais

O GEN | Grupo Editorial Nacional – maior plataforma editorial brasileira no segmento científico, técnico e profissional – publica conteúdos nas áreas de ciências sociais aplicadas, exatas, humanas, jurídicas e da saúde, além de prover serviços direcionados à educação continuada e à preparação para concursos.

As editoras que integram o GEN, das mais respeitadas no mercado editorial, construíram catálogos inigualáveis, com obras decisivas para a formação acadêmica e o aperfeiçoamento de várias gerações de profissionais e estudantes, tendo se tornado sinônimo de qualidade e seriedade.

A missão do GEN e dos núcleos de conteúdo que o compõem é prover a melhor informação científica e distribuí-la de maneira flexível e conveniente, a preços justos, gerando benefícios e servindo a autores, docentes, livreiros, funcionários, colaboradores e acionistas.

Nosso comportamento ético incondicional e nossa responsabilidade social e ambiental são reforçados pela natureza educacional de nossa atividade e dão sustentabilidade ao crescimento contínuo e à rentabilidade do grupo.

João Pontes Nogueira e Nizar Messari

Teoria das Relações Internacionais

- Os autores deste livro e a editora empenharam seus melhores esforços para assegurar que as informações e os procedimentos apresentados no texto estejam em acordo com os padrões aceitos à época da publicação, *e todos os dados foram atualizados pelos autores até a data de fechamento do livro.* Entretanto, tendo em conta a evolução das ciências, as atualizações legislativas, as mudanças regulamentares governamentais e o constante fluxo de novas informações sobre os temas que constam do livro, recomendamos enfaticamente que os leitores consultem sempre outras fontes fidedignas, de modo a se certificarem de que as informações contidas no texto estão corretas e de que não houve alterações nas recomendações ou na legislação regulamentadora.

- Os autores e a editora se empenharam para citar adequadamente e dar o devido crédito a todos os detentores de direitos autorais de qualquer material utilizado neste livro, dispondo-se a possíveis acertos posteriores caso, inadvertida e involuntariamente, a identificação de algum deles tenha sido omitida.

- **Atendimento ao cliente: (11) 5080-0751 | faleconosco@grupogen.com.br**

- Direitos exclusivos para a língua portuguesa
  Copyright © 2005 (Elsevier Editora Ltda) © 2021, 2025 (30ª impressão) by
  GEN | GRUPO EDITORIAL NACIONAL S.A.
  Publicado pelo selo Editora Atlas
  Uma editora integrante do GEN | Grupo Editorial Nacional
  Travessa do Ouvidor, 11
  Rio de Janeiro – RJ – 20040-040
  www.grupogen.com.br

- Reservados todos os direitos. É proibida a duplicação ou reprodução deste volume, no todo ou em parte, em quaisquer formas ou por quaisquer meios (eletrônico, mecânico, gravação, fotocópia, distribuição pela Internet ou outros), sem permissão, por escrito, do GEN | Grupo Editorial Nacional Participações S/A.

- Capa: Sérgio Campante
- Editoração eletrônica: DTPhoenix Editorial
- **Ficha catalográfica**

N712t   Nogueira, João Pontes
        Teoria das relações internacionais: correntes e debates / João Pontes Nogueira, Nizar Messari. – 1. ed. [30ª Reimp.]. – Rio de Janeiro: GEN| Grupo Editorial Nacional. Publicado pelo selo Editora Atlas, 2025.

        Inclui bibliografia.
        ISBN 978-85-352-1687-5

        1. Relações Internacionais – Filosofia. I. Messari, Nizar. II. Título.

05-2550   CDD: 327.101
                                                                            CDU: 327

Para Tatiana, Angela e Laila

Sumário

Capítulo 1 Introdução — 1
Para que uma teoria das Relações Internacionais? — 1
A evolução da disciplina por meio dos debates teóricos: a visão convencional — 3
A proposta deste livro: uma visão diferente — 8
Plano do livro — 14
Notas — 19

Capítulo 2 O realismo — 20
As premissas comuns ao pensamento realista — 23
Os realistas que marcaram a evolução das Relações Internacionais — 31
O realismo, as Relações Internacionais e o debate contemporâneo — 48
Conclusão — 54
Notas — 55

Capítulo 3 O liberalismo — 57
A tradição liberal na teoria política internacional:
paz, comércio, republicanismo, instituições — 58
Funcionalismo e interdependência — 74
O novo liberalismo institucional e a crítica ao neorrealismo — 88
Novas direções no debate liberal — 95
Democracia e paz — 99
Conclusão — 101
Recomendações de leitura — 102
Notas — 103

Capítulo 4 O marxismo — 105
Marx e as Relações Internacionais — 105
Lênin e o imperialismo: uma visão marxista das relações internacionais — 111
Visões da periferia: as teorias da dependência — 118

O estruturalismo marxista de Wallerstein 123
Conclusão 128
Recomendações de leitura 130
Notas 130

Capítulo 5 A Teoria Crítica 132
A Teoria Crítica e as Relações Internacionais: antecedentes 132
Robert Cox e a crítica às teorias dominantes nas Relações Internacionais 139
Ética, soberania e o cosmopolitismo crítico de Linklater 148
Conclusão 158
Recomendações de leitura 161
Notas 161

Capítulo 6 O construtivismo 162
Definindo o construtivismo 164
Evolução do construtivismo nas duas últimas décadas 170
O construtivismo depois de 1999 182
Conclusão 185
Notas 186

Capítulo 7 Os pós-modernos/pós-estruturalistas 188
A virada pós-moderna 188
Poder e conhecimento nas Relações Internacionais 194
Realidade e discurso na política mundial 204
Identidade, exclusão e soberania 211
Recomendações de leitura 218
Notas 219

Capítulo 8 Perspectivas alternativas: feminismo e pós-colonialismo 221
Por que este capítulo? 221
A contribuição feminista ao estudo das Relações Internacionais 222
A contribuição do pós-colonialismo ao estudo das Relações Internacionais 228
Conclusão 230
Notas 230

Capítulo 9 Conclusão 232
Notas 239

Referências bibliográficas 241

Capítulo 1

INTRODUÇÃO

Para que uma teoria das Relações Internacionais?

Hoje em dia, ouvimos dizer com frequência que o mundo está cada vez mais internacionalizado, integrado e globalizado. Mas o que se quer dizer, exatamente, com isso? Será que nossas vidas quotidianas, o andar da nossa economia, os altos e baixos da política ou a maneira como se enfrentam os problemas sociais são, realmente, afetados por acontecimentos que ocorrem longe daqui e por decisões tomadas por outros governos? Acreditamos que sim, e que o estudo das Relações Internacionais é fundamental para compreendermos o mundo em que vivemos. Nem sempre foi assim. Durante muitos anos, os assuntos internacionais ocuparam muito pouco espaço no noticiário, no meio acadêmico e menos ainda em nossas preocupações do dia a dia. Questões de política exterior eram da alçada exclusiva dos diplomatas, uma elite profissional bem-educada, mas pouco conhecida da sociedade. Se houvesse alguma guerra ou conflito que causasse incerteza quanto à segurança do país ou de algum vizinho, o assunto certamente seria discutido nas esferas militares sem que muito fosse revelado à opinião pública.

Os tempos mudaram e, hoje, dificilmente passamos um dia sem ouvir uma notícia internacional que, provavelmente, tenha algum impacto, ainda que indireto, sobre nosso mundo imediato. Mesmo assim, o ensino e a pesquisa dos assuntos internacionais ainda são pouco desenvolvidos em nosso país, apesar de existir uma disciplina dedicada ao estudo das Relações Internacionais há quase um século na Inglaterra e há pouco menos do que isso nos Estados Unidos. As teorias das Relações Internacionais têm a finalidade de formular métodos e conceitos que permitam compreender a natureza e o funcionamento do sistema internacional, bem como explicar os fenômenos mais importantes que moldam a política mundial. Precisamos de um corpo particular de teorias para entender um universo específico da atividade humana cuja característica é desenvolver-se para além das fronteiras nacionais, no espaço pouco conhecido em que as ações, interações, conflitos e negociações têm lugar nas margens da jurisdição dos Estados: o espaço internacional. Os estudiosos das questões internacionais argumentam que elas possuem uma qualidade distinta dos problemas investigados pelas ciências sociais que se ocupam dos processos que ocorrem no espaço doméstico. Por isso, precisamos de uma teoria que dê conta dessa especificidade e de uma disciplina acadêmica que congregue os estudos e reúna os pesquisadores dedicados às relações internacionais.

Neste livro, apresentamos e discutimos as principais correntes de pensamento na teoria das Relações Internacionais e os debates que, frequentemente, contrapõem seus expoentes. Nossa intenção foi elaborar um texto introdutório que possa ser utilizado por alunos dos cursos de graduação em Relações Internacionais e também como material de apoio aos estudantes de pós-graduação. Para tanto, procuramos combinar a apresentação dos conceitos fundamentais de cada corrente de pensamento com uma abordagem crítica das limitações e contradições evidenciadas nos diferentes debates teóricos.

Nesta introdução, queremos situar este trabalho diante da variedade de textos e manuais de teoria das Relações Internacionais. Não reivindicamos nenhuma originalidade em especial, mas gostaríamos que o leitor tivesse clareza quanto a nossas intenções e posições, uma vez que diferem um pouco das narrativas convencionais, inclusive daquela que acabamos de resumir anteriormente. Nas próximas seções deste capítulo, fazemos um breve apanhado da evolução da disciplina de Relações Internacionais, considerando a história mais conhecida dos seus "grandes debates" teóricos. Em seguida, situamos a proposta deste livro diante dessa história, sugerindo uma visão diferente das teorias de Relações Internacionais, considerando: a) o lugar de onde estamos escrevendo — um país do mundo em desenvolvimento; b) a pluralidade de perspectivas existentes na área, incluindo o impacto da contribuição de outras disciplinas; c) nossa convicção de que o sistema de Estados não é o único objeto interessante e importante a ser estudado nas relações internacionais; e d) um questionamento sobre a conveniência da narrativa tradicional dos grandes debates para a riqueza e o desenvolvimento das pesquisas na área. Finalmente, apresentamos o esquema geral do livro e a divisão dos capítulos.

A evolução da disciplina por meio dos debates teóricos: a visão convencional

A apresentação convencional da origem e da evolução da disciplina de Relações Internacionais situa os primeiros passos para a formação da disciplina no período imediatamente posterior à tragédia da Primeira Guerra Mundial e nos rastros de destruição que ela havia deixado. O primeiro departamento de Relações Internacionais foi criado em 1917, na universidade escocesa de Aberystwyth, com uma preocupação normativa: os acadêmicos que se reuniram naquele departamento tinham como objetivo organizar uma disciplina em torno do estudo da questão da guerra e, mais precisamente, com a finalidade de livrar a humanidade de suas consequências nefastas. Era preciso, então, estudar o fenômeno da guerra e suas causas para poder evitar a repetição de tragédias similares às acontecidas na então chamada Grande Guerra.

Edward Hallett Carr, um diplomata britânico aposentado, escreveu um livro ao qual deu o título de *Vinte anos de crise*, publicado em 1939, poucos meses antes do início da Segunda Guerra Mundial. No livro, afirmou que a preocupação normativa dos primeiros acadêmicos da área de Relações Internacionais acabou por cegá-los. Segundo Carr, foi tal preocupação que obrigou esses primeiros acadêmicos a pensarem em termos do *dever ser* do mundo, em vez de estudar como o mundo *realmente* funcionava. A concentração desses primeiros acadêmicos, a quem Carr chamou de utópicos ou idealistas, em problemas ético-morais, impediu-os de elaborar instrumentos analíticos que permitissem perceber os sinais anunciadores da proximidade da Segunda Guerra Mundial.

Ao contrário desses idealistas, Carr definiu um segundo grupo que chamou de *realistas*, que estudava como o mundo realmente era e que defendia uma visão menos utópica e mais sintonizada com as dimensões do poder e do interesse que permeiam a política internacional. A caracterização feita por Carr desse debate como um confronto entre idealistas e realistas ficou conhecida na área acadêmica de Relações Internacionais como o *primeiro grande debate* da teoria das Relações Internacionais. Era um debate ontológico sobre uma disciplina recém-criada, em que as partes eram o *dever ser* dos idealistas e o *ser* dos realistas. O primeiro grupo queria estudar como mudar o mundo para torná-lo mais pacífico, enquanto o segundo grupo queria estudar os meios à disposição dos Estados para que pudessem garantir sua sobrevivência.

O início da Segunda Guerra Mundial, que enfatizou a vitória da lógica da sobrevivência, acabou dando razão aos realistas e enterrando os idealistas: o pensamento normativo dos últimos revelou-se perigoso porque subestimava as ameaças à sobrevivência dos Estados. O realismo saiu, então, desse primeiro grande debate, como o grande vencedor, e a publicação do livro de Hans Morgenthau em 1948, *A política entre as nações*, e sua enorme influência nas décadas seguintes vieram confirmar essa supremacia.[1]

Com a chamada revolução behaviorista nas ciências sociais em geral, a crítica que passou a ser feita à área de Relações Internacionais deixou de ser ontológica e tornou-se metodológica. O *segundo grande debate* na área não foi mais um debate sobre o que estudar, mas como estudá-lo. Os realistas científicos defendiam maior rigor científico e maior influência dos métodos das ciências exatas. Criticavam, também, a falta de diálogo com outras áreas do conhecimento científico, nas quais avanços expressivos na formulação de métodos empíricos de observação e análise da realidade objetiva haviam sido feitos. Portanto, esses realistas científicos defendiam a importação de métodos e conceitos de outras áreas, como das ciências exatas em particular, da cibernética e da biologia, assim como um uso mais intensivo de métodos quantitativos para o estudo das Relações Internacionais. Segundo eles, o realismo clássico pecava por sua falta de rigor e sua metodologia subjetiva demais.

A Guerra Fria, que exigiu dos tomadores de decisão um maior grau de previsibilidade no cenário internacional, deu impulso à crítica científica. A disciplina de Relações Internacionais passou a aceitar um maior rigor científico, assim como a adotar metodologias transparentes e falsificáveis, sem abrir mão dos avanços ocorridos dentro da área a partir dos estudos mais tradicionais do realismo clássico.

No final da década de 1960 e no decorrer da década de 1970, vários desafios se impuseram ao realismo como teoria dominante das Relações Internacionais. Esses desafios tinham duas origens: a evolução da política internacional e a evolução da própria disciplina. Do lado da evolução da política mundial, podemos citar a confirmação da União Soviética como superpotência competidora com os Estados Unidos no cenário internacional, assim como o surgimento de novos Estados após as descolonizações das décadas de 1950 e 1960. Esses Estados recém-independentes apresentavam uma agenda política diferente da agenda das superpotências: reivindicavam o acesso ao desenvolvimento como prioridade da política mundial no lugar das questões político-militares, que dominavam até então.

Na área acadêmica, o surgimento de novos atores não estatais na política internacional, como empresas multinacionais e organizações internacionais governamentais e não governamentais, levou ao questionamento de premissas básicas do realismo. Assim, surgiram críticas à separação entre política doméstica e política internacional, bem como à divisão entre *high* e *low politics* (alta política, relativa à segurança; e baixa política, referente a temas econômicos, tecnológicos etc.), e à primazia da primeira em relação à segunda. Esses ataques levaram o realismo a uma crise aguda, que necessitava de uma resposta vigorosa, capaz de superar suas insuficiências. Começou a se falar da exagerada ênfase dos realistas na questão da guerra em detrimento de outras questões de política internacional, e surgiram críticas ao excesso de ênfase no conflito em detrimento da cooperação e da interdependência. O livro de Joseh Nye e Robert O. Keohane, de 1977,

Power and Interdependence: World Politics in Transition foi emblemático a esse respeito.[2]

Foi nesse contexto que Kenneth Waltz publicou *Theory of International Politics*, um livro que trouxe novamente o realismo a uma posição de supremacia na teoria das Relações Internacionais.[3] Waltz trouxe o debate agente-estrutura assim como a influência da microeconomia à teoria das Relações Internacionais, provocando um grande impacto na disciplina e tornando-se objeto de inúmeros debates. Destaque particular merece o livro organizado por Robert O. Keohane em 1986, *Neorealism and Its Critics*, no qual autores de várias linhas debateram a contribuição de Waltz. Foi uma das poucas ocasiões nas quais autores como Robert Gilpin, assim como os próprios Waltz e Keohane, estiveram com críticos como John Gerard Ruggie, Robert Cox e Richard Ashley.[4]

Na mesma época, Michael Banks publicou um capítulo em uma coletânea no qual aponta para o surgimento de um debate na disciplina de Relações Internacionais entre três paradigmas: o realismo, o liberalismo, e a herança marxista.[5] Ao discutir o problema da incomensurabilidade entre paradigmas, Banks deu legitimidade e justificou a estrutura do debate em torno dos três paradigmas em competição.[6] Inspirado em Kuhn, Banks afirmou que a evolução de um paradigma ao outro passa por rupturas e saltos de descontinuidade, e não necessariamente por debates e evoluções concatenadas entre os diferentes paradigmas. Com isso, pode-se classificar o debate interparadigmático como um debate de natureza epistemológica, e não metodológica, que criou a impressão de que a disciplina havia chegado a um ponto no qual várias perspectivas competiam entre si sem que se vislumbrasse a possibilidade de consenso ou de síntese entre as três. Em suma, esse debate deu lugar a uma certa estagnação no diálogo entre pesquisadores de orientações diferentes.

Em 1988, em seu discurso de posse como presidente da International Studies Association (ISA), Keohane procurou redefinir os termos do debate distinguindo entre duas grandes correntes: racionalistas e reflexivistas.[7] Para ele, os racionalistas (representados pelos realistas e os liberais) possuíam um claro programa de pesquisa, com hipóteses, metodologia e critérios de inclusão e exclusão precisos e transparentes. No entanto, esses instrumentos de análise não permitiam a eles lidar com assuntos empolgantes, tais como os conceitos de identidade e cultura. Keohane afirmou, também, que os reflexivistas, entre os quais incluiu as feministas, a teoria crítica, os pós-modernos e pós-estruturalistas, conseguiam estudar questões e conceitos muito importantes e empolgantes, mas lhes faltavam rigor e dados empíricos para apoiar suas ideias. Keohane concluiu que era necessário chegar a um consenso entre racionalistas e reflexivistas.

No ano seguinte, Yossef Lapid publicou um artigo no qual falava da existência de um terceiro debate, que chamou de pós-positivista e que estava ocorrendo entre grupos similares aos grupos definidos por Keohane.[8] A diferença é que o grupo chamado por Keohane de racionalista foi chamado por Lapid de positivista, enquanto o grupo chamado por Keohane de reflexivista foi chamado por Lapid de pós-positivista. A diferença nos nomes não era mera coincidência e revelava uma diferença de percepção significativa: Lapid deu nome à origem do racionalismo de Keohane que é o positivismo e definiu os reflexivistas não em relação aos racionalistas, mas em relação a como eles veem o mundo. Lapid definiu o terceiro debate em termos ontológicos. Estávamos de volta aos termos do primeiro debate. Ole Waever bem que tentou, em 1995, apresentar a evolução da área em termos menos confusos para os alunos de Relações Internacionais, mas não conseguiu ouvidos atentos.[9] No entanto, Waever foi feliz em apontar que o debate atual pode ser dividido em duas partes. Por um lado, o debate entre realistas e liberais e, de outro lado, o debate entre positivistas e pós-positivistas. Tratando do debate entre realistas e liberais, e mais especificamente de seus herdeiros neorrealistas e neoliberais, Waever foi irônico ao falar de um debate próximo do limite do aborrecimento, e ao referir-se ao debate como sendo um debate neoneo.

No final da década de 1980 também surgiu o construtivismo, uma contribuição que acabou sendo reconhecida como importante no decorrer da década de 1990, e que trouxe a influência de debates que estavam ocorrendo em outras ciências sociais para as Relações Internacionais. Referimo-nos aqui, em particular, à teoria de estruturação de Anthony Giddens, que nega precedência ontológica tanto aos agentes quanto à estrutura. Com isso, o debate contemporâneo nas Relações Internacionais seria um debate entre o realismo, o liberalismo e o construtivismo e suas respectivas variantes.

A proposta deste livro: uma visão diferente

Neste livro, afirmamos a necessidade de estudar e ensinar as Relações Internacionais de maneira distinta do que acabamos de apresentar nas páginas anteriores. Prevalece, na apresentação convencional, uma perspectiva anglo-saxônica, que reflete o argumento de Stanley Hoffmann em seu artigo de 1977 na revista *Daedalus*, "An American Social Science: International Relations", ou ainda o argumento formulado por Steve Smith em um livro de 1985 que organizou sob o título *International Relations: British and American Perspectives*.[10] Hoffmann afirma, em seu artigo, que a área de estudo de Relações Internacionais seguiu e foi influenciada pelo desenvolvimento das ciências sociais norte-americanas e refletiu a visão de mundo e as orientações metodológicas e epistemológicas da comunidade científica norte-americana. Por seu lado, Smith afirma que o desenvolvimento da área no decorrer do século XX acompanhou as potências hegemônicas do momento. Assim, a área foi criada no Reino Unido no imediato pós-Primeira Guerra Mundial e se desenvolveu e se estabeleceu nos Estados Unidos no pós-Segunda Guerra Mundial. Juntando esses dois argumentos à hoje bastante famosa frase de Robert Cox, segundo a qual uma teoria é feita por alguém para o benefício de alguém, conclui-se que o estudo, o ensino e a apresentação da disciplina em seus moldes convencionais apenas reforçariam uma via em detrimento de outras não exploradas. Neste livro, procuramos explorar essas outras vias e, em particular, a riqueza e a diversidade da disciplina quando se foge do debate exclusivamente norte-americano.

Escrevemos este livro no Brasil, um país do Sul (ou da periferia), que tem consumido mais do que produzido a teoria das Relações Internacionais. A única exceção a esse respeito é a teoria da Dependência, produzida e desenvolvida em boa parte no Sul, e que refletiu a agenda e os interesses locais. Procuramos, então, refletir neste livro o lugar de onde escrevemos, acreditando que isso reflete nossas necessidades teóricas. Procuramos evitar privilegiar perspectivas etnocêntricas, assim como perspectivas estadocêntricas, de maneira a abrir o leque de possibilidades teóricas disponíveis ao aluno e ao especialista na disciplina de Relações Internacionais em um país como o Brasil. De fato, reproduzir e limitar-se às dimensões de um suposto debate entre o realismo e o liberalismo empobrece e reduz as opções teóricas disponíveis para a análise das Relações Internacionais a partir de um país do Sul. No entanto, isso não significa que ignoremos a importância dessas duas teorias (realismo e liberalismo), mas que consideramos ambas como duas entre várias outras possibilidades teóricas oferecidas pela disciplina e, quiçá, não as mais adaptadas às necessidades do lugar de onde escrevemos.

Isso nos levou a uma apresentação mais plural das teorias das Relações Internacionais. Neste livro, não apresentamos uma teoria como dominante e as demais teorias como meras derivações ou, no melhor dos casos, contribuições que precisam amadurecer e tomar densidade. Caso tivéssemos agido dessa maneira, estaríamos dizendo que uma teoria evoluiu, amadureceu e conseguiu avanços tais que se tornou um modelo a ser imitado pelas demais. Esse não é nosso propósito. Apresentamos várias teorias — as mais relevantes, do nosso ponto de vista — de maneira autônoma e sem referência às demais teorias, de maneira a cobrir um amplo leque de possibilidades, conceitos e contribuições na disciplina de Relações Internacionais. Procuramos, também, possibilitar a inclusão das mais diversas agendas e reivindicações para refletir a riqueza e a diversidade da disciplina de Relações Internacionais. Evitamos apresentar cada uma dessas contribuições teóricas de maneira monolítica e enfatizamos a multiplicidade de perspectivas dentro de cada uma delas. Assim, procuramos tanto a pluralidade de perspectivas teóricas (uma pluralidade horizontal) quanto a pluralidade dentro de cada uma dessas perspectivas teóricas (uma pluralidade vertical). Em outras palavras, não existe apenas uma versão do realismo ou do liberalismo, nem o realismo e o liberalismo são as únicas possibilidades teóricas na disciplina de Relações Internacionais.

Ressaltamos e defendemos, também, a necessidade do pensamento normativo. Ao evitar privilegiar a apresentação de certas áreas em detrimento de outras, nós nos permitimos abordar as teorias ditas normativas como contribuições legítimas. Teorias normativas haviam sido desprezadas nas Relações Internacionais desde que Carr as declarou caducas. Na evolução convencional da disciplina, o chamado primeiro grande debate concluiu-se com uma suposta vitória do realismo. Consequentemente, a derrota do idealismo relegou o pensamento normativo ao esquecimento da história. Contudo, neste livro, mostramos não apenas que várias teorias nunca abriram mão de serem normativas, como existem argumentos que afirmam que todas as teorias são normativas por definição, ou seja, todas as teorias tratam de um *dever ser*, inclusive os realistas e os liberais, que afirmam lidar exclusivamente com o *ser*. Procuramos, então, afirmar que ser normativo não apenas é legítimo, mas recomendável, principalmente de onde estamos escrevendo. Desse ponto de vista, todos os capítulos deste livro lidam com pontos de vista normativos.

Por fim, a riqueza do debate atual, e que tentamos ressaltar ao longo do livro, é que a produção teórica nas Relações Internacionais passou a levar em consideração influências e a entrar em debate com outras áreas de conhecimento. Assim, abriu-se o leque muito reduzido das influências recebidas pela disciplina e que eram exclusivas das disciplinas de História e de Economia, para abarcar áreas como a sociologia, a literatura, a filosofia política e a geografia. Autores tão diversos como Adorno e Horkheimer, os fundadores da Escola de Frankfurt, ou o principal nome da teoria crítica hoje, Habermas, tornaram-se citações comuns nas Relações Internacionais. Outros, como Levinas, Todorov, Foucault, Derrida, Giddens e Wittgenstein, passaram, também, a ser citados de maneira corriqueira na disciplina. A lógica por trás desse movimento de abertura nas Relações Internacionais, e que reproduzimos aqui, era a seguinte: os dilemas e os desafios analíticos e conceituais colocados para a disciplina não eram de natureza diferente nem obedeciam a lógicas diferentes dos dilemas e desafios encontrados por outras áreas do conhecimento. Consequentemente, não era preciso "reinventar a roda". A adaptação e o uso desses conceitos nas Relações Internacionais serviram para enriquecer e diversificar a aparelhagem teórica da disciplina.

Um dos exemplos mais ilustrativos a esse respeito é o uso do debate agente-estrutura. No final da década de 1980 e no decorrer da década de 1990, os termos do debate em outras áreas do conhecimento foram reconhecidos nas Relações Internacionais e tiveram um impacto conceitual considerável na área. É esse diálogo entre a disciplina de Relações Internacionais e as demais disciplinas das ciências humanas e sociais que refletimos neste livro. Identificamos a disciplina como parte de um conjunto de outras disciplinas, que tem sua especificidade, mas que pode dialogar, influenciar e ser influenciada pelas outras.

Nossa seleção de uma gama mais ampla de teorias é, também, um esforço para transmitir aos estudantes brasileiros uma visão da disciplina mais aberta à inovação, ao desenvolvimento de novas linhas de pesquisa. Uma das principais limitações das teorias convencionais é sua definição do objeto de estudo das Relações Internacionais: o comportamento dos Estados soberanos em um ambiente anárquico. Essa concepção está fortemente enraizada na cultura da área, refletindo-se em seu próprio nome, que indica o relacionamento entre nações (entendidas como Estados) como sua razão de ser. Essa definição se explica a partir de uma concepção da política como uma atividade na qual o choque de interesses envolve, por natureza, a possibilidade do uso da violência. Ao monopolizar a atribuição legítima de usar a força, o Estado se tornaria o objeto e o terreno privilegiado de toda ação política. Na esfera internacional, o Estado adquirira uma importância ainda maior porque o tal monopólio não existe, uma vez que impera a anarquia. Temos, então, que a combinação de uma concepção do Estado como esfera autônoma da política com a divisão do mundo social em dois âmbitos distintos, o doméstico e o internacional, constitui uma disciplina em que o objeto de interesse é, necessariamente, como os Estados podem realizar seus interesses em um mundo sem governo, onde a ocorrência da guerra é uma possibilidade sempre presente. Nesse sentido, o pesquisador treinado de acordo com as teorias convencionais encontra-se diante da necessidade de orientar o foco de seus estudos para a compreensão do que os Estados, atores principais, fazem para assegurar sua sobrevivência — seu principal interesse — em um ambiente altamente perigoso. Esse ambiente, normalmente denominado pelo conceito de sistema internacional, ocupa o lugar central na delimitação das Relações Internacionais como disciplina autônoma no mundo acadêmico.

Essa visão da disciplina, apesar de canônica e, por muito tempo, dominante nos meios acadêmicos e no senso comum do universo da política externa, deixou de ser consensual à medida que perspectivas alternativas ocuparam um espaço cada vez maior nos debates da área. Muitas das correntes abordadas neste livro definem de maneira bastante diversa seu objeto de estudo, deslocando, como no caso de alguns expoentes do marxismo, o foco do Estado para o sistema capitalista mundial. O próprio Marx, que teve atuação importante na Primeira Internacional, não tinha interesse particular, em suas análises, na diferenciação entre o doméstico e o internacional, preferindo investigar o movimento do capital por meio das fronteiras e em escala mundial. Não acreditamos que, por isso, devamos dizer, como querem os teóricos convencionais, que as teorias marxistas não são teorias de Relações Internacionais. A riqueza dos debates que procuramos abordar neste livro está, em grande parte, no questionamento do próprio objeto de disciplina e na tentativa de discutir os inúmeros temas e incluir os diversos atores sistematicamente excluídos do universo das RI, como se não existissem no mundo real das relações internacionais. Por isso, incluímos e fazemos questão de destacar a contribuição das correntes críticas que tentam ir além da teoria de RI e refletir sobre a política mundial considerando a complexidade que caracteriza, hoje, os processos, contradições e conflitos nos quais uma miríade de atores e forças estão envolvidos. Nesse sentido, a discussão do papel da teoria crítica na reformulação da teoria de RI recebe atenção, uma vez que nos ajuda a questionar o estadocentrismo dos enfoques tradicionais, chamando a atenção para forças sociais cada vez mais presentes no cenário mundial. Também nos alerta para a própria transformação da forma estatal no bojo da intensificação do processo de internacionalização da política e da economia. Por outro lado, outras perspectivas teóricas discutidas aqui sugerem que é cada vez mais difícil excluir dos estudos internacionais questões como a natureza contestada da soberania, a marginalização das mulheres, a negação dos direitos dos refugiados, a redefinição das identidades culturais em chave étnica, entre tantos outros novos temas surgidos a partir do movimento intelectual gerado pelas correntes críticas e pós-positivistas.

A estrutura da obra também reflete nossa intenção de evitar a classificação tradicional da evolução da teoria de Relações Internacionais em torno dos chamados "grandes debates". Essa classificação vem sendo utilizada historicamente na formação dos estudantes da disciplina, tornando-se, também, uma referência constante na literatura teórica. A influência dessa forma de organizar a trajetória intelectual das RI se deve a sua eficácia em produzir uma narrativa que ilustra o "progresso" da área na direção de teorias cada vez mais rigorosas e em conformidade com os padrões do pensamento científico. Essa "história oficial" nos conta como o realismo conseguiu superar a ingenuidade e a inconsistência do idealismo utópico, responsabilizado pela trágica decisão dos governos europeus ocidentais de subestimar a ameaça nazista. Essa luta heroica, narrada pela pena eloquente do mentor do Primeiro Debate, E.H. Carr, culmina com um triunfo intelectual que coincide com a vitória aliada na Segunda Guerra Mundial e se reflete na ocupação, por expoentes do realismo, de posições importantes no governo e na academia norte-americanos. A marcha da disciplina, agora sustentada pelo passo firme de um realismo que tem os pés no chão sólido das realidades do poder, continua em sua busca de uma formulação clara das leis de funcionamento da política internacional.

Nessa busca, são deixadas para trás as teorias "tradicionais" que carecem de fundamentação científica para suas análises do sistema internacional, uma vez que recorrem à subjetividade da interpretação histórica e a uma ênfase inadequada no papel dos indivíduos na condução da política externa. A reformulação do realismo em chave behaviorista assinala o triunfo do paradigma dominante no Segundo Debate e marca o início de um período de hegemonia incontestre e de aparente alcance de um status de ciência normal em uma disciplina, finalmente, pronta para a maturidade. Os debates seguintes não mereceram a qualificação de "grandes", provavelmente por não refletirem um embate que reafirmasse a grandeza da teoria dominante. Na verdade, o Terceiro Debate não existe como um debate circunscrito e situado no tempo, contrapondo um conjunto bem definido de correntes. Podemos falar no Terceiro Debate como uma sequência de movimentos de questionamento e crítica às teorias estabelecidas na área, com o intuito de abrir o campo para novas perspectivas. Tratou-se, diríamos em linguagem gramsciana, de uma crise de hegemonia do neorrealismo e suas vertentes auxiliares (como o neoliberalismo).

Em suma, nossa rejeição à narrativa dos "grandes debates" reflete nossa convicção de que a reformulação da teoria de Relações Internacionais deve começar pela desmistificação de seus mitos fundadores e da tradição inventada pelas teorias dominantes de modo a conferir-lhes uma linhagem nobre, conquistada em sucessivas "batalhas" contra paradigmas adversários.

Plano do livro

O livro está estruturado em torno das grandes correntes de pensamento que inspiram a maior parte da produção teórica de Relações Internacionais até os dias de hoje. A seleção não pretende ser exaustiva e, certamente, abordagens e teorias consideradas importantes por muitos ficarão fora de nossa seleção. Nosso critério se baseou na representatividade de cada corrente para os estudos da área, bem como em nossa própria perspectiva acerca da relevância de cada uma. No conjunto, decidimos privilegiar, como já dissemos, a pluralidade de perspectivas em contraposição ao que convencionamos chamar de teorias dominantes. Apesar de realismo e liberalismo ainda exercerem uma influência incontestável sobre a maioria dos estudiosos de RI, os avanços realizados nos últimos 25 anos, tanto em termo de originalidade quanto de sofisticação, situam-se principalmente entre as teorias não convencionais ou pós-positivistas. Na verdade, nossa análise da situação atual dos debates na área nos leva a concluir que os paradigmas dominantes têm desempenhado um papel cada vez mais conservador e até mesmo retrógrado diante dos desafios e das complexidades da política mundial contemporânea. Resistentes à mudança e ciosos da defesa de sua posição dominante na disciplina, as correntes tradicionais fracassam ao ignorar temas cruciais que, por não se adequarem aos pressupostos epistemológicos e metodológicos do positivismo científico, são excluídos de seus programas de pesquisa. Por isso, resolvemos dedicar dois terços do presente trabalho às teorias críticas ao *mainstream*, por serem elas as que abriram as portas do diálogo interdisciplinar e introduziram os novos temas que hoje animam as pesquisas da área.

Ao estruturar os capítulos a partir de grandes correntes de pensamento, privilegiamos as contribuições e os debates de autores que se inspiram nas referências intelectuais de cada tradição ou movimento. O objetivo dessa abordagem é situar as teorias de RI nos debates das ciências sociais e humanas sublinhando sua dívida para com elas e, de certo modo, contextualizando sua pretensão ao status de ciência normal no quadro mais geral dos questionamentos hodiernos sobre os fundamentos do discurso científico. Com isso, buscamos oferecer ao leitor uma visão abrangente dos debates teóricos da área, dando-lhe elementos para aprofundar seus estudos segundo suas afinidades intelectuais. Por outro lado, é nossa intenção colocar as diversas correntes de pensamento em um patamar equivalente de relevância para o estudo das Relações Internacionais, evitando consagrar esta ou aquela corrente como herdeira de uma suposta grande tradição da disciplina. Acreditamos que tradições são, normalmente, fruto de narrativas dominantes que buscam legitimar seu poder em uma área de conhecimento. Não é diferente nas RI, por isso, preferimos que o leitor tivesse acesso a um quadro amplo e equilibrado da riqueza de abordagens existentes sobre as questões internacionais, sem que suas respectivas marcas de nascença determinassem, *a priori*, seu valor.

Os Capítulos 2 e 3 tratam das duas grandes tradições da teoria internacional, o realismo e o liberalismo, respectivamente. Cada uma delas contém uma diversidade de perspectivas sobre as relações internacionais, muitas conflitantes entre si. Acreditamos, contudo, que suas raízes no pensamento político moderno são suficientemente profundas para que possamos identificar um elo comum entre as várias teorias abrigadas em cada tradição. Em ambos os capítulos, tivemos a preocupação de salientar os conceitos e temas que perduram nas várias reformulações das teorias liberais e realistas, procurando identificar os elementos que permitem classificá-las, ainda hoje, de acordo com suas respectivas heranças intelectuais. Realismo e liberalismo continuam a ser correntes dominantes nas RI, apesar do relativo declínio de sua influência nas últimas duas décadas. Nesses capítulos, discutimos as novas tentativas de atualização dessas teorias, que visam a adequar-se à clara insuficiência explicativa de seus pressupostos no contexto do pós-Guerra Fria. Das duas grandes tradições, o liberalismo tem sido a mais bem-sucedida nesse esforço, ainda que no mundo pós-11 de setembro algumas vertentes do realismo tenham recobrado algum fôlego.

No Capítulo 4, discutimos a importante contribuição do marxismo, muitas vezes desconsiderado pelos manuais convencionais da disciplina por não desenvolver uma teoria de RI propriamente dita. Em nosso entendimento, a herança marxista, que enseja a análise das relações sociais em sua totalidade, rejeitando a separação entre economia e política, produziu enfoques que procuram integrar a dinâmica do capitalismo mundial ao estudo do funcionamento do sistema internacional. A contribuição das teorias do imperialismo, da dependência e do sistema-mundo para a investigação sobre as causas da desigualdade e das assimetrias de poder nas relações internacionais é inegável e deveria merecer maior atenção dos estudiosos de RI tanto nos cursos de graduação e pós-graduação quanto nos debates acadêmicos.

A tradição marxista também está presente em nossa discussão sobre a teoria crítica nas Relações Internacionais, no Capítulo 5. Fruto da influência do marxismo ocidental na reflexão da área, a teoria crítica incorporou as análises do caráter conservador das ciências positivas formuladas pelos pensadores da Escola de Frankfurt para fundamentar seu ataque à epistemologia objetivista dos paradigmas dominantes da disciplina. Ao fazê-lo, introduziu um debate intenso em torno dos fundamentos epistemológicos dos paradigmas teóricos das Relações Internacionais, que marcou o ambiente intelectual da disciplina ao longo dos anos 1980 e criou as condições para o desenvolvimento de um *ethos* mais pluralista entre nós. Da mesma forma, a teoria crítica foi responsável por reintroduzir questões há muito esquecidas na área, mas não por isso irrelevantes, como os temas da hegemonia, da forma estatal, da relatividade histórica dos conceitos, da soberania, da ética nas relações internacionais, entre outros.

O construtivismo, que talvez seja, hoje, a corrente cuja influência mais cresce na área, é o objeto do Capítulo 6. Fruto da importação de abordagens da teoria social para as Relações Internacionais, o construtivismo se destacou por introduzir em suas análises o papel das ideias, das regras e das instituições como fatores determinantes para a compreensão da natureza da anarquia e do comportamento dos Estados e demais agentes da política mundial. Por meio de uma concepção intersubjetiva da realidade social, o construtivismo devolve aos atores a capacidade de definir os contornos do mundo que os cerca, rejeitando o determinismo dos enfoques estruturalistas, sem recair, contudo, no idealismo da velha escola liberal. Nesse capítulo, discutimos as três vertentes mais importantes do construtivismo nas Relações Internacionais, representadas por seus formuladores originais: Nicholas Onuf, Friedrich Kratochwil e Alexander Wendt. A questão polêmica sobre se o construtivismo representa uma "via média" ou uma "terceira via" entre teorias convencionais e teorias pós-positivistas mereceu nossa especial atenção.

No Capítulo 7, discutimos a influência do pensamento pós-moderno no debate teórico das Relações Internacionais. Não podemos falar de uma corrente pós-moderna, propriamente dita, uma vez que os autores dessa orientação rejeitam ser agregados sob um mesmo rótulo porque consideram tais classificações uma simplificação reducionista e autoritária. O pós-modernismo foi responsável por trazer para a disciplina debates que há muito mobilizavam a filosofia, os estudos culturais, a linguística e a teoria literária em torno do estatuto da razão no Ocidente. Nas RI, os autores pós-modernos se voltaram para a investigação do nexo entre poder e conhecimento na disciplina, problematizando a relação entre epistemologias positivistas e a legitimação da violência e da guerra no mundo moderno. Do ponto de vista metodológico, esses autores adotaram estratégias de desconstrução dos discursos dominantes na política internacional para criticar as dicotomias estruturantes deste universo, como anarquia/soberania, identidade/diferença, autonomia/dependência etc. Devido ao vigor de seus ataques aos paradigmas dominantes e à radicalidade de sua crítica da racionalidade moderna e dos fundamentos do pensamento científico, o pós-modernismo tem sido marginalizado, hostilizado e menosprezado nos meios acadêmicos. Nesse capítulo, procuramos demonstrar por que esses pensadores incomodam tanto aos círculos bem pensantes da disciplina.

Finalmente, no Capítulo 8, abordamos, de modo resumido, um conjunto de aportes teóricos alternativos que vêm adquirindo maior relevância recentemente e que contribuem para enriquecer o debate contemporâneo em teoria de RI e enfatizar o elemento de diversidade como uma das principais características da área. Discutimos a produção de autoras feministas que introduzem a reflexão sobre a questão do gênero na teoria de RI e apresentamos o aporte dos estudos pós-coloniais, chamando a atenção para suas críticas ao pós-modernismo e às teorias dominantes, bem como para a importância de sua visão original sobre o lugar da periferia na política mundial.

Finalmente, esperamos que este livro contribua para uma divulgação mais ampla, no universo cada vez maior de estudantes de Relações Internacionais no Brasil, de correntes e debates nem sempre presentes nos currículos dos cursos de graduação e pós-graduação. Há pouco mais de uma década, quando concluímos o mestrado na PUC-Rio, nossa percepção dos debates teóricos da área não ultrapassava algumas críticas ao neorrealismo de Waltz. O acesso ao rico debate interparadigmático em curso desde os anos 1980 era inexistente. Da mesma forma, preocupa-nos encontrar, ainda hoje, uma prevalência, no ensino de RI no país, de currículos que se limitam a apresentar o já velho embate entre realismo e liberalismo como o eixo estruturante das reflexões na área. Por outro lado, o desenvolvimento da disciplina no país se deu sob a égide da Ciência Política, uma área de conhecimento hegemonizada pelo positivismo e pela escolha racional. Essa influência, certamente, inibiu e retardou a abertura do ensino de teoria de RI para as correntes críticas e pós-positivistas. O cenário atual vem mudando rapidamente com a multiplicação de cursos de graduação e com a criação de novos programas de pós-graduação. Esperamos, com este livro, contribuir para o esforço de sintonizar o desenvolvimento dos estudos internacionais no Brasil ao debate contemporâneo, bem como estimular a recepção, entre os pesquisadores e estudantes da área, de visões mais críticas da política mundial.

Notas

1. Morgenthau, H. J. *A política entre as nações: a luta pelo poder e pela paz*. Brasília: UnB, 2003.
2. Keohane, R. O.; Nye, J. *Power and Interdependence: World Politics in Transition*. Boston: Little, Brown and Company, 1977.
3. Waltz, K. N. *Theory of International Politics*. Reading, Mass.: Addison-Wesley, 1979.
4. Keohane, R. O. (Ed.). *Neorealism and its Critics*. New Directions in World Politics. New York: Columbia University Press, 1986.
5. Banks, M. "The inter-paradigm debate." In: *International Relations: A Handbook of Current Theory*. Light, M.; Groom, A. J. R. Londres: Frances Pinter, 1985.
6. Michael Banks adotou o conceito de paradigmas da obra de Thomas Kuhn *A Estrutura das Revoluções Científicas*, 7. ed. São Paulo: Perspectiva, 2003, na qual Kuhn argumenta que a evolução do conhecimento científico ocorre em termos de revoluções e rupturas que trazem à tona um novo conhecimento sobre uma dada área.
7. Keohane, R. O. "International Institutions: Two Approaches". *International Studies Quarterly*, v. 32, n. 4, p. 379-396, 1988.
8. Lapid, Y. "The Third Debate: On the Prospects of International Theory in a Post-Positivist Era". *International Studies Quarterly*, v. 33, n. 3, p. 235-254, 1989.
9. Waever, O. The rise and fall of the inter-paradigm debate. In: *International Theory: postivism & beyond*. Smith, S.; Booth, K.; Zalewski, M. Cambridge: Cambridge University Press, 1996, p. 149-187. Waever sugeriu chamar o debate interparadigmático de terceiro debate e o debate pós-positivista de quarto debate, o que teria sido lógico. Mas a área continua insistindo na sua esquizofrenia de falar de um primeiro grande debate, de um segundo grande debate, de um debate interparadigmático e de um terceiro debate.
10. Hoffmann, S. "An American Social Science". *Daedalus*, v. 106, n. 3, p. 41-60, 1977; Smith, S. (Ed.). *International Relations: British and American Perspectives*. Oxford: Basil Blackwell, 1985.

Capítulo 2

O REALISMO

No estudo das Relações Internacionais,[1] o realismo se impõe como a visão de mundo dominante entre analistas e tomadores de decisões. No entanto, quando se quer definir a razão desse aparente domínio, depara-se com uma diversidade e uma riqueza de percursos históricos e de princípios básicos, assim como de pensadores originais. Portanto, o realismo não é um só, e reduzir sua expressão a três ou quatro elementos equivale a ignorar essa diversidade que faz sua força. Nosso objetivo, neste capítulo, é discutir o realismo enfatizando a força das suas interpretações e destacando os elementos que unem as diferentes vertentes realistas, mas sem perder de vista a riqueza e a diversidade do pensamento realista nas Relações Internacionais. Nossa abordagem mistura apresentações de vertentes do realismo com referências específicas a realistas que deixaram sua marca na evolução desse modo de pensar as relações internacionais. Isso não significa que recuamos diante da tarefa de definir o que faz um pensador ou um argumento ser ou não realista. Fazemos isso, mas deixamos claro, desde logo, que tais princípios cardeais não refletem — e devido a isso, nem podem reduzir — a riqueza e a complexidade do pensamento realista na área acadêmica das Relações Internacionais.

Organizamos este capítulo da seguinte maneira. Primeiro, abordamos a tarefa de definir os princípios básicos que definem um argumento realista. Em seguida, definimos as diferentes variantes do realismo, com referências a seus pensadores mais representativos, assim como a suas obras mais importantes. Nesse contexto, a evolução histórica do pensamento realista recebe um destaque particular no presente capítulo por assinalar e refletir as tensões e os debates que marcaram o realismo ao longo do seu percurso acadêmico no decorrer do século XX. As variantes do realismo apresentadas neste capítulo são o realismo clássico, uma vertente inglesa do realismo encontrada na escola inglesa — apesar de esta não se reduzir ao pensamento realista —, o neorrealismo, também chamado de realismo estrutural, e a nova onda de pensadores realistas que surgiu no decorrer da década de 1990 e continua produzindo até hoje, chamada por alguns de realismo neoclássico e por outros de realismo neotradicional. Na parte final do capítulo, debatemos as contribuições do realismo ao pensamento sobre as relações internacionais, indicamos suas falhas e insuficiências e exploramos as vias trilhadas pelo realismo para permanecer como uma das perspectivas dominantes no estudo das Relações Internacionais.

Ao longo do século XX, a área acadêmica de Relações Internacionais foi adquirindo contornos e características teóricas e conceituais independentes em relação às demais Ciências Sociais. Na busca por autonomia e legitimidade, os estudiosos das relações internacionais procuraram raízes e estabeleceram linhagens intelectuais para confirmar que o estudo do *internacional* não é recente e, portanto, menos ainda passageiro. Com isso, vários autores destacaram o *internacional* em autores como Maquiavel e Hobbes. Alguns foram buscar se havia algo parecido com o que se chama hoje de *internacional* entre os filósofos da Grécia Antiga e encontraram algo em Tucídides. O fato de terem sido, em muitos casos, autores realistas que fizeram tais descobertas pode explicar que a leitura feita desses pensadores clássicos foi uma leitura eminentemente realista. Essa leitura acabou adaptando conceitos e contextos próprios a pensadores como Tucídides, Maquiavel e Hobbes e a suas épocas, às premissas e princípios do realismo do século XX. Assim, conceitos como a sobrevivência, o poder, a autoajuda e o estado de natureza têm um destaque particular na leitura que os realistas fazem desses pensadores clássicos.

Dentro dessa lógica, Tucídides, por exemplo, é considerado o primeiro autor a tratar de um assunto central ao estudo das Relações Internacionais: a guerra. Tucídides, que após uma carreira militar se tornou um estudioso das estratégias militares, apresentou a guerra do Peloponeso como instância ilustrativa do seu tópico de estudo, isto é, a guerra. Os realistas consideram que uma das principais heranças de Tucídides é que, "em um mundo onde os poderosos fazem o que têm o poder de fazer e os fracos aceitam o que têm que aceitar",[2] o medo de não sobreviver, o medo de deixar de existir, leva os Estados a iniciarem e se engajarem em guerras. Com esse tipo de leitura de Tucídides, os realistas destacam dois conceitos: o que veio a se chamar, mais tarde, de anarquia internacional, devido à falta de uma autoridade legítima e soberana no nível internacional que garanta o direito à sobrevivência de todos os atores; e o correlato medo de não sobreviver. A leitura realista de Tucídides destaca, também, seu pouco apreço pelos valores morais e pela justiça nas relações entre os Estados.

Maquiavel, por sua parte, deixou como herança para os realistas a ênfase na sobrevivência do Estado como ator. O príncipe sem um Estado perde toda a sua relevância. Para sobreviver, o poder se faz necessário, e o uso da balança de poder, assim como de alianças, é crucial para lidar com o desafio da segurança. A leitura realista também destaca o *realismo* de Maquiavel: segundo os realistas, Maquiavel queria lidar com o mundo real, e não com o mundo como deveria ser. Por fim, os realistas caracterizam a visão de Maquiavel de relações entre as cidades-Estado como desprovida de qualquer caráter moral ou ético. Segundo essa leitura, para Maquiavel, a moralidade que orienta as ações do indivíduo não se aplica nem deveria orientar as ações do príncipe.

De Hobbes, os realistas destacaram o conceito de estado de natureza que comparam com o estado de anarquia no sistema internacional. Para os realistas, a falta de um soberano que tenha o monopólio do uso legítimo da força nas relações internacionais é comparável ao estado de natureza de Hobbes. A impossibilidade de estabelecer um Leviatã no plano internacional — pela própria admissão de Hobbes — torna a anarquia internacional uma característica definitiva das relações internacionais. Portanto, a leitura que os realistas fazem destes três pensadores, Tucídides, Maquiavel e Hobbes, destaca os elementos de sobrevivência, poder, medo e anarquia internacional que representam as premissas centrais do realismo nas Relações Internacionais.

Falta salientar, também, que todas essas influências na visão realista das relações internacionais são centradas na natureza do ser humano. De fato, todas enfatizam uma percepção negativa do ser humano e destacam três fatores como determinantes da natureza humana: o medo, o prestígio e a ambição. O medo de ser aniquilado devido à ação dos outros e o prestígio que o poder (ou a impressão de poder) confere são centrais para explicar o comportamento do ser humano. Como esses autores deduzem a natureza do sistema internacional da natureza humana, entendem que o medo e o prestígio explicam, em larga medida, o comportamento dos Estados no sistema internacional. Portanto, o interesse do ator nas relações internacionais, que os realistas definem como o interesse nacional, decorre da conjugação e da relação entre esses dois fatores oriundos na natureza humana.

As premissas comuns ao pensamento realista

A grande diversidade e a ampla riqueza do realismo tornam a tarefa de definir premissas comuns a todas as vertentes do pensamento realista uma tarefa árdua. Contudo, das tradições herdadas de Tucídides, Maquiavel e Hobbes, algumas premissas podem ser consideradas comuns a todos os realistas. Essas premissas são a centralidade do *Estado*, que tem por objetivo central sua *sobrevivência*, a função do *poder* para garantir essa sobrevivência, seja de maneira independente — no que seria caracterizada a *autoajuda* —, seja por meio de alianças, e a resultante *anarquia* internacional. Existem duas características comuns a vários realistas, mas que não são propriamente conceitos: a primeira é a ênfase no que acontece no sistema internacional, o que se traduz por considerar que o que ocorre dentro dos Estados não é relevante para a análise das relações internacionais. É o que alguns chamam da imagem do Estado como uma caixa-preta. A segunda é um pessimismo pronunciado e definitivo em relação à natureza humana. O que chama a atenção dos realistas são os fatores internacionais, o que se traduz, por exemplo, em enfatizar a distribuição do poder entre os diferentes atores internacionais mais do que os determinantes domésticos do poder. Para alguns realistas, mais do que o poder em si, é o equilíbrio de poder que importa, enquanto, para outros realistas, os Estados devem buscar o poder como um fim em si mesmo. Precisamente, uma das diferenças mais destacadas entre realistas e liberais — discutidos no capítulo seguinte — é o fato de os realistas enfatizarem os ganhos relativos, ou seja, quanto um Estado ganha em relação aos demais, enquanto os liberais destacam os ganhos absolutos, ou seja, quanto ganham conjuntamente. Nesta parte do capítulo, discutimos e debatemos cada um destes conceitos (o Estado, a anarquia internacional, a sobrevivência, o poder e a autoajuda) de maneira a definir o que faz do realismo uma linha de pensamento coesa e forte. Uma vez esses conceitos comuns definidos, ficará mais fácil destacar as particularidades de vários autores e a riqueza e variedade dos diferentes realismos. É relevante mencionar, aqui, que foi Hans Morgenthau, um alemão que emigrou para os Estados Unidos no período entre guerras, o primeiro a estipular e organizar as premissas centrais do estudo das Relações Internacionais, no seu livro *Politics among nations*, de 1948, ou seja, logo após o fim da Segunda Guerra Mundial, e ao qual voltaremos na próxima seção.

Estado

Na visão dos realistas, o Estado é o ator central das relações internacionais. O que se estuda na disciplina — como o próprio nome indica — são as relações entre um tipo específico de ator: os Estados. No que se pode caracterizar como uma definição minimalista do papel do Estado nas *Relações Internacionais*, ele teria duas funções precisas: manter a paz dentro das suas fronteiras e a segurança dos seus cidadãos em relação a agressões externas.[3] Dessa forma, todos os Estados acabam desenvolvendo a mesma função: a estabilidade doméstica, e a segurança em relação a agressões externas. No plano doméstico, os Estados se caracterizam pelo que Weber chama de monopólio de uso legítimo da força, monopólio que não existe no plano externo. Os Estados são, portanto, unidades parecidas ou iguais do ponto de vista das funções que desenvolvem. Para os realistas, os indivíduos (os líderes políticos, os diplomatas e os militares, por exemplo) e os grupos de indivíduos (burocracias e administrações públicas, entidades políticas, trabalhistas ou empresariais) que atuam nas relações internacionais o fazem em prol e em benefício dos Estados que representam.

De forma geral, os realistas tomam o Estado como uma "caixa-preta" e o encaixam dentro do que chamam de modelo da "bola de bilhar" (*billiard-ball*). Isso os leva a abstrair os processos internos de tomada de decisão e as motivações políticas que levam os Estados a agir no plano internacional e a destacar exclusivamente a dinâmica da relação entre essas "caixas" ou essas "bolas". Os realistas consideram que o Estado é um ator unitário e racional, o que significa que o Estado age de maneira uniforme e homogênea e em defesa do *interesse nacional*. A unicidade do Estado se expressa precisamente no fato de ele ser considerado no seu conjunto, mas atuando nas relações internacionais de maneira a representar o todo de maneira homogênea e uniforme. A complexidade dos processos internos não é levada em consideração. A racionalidade do ator se expressa na medida em que defende esse interesse nacional no nível internacional, procurando simultaneamente o menor custo e o maior benefício. Nega-se, com essa racionalidade, o componente político das decisões e destaca-se o consenso entre os atores internos em torno dos objetivos que o Estado deveria seguir.

O Estado convive, portanto, com uma dupla realidade: uma interna, em que é soberano e tem a autoridade e a legitimidade de impor decisões e diretrizes, e uma outra realidade externa, em que está ausente qualquer autoridade que tenha a legitimidade de tomar e impor decisões. Nesta segunda realidade, o Estado tem como função principal — para não dizer única — a defesa do interesse nacional, isto é, a preservação e a permanência do Estado como ator nas relações internacionais.

Anarquia

A anarquia é o conceito definidor do realismo nas relações internacionais. O que se entende por anarquia não é propriamente o caos, mas sim a ausência de uma autoridade suprema, legítima e indiscutível que possa ditar as regras, interpretá-las, implementá-las e castigar quem não as obedece. Em oposição ao que ocorre no plano doméstico, os realistas consideram que não existe nas relações internacionais um único soberano que tenha o monopólio do uso legítimo da força. O que existe nas relações internacionais é a coexistência entre múltiplos soberanos que, por serem soberanos sobre seus próprios cidadãos, não podem abdicar do uso legítimo da força em favor de nenhuma terceira parte. Reproduz-se, assim, nas relações internacionais o que Hobbes descreveu como o estado de natureza: a existência simultânea de vários atores exclusivamente responsáveis por sua própria sobrevivência. Como no estado de natureza hobbesiano, na anarquia internacional, os Estados lutam permanentemente por sua sobrevivência e desconfiam uns dos outros. No entanto, ao contrário do estado de natureza hobbesiano, os realistas afirmam que a criação de um soberano no nível internacional é impossível porque o mandato de cada soberano é precisamente de manter o monopólio do uso da força, nem que seja em um espaço restrito. Portanto, a maneira pela qual foi contornado o estado de natureza no plano doméstico, isto é, o estabelecimento do Leviatã, não pode ser reproduzida nas relações internacionais. Nelas, os realistas veem o estado de natureza como uma realidade permanente que vai permear as relações internacionais para sempre.

Para os realistas, a consequência da existência da anarquia nas relações internacionais é a mesma que a consequência da existência do estado de natureza para Hobbes: desconfiança permanente entre todos, a sobrevivência como único objetivo possível ou, no mínimo, como o objetivo que define todos os demais, e a segurança como um bem de soma zero, isto é, a segurança de um só pode ser atingida em detrimento da falta de segurança dos outros, e vice-versa. Existem vozes dissonantes nesta posição dominante. Em um famoso artigo intitulado "Cooperation Under the Security Dilemma"[4] (1978), Robert Jervis, por exemplo, afirma que o realismo tem de lidar com um desafio central: apesar da inegável existência da anarquia internacional, existe cooperação nas relações internacionais, inclusive e principalmente na área de segurança. Usando a teoria dos jogos, Jervis afirma que a apresentação do dilema de segurança das relações internacionais em termos do dilema do prisioneiro é uma descaracterização do primeiro. Segundo Jervis, o dilema do prisioneiro não abre nenhuma oportunidade para a cooperação na área de segurança, o que contradiz o fato de que ela existe. Jervis afirma, então, que é o jogo do *stag hunt* (ou caça ao veado), já presente em Rousseau, que representa melhor as relações internacionais. O jogo do *stag hunt* é o seguinte: dois caçadores saem para caçar. Têm duas opções: cooperarem juntos e caçar um veado, um grande animal que pode render muito, ou não cooperarem juntos e cada um caçar um coelho, um animal menor. Cooperar tem um custo e pode ser difícil, mas o ganho pode ser muito maior. Em contrapartida, não cooperar reduz o custo, mas também reduz o ganho. Consequentemente, tanto a cooperação quanto a ação solitária são possíveis e refletem opções particulares, preferências dos atores, assim como as circunstâncias nas quais a escolha tem de ser feita.[5] Com a mudança do dilema do prisioneiro para o *stag hunt*, Jervis nem ignora a existência do dilema de segurança nem afirma que a cooperação é a regra nas relações internacionais. Entretanto, permite introduzir uma densidade de análise maior e evitar, com isso, que o realismo em particular e a teoria das Relações Internacionais em geral se afastem da realidade que se propõem a analisar.

Em seguida, debatemos, do ponto de vista realista, três consequências da existência de uma anarquia internacional: a sobrevivência do Estado, o conceito de poder e o conceito de autoajuda.

Sobrevivência

Para os realistas, o interesse nacional do Estado é algo predeterminado e resulta da dupla realidade anteriormente mencionada. Esse interesse nacional é a sobrevivência do Estado e sua permanência como ator. Essa sobrevivência é o interesse nacional supremo e fundamental que deve levar à mobilização de todas as capacidades nacionais e ao qual se submetem todos os demais interesses. Nas relações internacionais, os realistas consideram que a segurança dos indivíduos só é mantida uma vez que a segurança do Estado do qual faz parte é mantida. Com isso, as duas funções fundamentais e ao mesmo tempo básicas do Estado — isto é, a paz doméstica e a segurança no plano internacional — são preenchidas ao se garantir a sobrevivência do Estado. Essa fórmula continua válida no sentido oposto também. Ao se garantir a sobrevivência do Estado, se garante também a sobrevivência do indivíduo. Isso decorre da opção realista por escolher o Estado como ator e unidade de análise. Com isso, a obrigação dos líderes políticos e dos tomadores de decisões é lutar pela sobrevivência do Estado nas relações internacionais.

A esse respeito, dois pensadores tiveram uma influência decisiva no pensamento realista nas relações internacionais: Maquiavel e Weber. Segundo a leitura realista, Maquiavel, ao definir a obrigação do príncipe como a luta pela sobrevivência, submeteu todos os demais fins e objetivos deste príncipe a essa luta pela sobrevivência. Com isso, qualquer outro objetivo do governante (o bem-estar, a prosperidade e a liberdade, por exemplo) só tem validade se não estiver se opondo ou diminuindo o objetivo primordial da sobrevivência. E tanto Maquiavel quanto Weber distinguem entre o que este último chama de ética da convicção e ética da responsabilidade. Afirmam que são duas éticas distintas, sendo a segunda livre de limitações morais que emperram na primeira e com o único objetivo de garantir a segurança do coletivo. Como veremos mais adiante, Morgenthau seguiu essa mesma linha ao estabelecer, dentro de suas seis regras, a diferença entre as escolhas morais dos indivíduos e as escolhas morais do tomador de decisões nas relações internacionais.

Poder

Pode-se afirmar que os realistas consideram o poder como o elemento central da sua análise das relações internacionais. Uma das denominações — como já foi mencionado aqui — da visão realista é precisamente *realismo de poder*. Várias definições de poder coexistem nas Relações Internacionais. Enquanto alguns autores definem o poder como a soma das capacidades do Estado em termos políticos, militares, econômicos e tecnológicos, outros estabelecem uma definição de poder em termos relativos, ao definirem o poder de um Estado não em relação a suas capacidades intrínsecas, mas sim em comparação com os demais Estados com os quais compete. Percebe-se, aqui, a clara influência da leitura realista de Tucídides: o medo de o concorrente se tornar mais poderoso é a causa da guerra, ou seja, qualquer capacidade só faz sentido quando é lida e definida de maneira relativa aos outros. Há também autores, como Waltz, que afirmam que o poder é a capacidade de influenciar o sistema internacional mais do que ser influenciado por ele. Esse mesmo conceito de influência é usado por outros autores para se referir à capacidade dos Estados de influenciarem outros Estados mais do que serem influenciados por eles. Por outro lado, enquanto Morgenthau afirma que os Estados procuram o poder visando à manutenção do *status quo*, à expansão ou ao prestígio, Waltz define o poder como um meio para garantir a sobrevivência e a segurança.

Ligado ao conceito de poder encontra-se o conceito de balança/equilíbrio de poder. Para os realistas, nas relações internacionais, o poder é central. Atores se juntam ao poder ou se juntam *contra* o poder. Assim, alguns Estados julgam que seu interesse nacional seria melhor servido ao se juntarem a uma grande potência (ou à grande potência). Ao oposto disso, outros Estados julgam que seu interesse nacional é ameaçado pelo poderio de uma grande potência (ou da grande potência) e se juntam com outros Estados menos poderosos (ou com o principal Estado que compete com a grande potência) para tentar equilibrar o poder daquela potência. Tais decisões refletem as capacidades de cada Estado ou pelo menos como tais capacidades são percebidas por seus dirigentes. De qualquer modo, uma ou outra atitude na política externa de um Estado se define por dados exógenos ao poder: o interesse nacional. Para os realistas, Estados adotam uma atitude ou outra dependendo de seu interesse nacional, e este, como já afirmamos, é algo predeterminado. Com isso, fica claro que a balança (ou equilíbrio) de poder não significa necessariamente que a distribuição do poder seja equilibrada entre os vários Estados; de fato, algumas definições de balança de poder a caracterizam em termos de equilíbrio enquanto outras a caracterizam pela falta de equilíbrio e a tentativa de estabelecê-lo. Neste segundo caso, seria mais indicado falar de distribuição de poder do que de balança (ou equilíbrio) de poder.

Há diferentes definições da balança/equilíbrio de poder entre os realistas. Assim, Morgenthau define a balança de poder como o fruto de uma política escolhida e adotada por estadistas que tomam decisões específicas no plano externo. Segundo ele, a existência de uma balança de poder é necessária, já que a define como o mecanismo para garantir a estabilidade do sistema internacional.[6] A balança de poder reflete a visão de estadistas que criam e se envolvem em alianças internacionais para defender seu interesse nacional. Para Morgenthau, só o poder limita o poder. De maneira diferente, Waltz vê a balança de poder como algo inerente a qualquer sistema internacional. Desse ponto de vista, Waltz se refere mais à distribuição de poder do que ao equilíbrio de poder. Para Waltz, se há uma teoria das relações internacionais, ela seria a teoria da balança de poder.[7] Waltz afirma que a balança de poder não resulta da ação deste ou daquele estadista, mas existe devido à distribuição do poder entre os Estados. Com isso, existem duas distribuições de poder possíveis: uma distribuição bipolar — quando apenas duas grandes potências dominam o sistema internacional — ou uma distribuição multipolar, isto é, quando mais de duas grandes potências dominam o sistema internacional. Não existe, portanto, um sistema unipolar nas relações internacionais. Qualquer distribuição de poder acima de dois Estados obedece às mesmas regras e à mesma dinâmica. E qualquer distribuição de poder entre duas grandes potências funciona de maneira igual.

Finalmente, os autores realistas divergem quanto à estabilidade da balança de poder: alguns afirmam que a distribuição bipolar é mais estável devido ao congelamento do poder que resulta dela. Em uma distribuição bipolar das capacidades, cada polo tende a controlar seus aliados, ao passo que as potências menores procuram se colocar sob a proteção de uma das grandes potências. Elas passam, então, a ter uma influência e uma capacidade de controle muito grandes, e isso resulta em maior estabilidade do sistema como um todo. Outros afirmam que a distribuição multipolar é mais estável por introduzir um grau maior de flexibilidade na condução da política internacional. Com isso, os Estados se comportam de maneira mais cautelosa e menos prepotente, e se esforçam para conseguir o consenso devido à distribuição mais equilibrada do poder.

Autoajuda

Como resultado da anarquia internacional, os Estados têm, então, a obrigação de lutar por sua sobrevivência e de utilizar todos os mecanismos de poder que lhes são disponíveis. Como no estado de natureza hobbesiano, na anarquia internacional, nenhum Estado pode contar total ou parcialmente com outros Estados para defendê-lo. Além de cada Estado ser responsável por sua própria segurança, nada garante que os Estados aliados não se tornem, em algum momento posterior, uma ameaça para a soberania nacional do Estado em questão. Com isso, um princípio cardeal do realismo nas relações internacionais é a autoajuda, ou seja, que nenhum Estado pode contar com outro para defender seus interesses e sua sobrevivência. Cada Estado só pode contar de maneira integral e completa com suas próprias capacidades para se defender e permanecer como ator nas relações internacionais. Isso não exclui nem a possibilidade de obter apoios nem a possibilidade de haver cooperação no sistema internacional, mas implica que a vigilância deveria ser permanente, e que todo e qualquer acordo de cooperação mútua na área de segurança pode ser rompido se for do interesse nacional.

O lugar das alianças em um sistema em que domina a autoajuda pode parecer reduzido, mas não é. Como já comentamos, por meio do mecanismo da balança de poder estabelecem-se alianças militares que contemplam o interesse nacional. No entanto, se a sobrevivência for ameaçada, o interesse nacional pode levar ao rompimento das alianças. Decorre disso a necessidade de vigilância permanente e de contar essencial e exclusivamente com as próprias capacidades — ou seja, a autoajuda — para poder garantir a sobrevivência do Estado no sistema internacional.

Os realistas que marcaram a evolução das Relações Internacionais

A presente seção não tem por objetivo apresentar todos os teóricos realistas nas Relações Internacionais. Além de necessariamente ser incompleta, tal tarefa seria impraticável nesse espaço reduzido. No entanto, pretendemos apresentar algumas das contribuições que representaram momentos-chave na evolução da disciplina de Relações Internacionais. Os autores aqui presentes apresentaram contribuições que até hoje continuam sendo citadas, provocam debates e constituem objeto de citação nos debates sobre as Relações Internacionais.

Os anos de formação

O início da organização do estudo das relações internacionais em termos disciplinares coincidiu com o fim da Primeira Guerra Mundial e resultou da vontade de políticos, líderes e acadêmicos de evitar a repetição daquela guerra sobre a humanidade. Edward Hallet Carr, que escreveu seu livro *Vinte anos de crise — 1919-1939* logo antes do início da Segunda Guerra Mundial, apresentou o debate na área como entre idealistas e realistas.[8] Para Carr, era fundamental ir além das causas da Primeira Guerra Mundial para entender por que o Tratado de Versalhes, que concluiu a guerra, havia falhado. Em sua obra, defendeu uma política externa que reconhece as influências mútuas entre poder e moralidade, força e diplomacia. Para ele, os princípios têm de ser subordinados à política, o que leva vários estudiosos das relações internacionais a classificarem sua obra como realista. No entanto, é possível destacar, na mesma obra de Carr, vários conceitos que influenciaram aqueles que vieram a se chamar de liberais na década de 1970.[9] Para Carr, realistas e idealistas queriam evitar a guerra, mas enquanto os primeiros discutiam o mundo como ele realmente é, os segundos discutiam como o mundo deveria ser. Dessa forma, enquanto os idealistas enfatizavam a existência do que chamavam — segundo Carr — de harmonia dos interesses, os realistas contra-argumentavam com a defesa da existência de interesses nacionais e frequentemente divergentes a serem defendidos. Essa definição de Carr dos realistas pode ser considerada a primeira definição formal do pensamento realista, apesar de ter sido uma definição negativa, isto é, uma definição dos realistas em oposição aos idealistas. Brian C. Schmidt afirma, no entanto, que Carr criou um corpo de pensamento fictício que chamou de idealismo ao qual contrapôs o realismo, relatando, assim, os termos de um debate que nunca realmente aconteceu.[10] Schmidt afirma, também, que situar as origens dos debates sobre relações internacionais no pós-Primeira Guerra Mundial é incorreto, já que autores e contribuições concretas sobre as relações internacionais já haviam ocorrido durante o século XIX.

As Relações Internacionais, em geral, e o realismo, em particular, podem ser claramente separados em períodos pré e pós--Morgenthau. De fato, pode-se afirmar que no seu livro *Política entre as nações*, Hans Morgenthau foi quem organizou e deu consistência ao realismo como abordagem teórica das relações internacionais.[11] Morgenthau era um imigrante de origem alemã recém-chegado aos Estados Unidos, tendo fugido das atrocidades da Segunda Guerra Mundial na Europa, quando publicou esse livro em 1948. Nele, Morgenthau estabeleceu seis princípios básicos que, segundo ele, eram fundamentais para analisar e lidar com as relações internacionais. Tais princípios foram erguidos por Morgenthau como os princípios que diferenciam e definem o realismo em relação a qualquer outra perspectiva ou teoria nas relações internacionais, assim como a disciplina em relação às demais ciências humanas. Os seis princípios são os seguintes:

- No primeiro princípio, Morgenthau afirmou que a política, assim como a sociedade, é governada por leis objetivas que refletem a natureza humana. A ênfase aqui é no conceito de *lei* e no conceito de *objetividade*. Por lei, entende--se uma repetição consistente dos eventos, enquanto pela objetividade, entende-se o caráter imutável dos fenômenos da política. Portanto, para entender, analisar e lidar com a política, é necessário referir-se à natureza humana, isto é, ao que há de mais profundo e mais imutável no ser humano.
- No segundo princípio, Morgenthau definiu os interesses em termos de poder, propondo, assim, fazer teoria na perspectiva do estadista. Segundo ele, o segundo princípio protege o realismo de duas falácias: a preocupação com as motivações e com as preferências ideológicas, já que bons motivos não necessariamente levam ao sucesso das políticas. Para contornar tais falácias, Morgenthau afirmou que

todos os Estados têm o mesmo objetivo: o poder. Com este princípio, Morgenthau começou a afirmar a autonomia da esfera política em relação às demais esferas sociais, e elevou a racionalidade ao instrumento central do processo político. Para Morgenthau, o uso da razão caracteriza a esfera política.
- O terceiro princípio enunciado por Morgenthau destaca o poder como um conceito universalmente definido, mas cuja expressão varia no tempo e no espaço. Isto é, a expressão do poder varia com o contexto e o lugar nos quais este poder é exercido.
- No quarto princípio, Morgenthau estabelece a importância dos princípios morais como guias da ação política, mas afirma que os princípios morais devem ser subordinados aos interesses da ação política. Em outros termos, e para utilizar um conceito usado por Morgenthau, o limite dos princípios morais é a prudência: ao observar princípios morais, o estadista tem de ter claro que a segurança e os interesses do Estado que governa não estão ameaçados.
- No quinto princípio, Morgenthau afirma que os princípios morais não são universais, mas sim particulares. As aspirações morais de uma nação não se aplicam ao resto do universo. Para ele, os princípios morais de um Estado não devem nem podem ser considerados princípios morais universais, expansíveis para o resto da humanidade. Neste princípio, Morgenthau estava claramente lidando com uma tendência nos Estados Unidos de se considerar os princípios morais americanos superiores aos demais e, portanto, que é dever dos Estados Unidos "exportar" tais princípios ao resto do mundo.
- No sexto e último princípio, Morgenthau reafirma com todas as letras a autonomia da esfera política em relação às demais esferas, como a econômica, a jurídica ou a religiosa. Ao afirmar tal princípio, Morgenthau reconhece a legitimidade de se pensar os fenômenos sociais de várias maneiras, mas afirma que a política estuda fenômenos específicos e que a tornam total e legitimamente autônoma em relação às demais esferas sociais.

Para Morgenthau, o Estado define o interesse nacional, e este pode ser traduzido em termos de poder. Desse ponto de vista, a existência da anarquia internacional impõe ao estadista a adoção da ética de responsabilidade, segundo a qual o único interesse nacional relevante é a sobrevivência do Estado. Segundo ele, a política pode visar a um destes três objetivos: manter o poder, aumentar o poder ou demonstrar o poder. Em termos de políticas a serem seguidas, esses três objetivos da política se traduzem respectivamente pela manutenção do *status quo*, pela expansão ou pela busca por prestígio. A manutenção do *status quo* não significa impedir toda e qualquer mudança, mas sim a manutenção do equilíbrio de poder existente e a tolerância a mudanças que não o perturbem. A expansão, por sua vez, pode ser tanto local quanto regional ou global, e pode resultar tanto de uma vitória militar quanto da fraqueza dos demais Estados. A expansão pode ser militar (que Morgenthau considera a mais eficaz), econômica ou cultural (que ele não descarta de antemão). Com a política de prestígio, os Estados buscam impressionar os demais com seu próprio poder e suas capacidades por meio de dois mecanismos: a diplomacia e o uso da força. O prestígio chega a seu ápice quando o uso da força se torna desnecessário e basta a ameaça para atingir os objetivos.

O realismo clássico e seus críticos

Nas duas décadas seguintes, os debates na área acadêmica de Relações Internacionais foram se afirmando e se tornando mais específicos, em larga medida graças à contribuição de Morgenthau. Os conceitos de anarquia e poder passaram a ser aceitos e suas consequências e implicações discutidas por vários pensadores que participaram dos debates. Um dos principais pensadores foi um contemporâneo e conterrâneo de Morgenthau: John Herz. Como Morgenthau, Herz definiu as relações internacionais como obedecendo a leis gerais e que regem todas as relações dentro de grupos.[12] Para Herz, questões como a supremacia, o poder e a sobrevivência caracterizam não apenas as relações entre Estados, mas também as relações entre gangues urbanas ou mesmo as relações entre animais, como fica claro no exemplo do galinheiro apresentado, quando demonstra que até dentro de um galinheiro estabelece-se uma hierarquia de poder que faz com que o primeiro a se alimentar seja o mais poderoso, seguido pelos outros. Para Herz, como para Carr antes dele, realismo e idealismo não são mutuamente exclusivos, mas sim complementares. Ao passo que privilegiava o realismo, considerava que qualquer forma de realismo puro, sem um ideal e sem um potencial transformador, não seria sustentável no longo prazo. Portanto, Herz sustentava suas convicções sobre a necessidade de haver um projeto transformador da realidade, projeto que não aceitasse políticas de *status quo*, principalmente quando preservassem injustiças. Impõe-se, assim, uma dimensão ética importante em Herz, mesmo que fosse submetida ao pragmatismo do poder e da sobrevivência. Nisso, Herz não difere nem de Carr nem de Morgenthau.

Além dessa discussão sobre a dimensão ética nas relações internacionais, Herz deixou como herança para o estudo das Relações Internacionais um conceito central: o que chamou de Dilema de Segurança.[13] Segundo Herz, o Dilema de Segurança se verifica quando um Estado quer garantir sua própria segurança, mas acaba sendo percebido como uma ameaça para os demais Estados. Esquematicamente, o Dilema de Segurança funciona da seguinte maneira. Um Estado A procura garantir sua segurança e para isso adquire armas. Os demais Estados, que não têm como sondar as intenções do Estado A, sentem-se ameaçados e, por sua vez, também procuram adquirir armamentos para garantir sua segurança. Percebendo o armamento dos demais Estados, o Estado A confirma sua política original como correta e procura se armar ainda mais, de maneira a garantir sua segurança. Com isso, todos os Estados estão engajados em uma corrida armamentista que não tem saída nem vitorioso. O resultado disso é que, apesar de todos procurarem garantir sua própria segurança, tanto o Estado A quanto os demais estão menos seguros depois da aquisição de armas do que antes. De acordo com Herz, trata-se de uma característica do sistema internacional e que decorre da ausência de uma autoridade superior aos Estados que possa garantir sua segurança. Para ele, as incertezas do sistema internacional tornam o Dilema de Segurança uma dimensão incontornável deste mesmo sistema. O conceito de Dilema de Segurança tem sido amplamente usado nas Relações Internacionais e tem tido recentemente uma aplicação que pode parecer paradoxal às ideias de Herz. Nos referimos, aqui, ao uso do conceito de Dilema de Segurança para descrever as regiões marcadas por conflitos intraestatais nas quais, de fato, está ausente uma autoridade superior que garanta a segurança de indivíduos e grupos, caracterizando, assim, um estado de natureza marcado pelas características destacadas por Herz no sistema internacional.

A revolução behaviorista que varreu o desenvolvimento das ciências sociais nos Estados Unidos no decorrer da década de 1970 atingiu também a disciplina de relações internacionais. Autores como Talcott Parsons (sociólogo e autor da teoria de sistemas sociais) e Morton Kaplan[14] impulsionaram essa revolução behaviorista nas ciências sociais em geral e nas relações internacionais em particular. As premissas para a elaboração desse tipo de conhecimento nas relações internacionais eram estabelecer teorias ao mesmo tempo falsificáveis e que fossem capazes de permitir aos observadores formular previsões genéricas sobre a evolução da política internacional. Tais teorias tinham por pressuposto central a objetividade do observador, o que se traduziu em uma ênfase cada vez maior na sistematização do uso de análises quantitativas.

Três consequências para a disciplina podem ser destacadas. A primeira é uma maior influência dos métodos quantitativos na análise das relações internacionais, como no caso do projeto Correlates Of War (conhecido com COW Project), cujo objetivo tem sido estabelecer um conhecimento estatístico-histórico sobre o fenômeno da guerra. O segundo é uma maior influência para outras áreas de conhecimento, particularmente das ciências exatas. Assim, passou-se a buscar modelos em áreas como a cibernética e a biologia para desenvolver o conhecimento sobre as relações internacionais, e alguns passaram a raciocinar na área de relações internacionais em termos de sistemas e subsistemas, *inputs* e *outputs*, e influências uni ou bidirecionais.

A terceira consequência é, no entanto, a principal marca do debate behaviorista nas Relações Internacionais. Trata-se do debate sobre níveis de análise, cujo marco inicial foi a tese de doutorado de Kenneth Waltz, transformada em livro em 1959, *Men,*

The State and War.[15] Waltz afirmou que todas as explicações sobre as causas da guerra podiam ser encaixadas como parte da primeira imagem — a imagem do indivíduo —, da segunda imagem — a imagem do Estado — ou da terceira imagem — a imagem do sistema internacional. Segundo ele, todos os autores e grandes filósofos cabem em uma dessas três imagens. Assim, tanto Hobbes quanto Morgenthau acreditam não ser possível apresentar nenhuma explicação do fenômeno da guerra sem um destaque central para a natureza humana. Já Immanuel Kant e Woodrow Wilson afirmam que é na natureza do Estado do qual esses indivíduos fazem parte que a explicação do fenômeno da guerra tem de ser procurada. Para Kant, por exemplo, Repúblicas (ou seja, regimes nos quais os dirigentes são escolhidos pelo povo e não nomeados de maneira hereditária) são regimes capazes de estabelecer uma paz separada entre eles, ao contrário de todos os demais regimes. Portanto, Repúblicas favorecem o estabelecimento do que Kant chama de paz perpétua.

Por fim, Waltz considerava Jean-Jacques Rousseau e John Herz autores que buscam na terceira imagem a causa da guerra. Dessa forma, o bom selvagem de Rousseau torna-se competitivo e agressivo quando se insere na sociedade, e o dilema de segurança de Herz só se deve à existência da chamada anarquia internacional. Já em 1959, Waltz tendia a privilegiar explicações para o fenômeno da guerra na terceira imagem, mas seu objetivo, naquela época, não era de privilegiar uma imagem em detrimento das demais, mas sim a sistematização do estudo das relações internacionais e de suas principais fontes em termos científicos, que condizem com a revolução behaviorista que estava ocorrendo nas demais ciências sociais nos Estados Unidos na mesma época.

Em 1961, David Singer (um dos principais mentores do COW Project) escreveu um artigo que veio confirmar a importância do debate sobre níveis de análise nas Relações Internacionais. Singer reduziu os níveis, dos três que Waltz havia apresentado em 1959, a dois apenas e fundiu as duas primeiras imagens de Waltz em um nível só: o do Estado. Para ele, há dois níveis de análise nas relações internacionais: o do sistema internacional e o subnível do Estado, caracterizando claramente, com isso, o debate na área de Relações Internacionais dentro do debate proposto por Parsons nas ciências sociais. Cada nível possui vantagens e desvantagens. A análise no nível do sistema permite um entendimento geral e abrangente e, com isso, o nível de previsão é grande. A análise no nível do subsistema permite a produção de um conhecimento mais detalhado, mas perde-se, com isso, a perspectiva abrangente, e o nível de previsão fica, dessa maneira, reduzido. Singer considera possível, mas não recomendável, juntar os dois níveis de análise, por julgar haver um risco grande de perder as vantagens de cada um dos dois níveis ao utilizá-los simultaneamente.

A contribuição de Raymond Aron à teoria das relações internacionais chama a atenção a mais de um título. O pensador francês, como o britânico Martin Wight, desconfiava da excessiva cientificidade que seus colegas norte-americanos imprimiam à disciplina e pregava, ao contrário, o estudo da história como fonte essencial para entender a política internacional. Aron afirma que a distinção entre as sociedades nacionais e a sociedade internacional é que, nas nacionais, os valores, as leis e o poder são centralizados, enquanto, na sociedade internacional, os valores, as leis e o poder são altamente descentralizados. Com isso, na sociedade internacional, os atores, isto é, os Estados, não são guiados por normas e leis, mas sim por seus interesses próprios. Para ele, a guerra e a diplomacia são dois exercícios que materializam as relações internacionais, e os dois agentes que representam os Estados são os diplomatas e os militares. Diplomacia e guerra são consideradas dois lados da mesma moeda, já que ambos têm o objetivo de defender o interesse nacional. Aron afirma que o bom diplomata deixa sempre a porta aberta para o general, isto é, para o uso da força, enquanto o bom militar deixa sempre a porta aberta para a diplomacia.

Da mesma forma que Morgenthau inclui um objetivo não material para o poder (o prestígio), Aron inclui objetivos não materiais para a guerra. Para Aron, guerras podem ser travadas por recursos e territórios ou por ideias e perseguindo a glória. As primeiras possuem um objetivo determinado: a conquista e a dominação. Por isso mesmo, têm um fim, que é quando esse objetivo é atingido. Aron afirma, então, que a porta para a diplomacia pode ficar aberta nesse tipo de guerra porque os objetivos podem ser atingidos com custos menores e sem exterminar os inimigos.

Guerras travadas por ideias e glória não têm um fim objetivo: a única saída aceitável é o triunfo. Isso torna a paz negociada virtualmente impossível de ser atingida.

Nessa mesma época, Martin Wight demonstrou o mesmo inconformismo que Aron em relação aos rumos demasiadamente *behavioristas* que o estudo das relações internacionais estava seguindo nos Estados Unidos. Para ele, nenhuma teoria das relações internacionais poderia ser elaborada sem ser ancorada no estudo da história e na evolução do pensamento filosófico ocidental. Teorias que privilegiam a elaboração de modelos racionais em detrimento do estudo da história e suas complexidades correm o risco, segundo Wight, de refletir sobre assuntos que não existem, permanecendo, portanto, defasados em relação ao mundo da política. Da mesma forma, teorias que não levam em consideração a evolução do pensamento filosófico ocidental descartam a riqueza e a complexidade deste, e não aproveitam o seu amadurecimento nem as soluções elaboradas para os mesmos problemas que o pensamento teórico sobre as relações internacionais inevitavelmente proporcionaria. Por isso, Wight sugeriu que todo o pensamento teórico nas relações internacionais decorre de uma das três tradições fundadas por Maquiavel, Grotius e Kant, que Wight denominou respectivamente de realismo, racionalismo e revolucionarismo. Para ele, como alguns anos mais tarde para seu principal discípulo, Hedley Bull, o realista entende as relações internacionais como uma luta permanente de todos contra todos. O que caracteriza as relações internacionais para o realista é a desconfiança generalizada e permanente, de onde decorre a permanente luta por sobrevivência por parte de todos os Estados. Com isso, cada Estado só pode contar com suas próprias capacidades para garantir sua sobrevivência, e as amizades e alianças nas relações internacionais só podem ser passageiras e relativas a interesses comuns específicos.

Na outra ponta, Wight define os revolucionários como os herdeiros do pensamento kantiano nas relações internacionais. Para eles, ao passo que a desconfiança e a luta pela sobrevivência caracterizam as relações internacionais, existe um imperativo central nas relações internacionais que é a paz. Para se estabelecer essa paz, Kant e seus herdeiros consideram que não é possível garantir a segurança de alguns em detrimentos dos demais e que só é possível garantir a segurança de um quando a segurança de todos é garantida. Os herdeiros do pensamento kantiano destacam-se, então, por duas características: vislumbram um objetivo ético a ser alcançado e indicam o caminho que deve ser trilhado para se atingir tal objetivo.

Entre esses dois extremos, Wight definiu Hugo Grotius e seus herdeiros nas relações internacionais como uma tradição intermediária, um compromisso entre o realismo de uns e a utopia dos outros. Tal compromisso seria atingido pelos racionalistas ao perceberem a existência de regras e normas que orientam e organizam as relações internacionais e que permitem a convivência entre Estados que não partilham necessariamente os mesmos objetivos nem os mesmo interesses. A existência de um conjunto de regras e normas organizadas na forma do Direito Internacional é o que permite aos Estados conviverem sem alcançar a paz, mas também sem se encontrar em um estado permanente de desconfiança e insegurança.

Para Wight, todas as contribuições teóricas nas relações internacionais são simples variantes em torno de uma dessas três tradições de pensamento em torno das relações internacionais. Seguindo esse raciocínio, Wight afirmou, em "Why Is There No International Theory?", que não há propriamente uma teoria internacional das relações internacionais; segundo ele, o que existe são teorias particulares das relações internacionais, impregnadas dos valores e interesses dos lugares em que tais teorias são produzidas. O parâmetro de comparação para Wight são os grandes nomes da filosofia ocidental que produziram um conhecimento que alcançava muito além das suas próprias fronteiras e de seu próprio tempo e não era marcado pelos limites de interesses particulares ou definidos. Desse ponto de vista, as teorias produzidas nas relações internacionais são exatamente isto: teorias marcadas pelo contexto no qual foram produzidas e que reproduzem esse contexto, assim como suas características e limitações. Para Wight, enquanto revoluções e guerras representarem eventos separados, e não padrões de eventos, a teoria produzida por tais revoluções e guerras permanecerá uma teoria particular, faltando, portanto, uma teoria propriamente internacional.

A reação neorrealista

Na década de 1970, o realismo conheceu uma de suas crises mais agudas. O surgimento e a confirmação da relevância dos assuntos econômicos puseram em dúvida a centralidade do papel desenvolvido pelo Estado nas Relações Internacionais e, com isso, colocou-se a questão da relevância de atores como as empresas multinacionais, as organizações internacionais, assim como algumas organizações não governamentais. A prática da política internacional acabou tendo efeitos no debate acadêmico e teórico nas Relações Internacionais. Portanto, desde as premissas básicas (o estadocentrismo) até os princípios de funcionamento (a política como objeto de estudo e de referência), o realismo estava sendo desafiado e questionado como principal instrumento de análise das Relações Internacionais. Foi nesse contexto que Kenneth Waltz publicou, em 1979, seu livro *Theory of International Politics*.

Waltz procurou resgatar o realismo diante de críticas que proliferavam. Seu argumento era que o realismo era válido como teoria das Relações Internacionais e que conseguia explicar os principais fenômenos que ocorrem dentro delas. No entanto, Waltz afirmou que era preciso estabelecer o realismo em bases mais sólidas e científicas. A teoria, que para Waltz precisa permitir ao analista explicar o que ocorre e fazer previsões do que vai ocorrer, deve também ser *elegante*. Por todos esses motivos, estabeleceu uma teoria à qual ele mesmo se referia como uma teoria neorrealista: sem rejeitar as raízes, as premissas e as influências realistas, mas, ao mesmo tempo, tornando-a mais vigorosa, mais eficiente e mais elegante. Além disso, por providenciar uma análise estrutural da política internacional, Waltz dizia, também, que seu realismo era um realismo estrutural.

A teoria estrutural de Waltz representou uma revolução nas relações internacionais. Sua preocupação era em providenciar explicações para a continuidade e para as repetições, e não para a exceção. Contudo, argumentos estruturais procuram explicar a mudança e até a inevitabilidade da mudança. Quando, com seu realismo estrutural, Waltz procura explicar a continuidade, está fazendo uso oposto do que o pensamento estrutural geralmente se propõe a fazer: ele usa um modo de pensar que se propõe a explicar a inevitabilidade da mudança para explicar a continuidade. Desse ponto de vista, o que havia permanentemente existido, isto é, o fenômeno recorrente das relações internacionais, era o fenômeno da guerra.

Portanto, de acordo com Waltz, a pergunta central a ser respondida pelas relações internacionais é por que sempre houve guerra, seja na Grécia Antiga de Tucídides, nas cidades-Estado italianas de Maquiavel ou no sistema herdado da paz de Vestfália e que existe até hoje? Waltz responde que a existência da anarquia internacional é a causa da permanente recorrência de guerras no sistema internacional. Essa é uma resposta estrutural para o fenômeno recorrente da guerra. Com essa resposta situada no nível do sistema internacional, Waltz reduziu mais ainda o leque, definido por ele mesmo, em seu livro de 1959, ou seja, 20 anos antes, em três imagens. Enquanto em seu livro de 1959 havia estabelecido três imagens (o homem, o Estado e o sistema) para estudar as causas da guerra, em 1979, Waltz destacou que a busca da causa da guerra só faz sentido no nível do sistema internacional. Para ele, qualquer explicação no nível do Estado seria uma resposta reducionista.[16] Waltz não procura menosprezar as teorias produzidas no nível das unidades (unidades que, no caso do sistema internacional, são os Estados), mas alega que elas possuem escopo limitado, pois desconhecem o nível da estrutura. Em seu livro, afirma estar apresentando uma teoria sistêmica das relações internacionais. Situando sua contribuição teórica no amplo debate agente-estrutura das ciências sociais, Waltz afirma que a estrutura não se reduz à soma das partes que a compõem, e que ela — a estrutura — constrange, limita e orienta a ação dos agentes.

Sem nunca se preocupar em distinguir estrutura de sistema e usando os dois conceitos de maneira intercambiável, Waltz define dois mecanismos mediante os quais a estrutura constrange e limita a ação dos agentes: a socialização e a competição. A socialização impõe padrões de ação aceitáveis, significando que outros tipos de ação são inaceitáveis. É a estrutura (seja a família, a tribo, a sociedade ou o sistema internacional) que indica aos agentes aquilo que é aceitável e aquilo que não é aceitável. Isso não significa que os agentes não possam fazer o que não é aceitável, mas que, ao agir daquela maneira, serão marginalizados ou sancionados de alguma forma. A competição funciona de maneira complementar à socialização, sem que nenhum dos dois mecanismos tenha preferência ou antecedência em relação ao outro. O mecanismo da competição faz com que as ações dos mais bem-sucedidos sejam imitadas pelos demais. Assim, há uma reprodução de um padrão de ação na busca do sucesso, determinado em termos de permanência no jogo, isto é, de contínua participação nele. Segundo Waltz, esses dois mecanismos funcionam de maneira complementar e constrangem e limitam a ação dos agentes.

Para Waltz, uma estrutura — qualquer estrutura, não apenas a estrutura internacional — é definida em termo de três características: seu princípio ordenador, a característica de suas unidades e a distribuição das capacidades entre elas. Waltz entende que há duas — e apenas duas — possibilidades de princípios ordenadores: a hierárquica e a anárquica. Ele define a característica das unidades em função da divisão de trabalho entre elas: ou todas as unidades cumprem as mesmas funções ou podem se especializar e, com isso, cumprir funções diferentes. Por fim, Waltz afirma que toda e qualquer estrutura pode ter dois tipos de distribuição das capacidades entre suas unidades: bipolar ou multipolar. Para ele, a dinâmica que governa as relações em sistemas com três ou mais polos é rigorosamente a mesma e difere da dinâmica que governa uma estrutura com dois polos. Em sistemas com dois polos, cada um deles só se preocupa com o outro e com suas capacidades, assim como com seu poder de aglutinar outras unidades. A diferença é que, nos sistemas multipolares, entra em jogo a possibilidade de estabelecimento de alianças entre os polos, o que não existe nos sistemas bipolares. Além do poder de aglutinação em relação às unidades, no sistema multipolar, exerce-se, também, uma atração em relação aos demais polos. Waltz descarta a possibilidade de existir uma estrutura unipolar, já que ela se confundiria com uma estrutura hierárquica.

Segundo Waltz, nas relações internacionais, o princípio ordenador é a anarquia. Para ele, a ausência de uma autoridade soberana que tenha o monopólio do uso legítimo da coerção caracteriza o sistema internacional como anárquico, comparável ao estado de natureza hobbesiano. Isso não significa que não haja exercício de poder nas relações internacionais, muito pelo contrário: o exercício do poder permeia as relações internacionais.

Só que esse exercício não vem acompanhado do selo da legitimidade conferido, na política doméstica, ao exercício do poder pelo soberano. Uma boa explicação nesse sentido é fornecida por Ramalho da Rocha: nas relações internacionais, os Estados exercem poder, não autoridade.[17] Isto é, os Estados são soberanos sobre seus territórios, e não abrem mão de sua soberania. No entanto, Estados com recursos de poder superiores aos demais influenciam e podem obrigar outros a mudarem suas políticas, mas esse exercício do poder não é legítimo. Se fosse, ele se transformaria em um exercício de autoridade, o que transformaria a anarquia em hierarquia.

A segunda característica das estruturas é a caracterização das unidades. Waltz considera que, nas relações internacionais, as unidades se caracterizam pelo sistema de autoajuda: não há especialização possível, e todas as unidades precisam cumprir a mesma função essencial, que consiste em preservar sua sobrevivência. Nenhuma unidade pode contar com as demais para garantir sua sobrevivência no sistema internacional. Observa-se que a impossibilidade da divisão de trabalho nas relações internacionais decorre do fato de a anarquia ser o princípio ordenador das relações internacionais.

A terceira característica do sistema internacional é se ele é bipolar ou multipolar. Algumas observações são necessárias aqui: no nível do sistema, o que interessa não são os recursos de poder de cada unidade, mas sim como o total dos recursos é distribuído entre elas. Por isso, as capacidades das unidades são uma característica no nível das unidades, enquanto a distribuição dessas capacidades é uma característica no nível do sistema. Waltz considera, também, que o sistema bipolar é mais estável do que o sistema multipolar: no bipolar, há um espaço reduzido para o jogo duplo e as alianças não declaradas, o que implica uma transparência maior e, portanto, uma estabilidade maior do sistema. O grau de incertezas também é maior no sistema multipolar devido à existência de múltiplos polos, ao passo que, no sistema bipolar, o monitoramento do outro polo reduz o grau de incertezas.

Duas consequências decorrem, então, das escolhas feitas por Waltz. Por um lado, a definição da anarquia como princípio ordenador leva à característica das unidades como sendo a autoajuda.

Por outro lado, e por ser a anarquia uma característica imutável do sistema internacional, a única mudança possível reside na terceira característica da estrutura, isto é, na distribuição das capacidades entre as unidades. Portanto, como definido por Waltz, a única mudança possível é de um sistema bipolar para um sistema multipolar.

Essa não é a posição de outro grande nome do neorrealismo, Robert Gilpin. Em seu livro de 1981, *War and Change in World Politics*, Gilpin apresenta uma teoria da mudança nas relações internacionais, do ponto de vista realista.[18] De acordo com ele, a estabilidade do sistema internacional depende da existência de uma ou mais potências hegemônicas. Ao definir três tipos de estruturas internacionais (hegemônica ou imperial, bipolar ou multipolar), Gilpin afirma que a estabilidade do sistema depende da atuação da potência hegemônica (ou das potências hegemônicas) na medida em que ela(s) arca(m) com os custos do funcionamento desse sistema. Quando surge uma potência desafiante ao *status quo*, entra o cálculo dos custos e dos benefícios: enquanto o custo de desafiar a potência hegemônica for superior aos benefícios que poderão decorrer disso, a potência emergente não desafiará a potência hegemônica. A partir do momento em que os benefícios do desafio passam a superar seus custos, o desafio, por meio de uma guerra, se torna inevitável, a não ser que a potência hegemônica acomode as demandas e permita o crescimento da potência emergente.

De qualquer maneira, segundo Gilpin, o resultado é que a nova potência hegemônica estabelecerá suas novas regras, que servirão seus próprios interesses e não mais os interesses da antiga potência hegemônica. Uma outra diferença entre Gilpin e Waltz é que o primeiro define o interesse tanto em termos de poder quanto em termos de bem-estar. Gilpin afirma, então, que três tipos de mudança são possíveis: uma mudança do sistema, quando é a própria natureza dos atores que compõem o sistema que muda; uma mudança sistêmica, que ocorre quando uma potência hegemônica é substituída por outra; e uma mudança na interação, quando o que muda é simplesmente a natureza da interação predominante dentro do sistema.

Considerar a chamada escola inglesa como uma escola parcialmente realista não é consenso entre os estudiosos das relações internacionais. Todavia, Hedley Bull, um dos principais herdeiros de Wight e um dos principais nomes da escola inglesa, eleva a anarquia internacional ao fator incontornável das relações internacionais, da mesma forma que muitos realistas. Em seu livro *A sociedade anárquica*, de 1977, Bull junta dois conceitos que aparentam ser mutuamente exclusivos: sociedade e anarquia.[19] A sociedade pressupõe a existência de um grau mínimo de valores e referências comuns que se referem a uma ordem, enquanto a anarquia se refere à ausência de ordem. Para Bull, o sistema internacional é uma mistura das duas coisas. Ao se organizarem, os Estados passam a se referir a um conjunto de normas, processos e práticas cujo propósito é garantir três objetivos: a vida, a verdade e a propriedade. Em termos concretos, esses três objetivos se traduzem pela proteção contra a violência, pelo cumprimento dos entendimentos (*pacta sunt servanta*) e pela estabilidade da posse.[20] Com o objetivo de preservar a vida, o sistema internacional providencia meios para controlar a violência, abrindo, assim, o espaço para a guerra justa, aquela movida em defesa da vida. Com o objetivo de preservar a verdade, estabelecem-se tratados e acordos que regulamentam as relações entre os Estados do sistema. E, para manter a propriedade, estabelece-se o princípio da soberania e do reconhecimento mútuo da soberania alheia.

A esse respeito, Bull segue os passos de Wight ao distinguir as três mesmas escolas de pensamento ocidentais (a realista, a racionalista e a revolucionária), mas substitui Maquiavel por Hobbes como referência para os realistas. Para ele, a escolha de Hobbes é mais significativa por nos referir a uma ordem estatal, e por afirmar com clareza a existência do estado de natureza. Bull também difere de Wight ao afirmar claramente sua preferência pela herança grotiana, isto é, pela escola racionalista.

A escola inglesa estabelece, também, uma escala entre quatro estágios diferentes: o sistema internacional, a sociedade internacional, a sociedade mundial e o governo mundial. Esses quatro estágios revelam uma complexidade crescente, com normas e valores comuns cada vez mais presentes e cada vez mais prementes no sistema internacional. Quando se fala de sistema internacional, fala-se de um conjunto de Estados que pouco têm em comum, que pouco compartilham. Entretanto, quando se fala de sociedade internacional, existe um grau maior de valores e objetivos compartilhados. Contudo, ainda estamos falando de um sistema cujo ator central é o Estado. Quando se fala de sociedade mundial, já se refere a uma ordem não necessariamente estatal, enquanto o governo mundial se refere à existência de uma soberania que transcende os Estados e que se impõe a eles de cima.

O realismo, as Relações Internacionais e o debate contemporâneo

A década de 1990 foi de amplos debates na teoria das Relações Internacionais. Críticas ao realismo se multiplicaram. A maioria dessas críticas destacava a incapacidade do realismo de prever e explicar a queda da União Soviética e sua inadaptação para lidar com o mundo pós-Guerra Fria. Novos assuntos (a globalização), novos atores (as civilizações segundo Huntington) e o possível/ eventual fim dos conflitos (o fim da história segundo Fukuyama) pareciam relegar o realismo às margens da história. Criticaram-se, também, os alicerces epistemológicos do realismo no que veio a se chamar crítica pós-positivista. No entanto, não foi levado em consideração o vigor do pensamento realista nas Relações Internacionais, nem a própria dinâmica das relações internacionais. Múltiplos conflitos explodiram em vários cantos do planeta (na África, nos Balcãs, no Cáucaso) e novos/velhos conceitos voltaram à moda (nacionalismo, terrorismo), sem mencionar as questões de cunho eminentemente militar, apesar do enfoque diferente (as operações de paz, assim como as intervenções humanitárias).[21]

A reação do realismo foi dupla: por um lado, vários pensadores realistas chamaram a atenção para a riqueza do pensamento realista. Segundo eles, o destaque dado à versão de Waltz de realismo (o neorrealismo ou realismo estrutural) acabou empobrecendo o próprio realismo e reduzindo sua capacidade de análise. Abriu-se, com isso, uma temporada de volta e redescoberta de velhos conceitos do realismo e sua redefinição. Por outro lado, aprendeu-se com o caráter científico da abordagem realista no decorrer das décadas de 1970 e 1980, e preservou-se isso como um ganho. Esse tipo de amálgama condiz com a visão positivista e científica do saber que os realistas, de maneira consistente, quiseram imprimir ao seu trabalho: o saber como o produto de um processo cumulativo e o debate entre as diferentes visões ou interpretações como o instrumento ou o motor da evolução. Há uma verdade objetiva, um mundo lá fora, que precisa ser descoberto, e do qual o saber tem de se aproximar. Esses são os chamados realistas neoclássicos, por serem realistas que procuram recuperar as raízes do realismo original, sem deixar de adaptá-lo aos dilemas do realismo contemporâneo.

A pergunta que se pode colocar aqui é por quais razões o realismo estrutural de Waltz tornou-se o grande vilão, ou pelo menos o centro dos debates, nas relações internacionais, nas décadas de 1990 e principalmente de 1980? A pobreza do neorrealismo estava em jogo. A resposta é que o próprio Waltz levou a isso. Ele declarou sua teoria como a teoria de política internacional e definiu a balança de poder como seu eixo central. Usou o estruturalismo, que geralmente argumenta a inevitabilidade da mudança, para explicar a continuidade e reduzir o leque de mudanças possíveis na política internacional. Também afirmou que o realismo estrutural poderia servir para todos os tempos e todas as realidades e alegou que sua versão era a única forma possível de realismo. Por ter conseguido recolocar o realismo de volta ao centro do debate, a versão de Waltz tornou-se a versão representativa e porta-bandeira do realismo.

Na década de 1990, podem-se distinguir, então, três tendências dentro do realismo. Por um lado, alguns, como Barry Buzan e seus parceiros Richard Little e Charles Jones, queriam modificar o realismo estrutural, ao passo que preservavam o quadro geral de Waltz. Em seu livro *The Logic of Anarchy — Neorealism to Structural Realism*, Buzan, Little e Jones alegam que Waltz não se preocupou em distinguir o sistema da estrutura, o que o impediu de produzir uma teoria verdadeiramente estrutural. Segundo eles, ao confundir sistema e estrutura, Waltz não percebeu que a estrutura é composta por um sistema e suas unidades e que, por isso, é possível produzir uma teoria tanto no nível do sistema quanto no nível das suas unidades. Ao sistema e suas unidades, Buzan, Little e Jones acrescentam os processos como características das estruturas. Ao não fazer isso, Waltz não conseguiu incluir a interação entre as unidades e entre estas e o sistema como a fonte que faz da estrutura não ser reduzível às características das suas unidades. Por tudo isso, Buzan, Little e Jones afirmam que a teoria produzida por Waltz é uma teoria neorrealista e que a verdadeira teoria estrutural das Relações Internacionais é a deles. Buzan, Little e Jones tentaram, então, lidar com as diferentes críticas ao neorrealismo para produzir uma contribuição teórica significativa. No entanto, fizeram questão de preservar os contornos gerais, assim como o corpo do argumento de Waltz para produzir sua própria contribuição.

Próximo a Buzan e seus parceiros, encontra-se um segundo grupo, que pode ser representado aqui por Christopher Layne, para quem Waltz tinha razão e nenhuma concessão era necessária ou possível. Christopher Layne é um realista que considera a contribuição de Waltz contínua e totalmente válida para as Relações Internacionais. Em diversos artigos publicados em revistas de grande prestígio como a *International Security*, Layne assumiu a defesa da herança de Waltz nas Relações Internacionais e de suas principais contribuições. Em particular, critica a teoria da paz democrática defendida por alguns liberais ao afirmar não apenas que a natureza dos regimes não define a natureza do sistema, mas também que a natureza anárquica do sistema internacional não pode ser domesticada. Seguindo essa mesma linha de raciocínio, Layne também defendeu o caráter ilusório da unipolaridade experimentada no imediato pós-Guerra Fria e sustentou que o momento unipolar inevitavelmente cederia o lugar para um sistema bi ou multipolar. Ao fazer isso, Layne defendia nitidamente as posições de Waltz.

Outros preferiram lidar com as limitações do realismo impostas pela versão de Waltz e imprimiram novos/antigos debates ao realismo e às Relações Internacionais. Esse grupo de neorrealistas liderado pelo próprio Waltz afirma que as grandes potências procuram manter o *status quo* e são chamados, por isso, de neorrealistas defensivos. Do outro lado do espectro de neorrealistas, encontra-se John Mearsheimer, um neorrealista ofensivo que afirma que as grandes potências sempre procuram aumentar seu poder e que as brechas abertas até por aliados levam as grandes potências a ocuparem mais e mais espaço nas relações internacionais.[22] A influência das anteriormente mencionadas ideias de Morgenthau sobre os objetivos do poder nas relações internacionais é clara neste caso.

Stephen Walt faz parte de um outro grupo, que apresentamos aqui como os realistas neoclássicos. Já na década de 1980, por exemplo, Walt defendia simultaneamente o fenômeno da guerra como central ao estudo das relações internacionais, a modificação do conceito de balança de poder e a volta do realismo a suas raízes pré-waltzianas. Duas contribuições de Walt podem ser destacadas aqui. A primeira é que ele propõe substituir o conceito de balança de poder pelo conceito de balança de ameaças. Segundo ele, os Estados formam alianças em resposta a ameaças e, ao formarem alianças, podem tanto balançar quanto *bandwagon*, ou aderir ao mais forte. Walt afirma que, ao se alinharem a favor ou contra um Estado, os Estados se posicionam não em resposta aos poderosos, mas aos ameaçadores. As mesmas capacidades podem ser percebidas como ameaçadoras ou não, e é essa percepção que motiva o alinhamento dos Estados nas alianças. A segunda contribuição de Walt foi defender o estudo da guerra como o que define o estudo da segurança internacional. Para ele, guerras interestatais definem o sistema internacional, ao passo que revoluções são próprias à política doméstica.

William Wohlforth defendeu o realismo ao afirmar que a incapacidade dos realistas em prever o fim da União Soviética sem a ocorrência de uma guerra não deve ser confundida com a incapacidade do realismo de providenciar elementos de análise. Ele chamou a atenção para o uso errado do debate sobre a hegemonia para afirmar que, caso os realistas tivessem usado o realismo corretamente, teriam conseguido prever o fim da União Soviética. Wohlforth afirma, assim, não apenas que a guerra preventiva é menos provável por parte de uma potência desafiante em declínio do que por parte de uma potência hegemônica em declínio, mas também que o declínio e a instabilidade de uma potência desafiante possuem uma repercussão global menor do que o declínio e a instabilidade da potência hegemônica. Usando um argumento similar a outros críticos não realistas de Waltz, Randall Schweller afirmou que o neorrealismo de Waltz era incapaz de lidar com a mudança e favorecia o *status quo*. Para Schweller, a construção do neorrealismo por parte de Waltz como sendo exclusivamente estrutural lhe confere esse caráter conservador, defensor do *status quo*. Sem rejeitar a contribuição *estrutural* de Waltz, Schweller afirma que o realismo ganharia em riqueza analítica se fosse paulatinamente incluindo variáveis do nível da unidade para informar o nível da estrutura. Schweller, por exemplo, afirma que a participação de Estados revisionistas de um sistema internacional influencia o funcionamento da própria balança de poder e favorece a adesão em detrimento do equilíbrio. Ao apresentar esse argumento, Schweller nada mais faz que temperar a balança de poder com variáveis do nível da unidade.

Daniel Deudney reafirma a validade do realismo, mas sugere a necessidade de rever suas premissas. Deudney segue o mesmo argumento que outros ao afirmar que foram os percalços do realismo nas duas décadas anteriores ao fim da Guerra Fria que levaram a suas insuficiências e que a volta às origens, que, no caso de Deudney, estão no iluminismo, e não no início do século XX, permitiria estabelecer o realismo novamente como paradigma dominante das Relações Internacionais.

Fareed Zakaria colocou no centro do seu debate a questão da política doméstica, contrapondo-se, assim, àqueles que consideram o Estado uma caixa-preta. Zakaria questiona a separação dos níveis doméstico e internacional, assim como a autonomia do internacional. Afirma que a política doméstica, assim como questões internas, define a política externa dos Estados, o que, no caso das grandes potências, passa a ter consequências sistêmicas. Ao defender esse argumento, Zakaria questiona não apenas as recentes contribuições realistas, mas também a contribuição da figura central do realismo, que é Morgenthau. Todas essas iniciativas tinham por objetivo provar o dinamismo do realismo e afirmar o distanciamento do realismo da versão neorrealista.

Entretanto, todas se destacavam por uma postura defensiva do realismo diante dos ataques que não cessava de receber.

Antes de concluirmos esta apresentação das principais contribuições ao debate realista na década de 1990, precisamos dar destaque à obra de um dos realistas mais influentes da atualidade, que tem protagonizado os principais debates no decorrer dos últimos quinze anos, assumindo a defesa dos ideais realistas perante as demais contribuições teóricas nas Relações Internacionais. Trata-se de John Mearsheimer. Em seu livro *The Tragedy of Great Power Politics*, Mearsheimer defende o que definimos anteriormente como neorrealismo ofensivo.[23] Ele define as relações internacionais em termos realistas tradicionais que não diferem das definições estabelecidas por Morgenthau, Herz ou Waltz. Para ele, as relações internacionais são caracterizadas pela existência da anarquia internacional e são constituídas de atores racionais chamados Estados. A competição permanente é a principal característica desse sistema internacional, e o poder não é um objetivo em si, mas sim um meio para manter a sobrevivência.

Mearsheimer começa a se diferenciar de outros realistas ao afirmar que o objetivo de todas as grandes potências é a hegemonia, mas afirma que uma hegemonia global é dificilmente alcançável e que a história tem visto hegemonias regionais. As hegemonias regionais podem, eventualmente, até considerar a hegemonia regional um passo rumo à realização da hegemonia global, mas este não é necessariamente o caso. Segundo Mearsheimer, o que define uma grande potência é sua capacidade militar. Ele também não difere de outros realistas ao considerar que as capacidades econômicas e tecnológicas são importantes para transformar um Estado em uma grande potência, mas que só quando essas capacidades não bélicas se traduzem em termos militares um Estado pode ser considerado uma grande potência. No que se pode interpretar como uma influência indireta de Aron, Mearsheimer afirma que os Estados, em geral, e as grandes potências, em particular, usam o poder e a diplomacia para atingir seus objetivos. Afirma que a diplomacia só é efetiva para atingir os objetivos de uma grande potência quando é adequadamente apoiada pela força ou, pelo menos, pela ameaça credível do uso da força. Mearsheimer destaca dois mecanismos diplomáticos: a balança — ou o equilíbrio — e o que chama de *buck-passing*, ou passar o balde. A balança (ou equilíbrio) é quando um Estado tenta neutralizar o crescimento de uma potência hegemônica regional por meio da constituição de alianças com outros Estados. O *buck-passing* é quando um Estado prefere delegar a um outro Estado (ou a outros Estados) a responsabilidade de neutralizar o avanço de uma eventual potência hegemônica. Como se vê, o neorrealismo de Mearsheimer é mais detalhista e, portanto, menos elegante do que o neorrealismo de Waltz. Contudo, uma característica de todas as contribuições citadas aqui é que essa nova leva de neorrealistas usa e refere-se muito mais extensivamente à história do que Waltz e procura nela lições e indicações para a elaboração de suas contribuições teóricas.

Conclusão

O realismo tem sido uma tradição teórica muito rica, muito diversa e muito presente nas Relações Internacionais. Sua evolução reflete os dilemas e os desafios que têm se colocado para os teóricos e para os tomadores de decisão. O realismo ocupou uma posição dominante nas Relações Internacionais durante várias décadas. Apesar dos questionamentos e dos desafios aos quais tem sido sujeito, ele continua sendo uma teoria muito influente entre acadêmicos e tomadores de decisão. Isso se deve tanto a sua riqueza e sua diversidade quanto a sua adaptação às necessidades da política mundial contemporânea. Sua capacidade de resistência e de adaptação e sua habilidade em se colocar no centro da disciplina apesar das críticas e dos desafios confirmam a eficiência e a utilidade dos instrumentos que oferece aos analistas e aos teóricos. Tentamos refletir essa riqueza, essa diversidade e essa capacidade na discussão do presente capítulo.

O realismo, longe de acabar, encontrou novo vigor com muitos autores contemporâneos que buscaram em diversas fontes os meios para reerguê-lo como uma teoria dominante nas Relações Internacionais. Nesse sentido, a atualidade de autores clássicos, como Morgenthau, Aron e Herz, é reveladora da força e da continuidade realistas.

Notas

1. Quando nos referimos à área acadêmica que estuda as relações internacionais, usamos as maiúsculas (Relações Internacionais) e quando nos referimos às relações internacionais como um assunto, usamos as letras minúsculas.
2. Tucídides. *The Peloponnesian War*. Chicago: University of Chicago Press, 1989. Tradução livre.
3. Trata-se da definição do papel do Estado na ciência política que Kenneth Waltz adota para tratar das Relações Internacionais.
4. Em português: cooperação sob o dilema de segurança.
5. A definição do dilema de segurança é apresentada em seguida, quando é discutida a contribuição de John Herz.
6. É relevante salientar, aqui, que Raymond Aron define a estabilidade do sistema em função de dois eixos. O primeiro é o referente à distribuição de forças, enquanto o segundo refere-se à homogeneidade *versus* heterogeneidade do sistema, sendo que um sistema homogêneo é composto por Estados similares, enquanto o sistema heterogêneo é composto por Estados organizados segundo princípios diferentes. Aron afirma que o sistema homogêneo é muito mais estável do que o heterogêneo.
7. Waltz, Kenneth. *Theory of International Politics*. Nova York: Mac Graw Hill, 1979, p. 118.
8. Carr, Edward Hallett. *Vinte anos de crise — 1919-1939*. Brasília: UnB, 1981.
9. Vendulka Kubalkova vai além e afirma que o pensamento de Carr tem características dialéticas e que ele explorou as contradições entre realismo e idealismo para defender uma síntese entre os dois modos de pensar. Kubalkova, Vendulka. "The Twenty Year's Catharsis: E.H. Carr and IR". In: Kubalkova, Vendulka, Onuf, Nicholas e Kowert, Paul (Orgs.). *International Relations in a Constructed World*. Nova York: M.E. Sharpe, 1998, p. 25-57.
10. Schmidt, Brian C. *The Political Discourse of Anarchy: A Disciplinary History of International Relations*. Albany: State University of New York Press, 1998.
11. Morgenthau, Hans J. *Política entre as nações*. Brasília: Editora UnB, 2002.
12. Herz, John. *Political Realism and Political Idealism: A Study in Theories and Realities*. Chicago: Chicago University Press, 1951.
13. Herz, John. "Idealist Internationalism and the Security Dilemma". *World Politics*, v. 2, n. 2, p. 157-180, 1950.
14. Kaplan, Morton. *System and Process in International Politics*. Nova York: J. Wiley, 1957.
15. Waltz, Kenneth N. *Men, State, and War: a Theoretical Analysis*. Nova York: Columbia University Press, 1959. Cap. 1.
16. Observa-se, aqui, que Waltz aceitou a redução operada por Singer de três para dois níveis de análise, já que, em 1979, Waltz sequer mencio-

nou o nível/a imagem do homem (ou do indivíduo) como nível/imagem de análise das relações internacionais.
17. Da Rocha, Antonio Jorge Ramalho. *Relações internacionais — Teorias e agendas*. Brasília: Funag, 2002, p. 268-269.
18. Gilpin, Robert. *War and Change in World Politics*. Princeton: Princeton University Press, 1981.
19. Bull, Hedley. *A sociedade anárquica*. Brasília: Editora UnB, 2002.
20. Fonseca Jr., Gelson. *A legitimidade e outras questões internacionais — Poder e ética entre as nações*. São Paulo: Paz e Terra, 1998.
21. Vários autores publicaram livros sobre a vitalidade e a riqueza — e as insuficiências — do realismo, assim como sobre sua reação às críticas do pós-Guerra Fria. Entre os críticos do realismo, John Vasquez publicou uma segunda edição, revisada e ampliada, do seu livro *The Power of Power Politics — From Classical Realism to Neotraditionalism* (Cambridge: Cambridge University Press, 1998), cuja primeira edição havia sido lançada na década de 1980. Do lado dos celebratórios, ou no mínimo dos que enalteceram a diversidade e a riqueza do realismo, podemos citar os livros de Jack Donnelly, *Realism and International Relations* (Cambridge: Cambridge University Press, 2000), e o livro de Richard Ned Lebow *The Tragic Visions of Politics — Ethics, Interests and Orders* (Cambridge: Cambridge University Press, 2003).
22. A distinção entre realismo ofensivo e defensivo foi estabelecida pelos autores: Brown, Michael E.; Lynn-Jones, Sean M.; Miller, Steven E. (Orgs.). *The Perils of Anarchy — Contemporary Realism and International Realism*. Cambridge: MIT Press, 1995, e Mearsheimer adotou a distinção e a usou.
23. Mearsheimer, John J. *The Tragedy of Great Power Politics*. Chicago: University of Chicago, 2003.

Capítulo 3

O LIBERALISMO

O liberalismo é um dos paradigmas dominantes na teoria das Relações Internacionais e sua influência cresceu muito após o fim da Guerra Fria. Durante muito tempo, contudo, teorias liberais foram objeto de crítica e, posteriormente, de descaso pela maioria dos pensadores mais influentes da disciplina. No capítulo anterior, vimos como o realismo escolhe a visão de mundo liberal como seu alvo principal e dedica um enorme esforço para desacreditá-la. Ainda assim, o liberalismo é um componente essencial de todo o *edifício conceitual* das Relações Internacionais. Neste capítulo, veremos por que o estudo das teorias liberais é indispensável para compreender os fundamentos da disciplina e seus principais debates. Discutimos, também, a trajetória intelectual do liberalismo, procurando mostrar como suas ideias sobre política internacional vieram a se tornar tão influentes nos dias de hoje. Para isso, analisamos a contribuição de alguns dos autores mais representativos dessa corrente de pensamento no campo de RI, destacando os temas centrais e mais influentes de suas obras. Para melhor situar o trabalho desses autores no contexto da tradição liberal, iniciamos o capítulo com uma breve exposição sobre os antecedentes do pensamento liberal clássico na teoria internacional. Concluímos indicando os principais temas e debates suscitados pelo resgate do liberalismo pelas teorias contemporâneas de relações internacionais.

A tradição liberal na teoria política internacional: paz, comércio, republicanismo, instituições

O liberalismo é uma grande tradição do pensamento ocidental que deu origem a teorias sobre o lugar do indivíduo na sociedade, sobre a natureza do Estado e sobre a legitimidade das instituições de governo. O pensamento liberal também produziu teorias sobre a organização da economia, em particular sobre a operação de mercados em que produtores individuais atuam livremente na busca de lucro. Nossa preocupação, aqui, se concentra nas concepções liberais acerca da natureza e do funcionamento do sistema — ou, se quisermos empregar um termo propriamente liberal — da *sociedade* internacional. Nesse sentido, não falaremos, nesta seção, de teorias de relações internacionais propriamente ditas, mas de abordagens liberais sobre problemas internacionais, formuladas por pensadores da tradição liberal moderna desde o Iluminismo até o fim do século XIX. Do ponto de vista deste trabalho, só podemos falar em teorias liberais de RI a partir do século XX, mais especificamente, após a Primeira Guerra Mundial. A tradição liberal caracterizava-se, principalmente, por sua preocupação com as relações entre indivíduo, sociedade e governo no âmbito doméstico. Apenas alguns pensadores liberais dedicaram-se ao estudo dos problemas internacionais. Contudo, como são autores de grande expressão, suas contribuições às teorias internacionais influenciam os debates em nossa disciplina até os dias de hoje.

Não podemos falar em uma tradição liberal coerente e unificada. Há, na vastíssima gama de autores que a compõem, uma diversidade que resiste a qualquer tentativa de síntese. Mesmo assim, podemos indicar alguns valores e conceitos centrais que definem uma perspectiva comum para a grande maioria dos pensadores liberais, bem como para os autores que refletiram sobre as relações internacionais.

Sabemos que a preocupação central dessa tradição é com a liberdade do indivíduo. Trata-se de uma preocupação essencialmente moderna, herdeira do Iluminismo, que afirma que os seres humanos são capazes, por intermédio do uso da razão, de definir seu destino de maneira autônoma. Em outras palavras, os indivíduos não dependem de forças extraterrenas (divinas) e de seus representantes (a Igreja) ou de senhores feudais ou monarcas para decidir como viver suas vidas neste mundo. Somos livres porque somos dotados da capacidade de decidir o que é bom e justo como indivíduos e membros de uma comunidade. O liberalismo foi uma visão de mundo excepcionalmente inovadora para seu tempo, pois defendia a noção de que os seres humanos são, também, iguais na medida em que todos possuem, por natureza, a mesma capacidade de descobrir, compreender e decidir como alcançar a própria felicidade. Essa igualdade se traduzia na noção de que todos os seres humanos são detentores de direitos pela simples razão de terem nascido. Os chamados *direitos naturais* à vida, à liberdade e à propriedade passariam a representar o fundamento filosófico mais importante das teorias liberais modernas, em especial aquelas que defendiam a ideia do *contrato social*.

Um dos problemas políticos mais importantes para os liberais diz respeito à construção de uma sociedade bem-ordenada que assegure aos indivíduos as melhores condições para o exercício de sua liberdade. Como se pode ver, a referência central dessa escola de pensamento é o indivíduo, cuja autonomia deve ser protegida e incentivada ao máximo de modo que a sociedade, como um todo, progrida. Dois pontos precisam ser enfatizados aqui: para os liberais, a busca, por indivíduos livres, da realização de seus interesses (riqueza, felicidade etc.) produz um resultado social positivo. Mesmo que a motivação de cada um seja egoísta — e muitos liberais consideram o ser humano egoísta por natureza —, certos mecanismos que caracterizam o funcionamento das sociedades, como o *mercado*, fazem com que o bem-estar geral cresça apesar de não ser este o objetivo perseguido pelos indivíduos. A mais conhecida versão dessa concepção do funcionamento das sociedades modernas é a teoria da *mão invisível* de Adam Smith (1723-1790).

A Mão Invisível: o mecanismo da competição fazia com que o desejo de melhorar as próprias condições de vida se tornasse em um agente benéfico para a sociedade ao contrapor o impulso de enriquecimento do indivíduo ao dos demais. Dessa competição, surge a mão invisível para equilibrar os preços das mercadorias em seus níveis "naturais".

A ideia central, aqui, é a de que as sociedades bem-ordenadas tendem a ser *autorreguladas*, ou seja, são capazes de corrigir, por meio de instituições e processos inerentes a sua organização, desequilíbrios, ineficiências e crises que ameacem sua existência e reprodução. Os liberais acreditam que a razão humana pode formular princípios filosóficos, morais e políticos que façam com que as instituições de uma sociedade atuem sempre no sentido do equilíbrio e da autorregulação. Mais ainda, as sociedades bem-ordenadas são capazes de fazer com que os vícios individuais (cobiça, avareza, ambição etc.) sejam transformados em virtudes públicas — crescimento econômico e consequente aumento do bem-estar coletivo. O segundo ponto que queremos destacar aqui está intimamente ligado à crença no potencial da razão: os liberais afirmam que as organizações políticas modernas — fundadas pela tradição liberal — asseguram condições para o *progresso* contínuo e inevitável das sociedades humanas. Livres das amarras de velhas tradições e ordens sociais que cerceavam sua autonomia e liberdade, os seres humanos podem desenvolver suas capacidades, praticamente ilimitadas, na busca do bem comum. Livres do manto sagrado que encobria a relação dos homens com o universo e o mundo que os cerca, as sociedades modernas desenvolvem processos de transformação, controle e domínio da natureza, colocando-a, como nunca antes na história da humanidade, a serviço do progresso econômico, social e tecnológico. Essa visão radicalmente otimista quanto ao futuro e à capacidade humana de determinar sua direção marcará a perspectiva liberal das Relações Internacionais, como veremos adiante.

Uma consequência importante dessa visão é que o Estado passa a ser percebido como um mal necessário e uma ameaça potencial. Ele é necessário para proteger os indivíduos contra ameaças externas (invasões, agressões imperialistas etc.) e contra grupos e indivíduos que, internamente, não respeitem o império da lei. A desconfiança em relação ao Estado é um traço marcante da tradição liberal. Do ponto de vista interno, o risco do exercício tirânico do poder sempre existe, ameaçando as liberdades individuais. Do ponto de vista externo, os Estados, em sua busca sem trégua pelo poder, estão constantemente minando a paz e promovendo guerras.

O problema está, portanto, na contradição sempre presente entre o dever de proteger os cidadãos contra inimigos externos e as consequências, frequentemente nocivas às liberdades individuais, da promoção de conflitos armados. Governantes ambiciosos encontram nas guerras o melhor pretexto para aumentar impostos, restringir a livre expressão de posições contrárias, colocar oposicionistas sob suspeita, aumentar gastos militares, concentrar poder pessoal etc. O filósofo alemão Immanuel Kant afirmava ser a guerra "o esporte dos reis", pois eles a praticavam quase como um passatempo inerente ao exercício de sua função, sem considerações maiores sobre suas consequências para os súditos, que eram chamados a contribuir com sangue e dinheiro para o esforço de guerra. Assim, os liberais chegaram à conclusão de que o estado de conflito potencial que caracteriza o sistema internacional é uma ameaça permanente à liberdade no interior dos Estados. Daí a importância e a necessidade de fazer da promoção da paz mundial uma tarefa primordial da política externa de nações comprometidas com o bem-estar de seus cidadãos. Permanecia, contudo, a contradição entre a missão do Estado de defender a sociedade das ameaças externas e os riscos que essa mesma defesa colocava ao ordenamento doméstico de comunidades políticas que aspiravam à liberdade. Esse dilema atravessa a história do pensamento liberal até os dias de hoje.

No que concerne à natureza conflituosa da anarquia que caracteriza o sistema internacional, os liberais tendem a concordar com os realistas. Uma sociedade sem governo dá lugar a discórdias incessantes entre interesses divergentes. Uma das características que diferenciam a tradição liberal, contudo, é a não aceitação dessa condição como imutável. A crença no progresso estende-se às relações internacionais, afirmando a possibilidade de transformar o sistema de Estados em uma ordem mais cooperativa e harmoniosa. Essa perspectiva mais otimista acerca das possibilidades de mudança da política mundial foi rotulada por seus críticos realistas como "utópica" ou "idealista". Independente da viabilidade das propostas liberais para tornar o mundo mais pacífico, é importante dizer que não se trata de uma visão ingênua da política, mas, antes, de conclusões racionais baseadas em pressupostos sobre como funcionam as sociedades modernas e como deveriam se organizar de modo a ampliar a liberdade e o bem-estar humanos. Como veremos mais adiante, a visão liberal das relações internacionais procura combinar (nem sempre com sucesso) preocupações de natureza *normativa* com uma vocação científica que busca comprovar *empiricamente* suas teses.

A pergunta que vem à mente, neste ponto, é *como* o sistema internacional pode ser mudado de forma a se tornar menos conflituoso e mais cooperativo? Os diferentes pensadores liberais oferecem uma grande variedade de respostas a essa pergunta, mas acreditamos que três delas são as mais representativas do liberalismo na teoria das relações internacionais: o livre-comércio, a democracia e as instituições internacionais.

O livre-comércio

A ideia de que o livre-comércio contribui para a promoção da paz entre as nações é uma das mais antigas da tradição liberal. O filósofo francês Montesquieu (1689-1755) já afirmava que "a paz é o efeito natural do comércio", uma vez que gera uma relação de mútua dependência e interesses comuns entre as nações.[1] Da mesma forma, Kant acreditava que a intensificação das trocas entre países contribuiria para o desenvolvimento do princípio da hospitalidade — o acolhimento civilizado do estrangeiro — que, por sua vez, era um elemento fundamental de uma paz cosmopolita. Os pensadores ingleses Jeremy Bentham (1748-1832), John Stuart Mill (1806-1873) e Richard Cobden (1804-1865) também coincidiam na defesa das vantagens econômicas e políticas do comércio internacional. Para eles, a expansão do comércio faria com que a troca passasse a representar o principal padrão de relacionamento entre países, substituindo progressivamente a guerra.

Qual é a lógica da tese de que o livre-comércio promove a paz? Em primeiro lugar, os pensadores liberais do século XIX afirmavam haver uma incompatibilidade profunda entre o comércio e a guerra. Os conflitos armados prejudicavam muito a atividade econômica doméstica, mas, principalmente, faziam com que o comércio internacional quase cessasse. Para os autores mencionados anteriormente, o comércio é necessário e vantajoso para o bem-estar das nações, uma vez que explora a complementaridade de economias mais bem dotadas de recursos naturais e mão de obra em setores diferentes. O comércio internacional é indispensável para um desenvolvimento econômico contínuo e, portanto, para o aumento progressivo da prosperidade das sociedades modernas. Existe, assim, um interesse material concreto que explica a preferência de indivíduos e grupos sociais pela paz. A guerra seria favorecida por aquelas pessoas ou grupos que, contrariando os interesses gerais da sociedade, usam o Estado para aumentar seu poder econômico. Os liberais tornam-se críticos ferozes de políticas *mercantilistas* que visavam a proteger o mercado nacional de modo a favorecer certos setores da economia (os agricultores, por exemplo). Para eles, as guerras tinham, frequentemente, o objetivo de conquistar mercados para grupos econômicos privilegiados. Essa postura fez com que pensadores como Bentham e Mill se opusessem à dominação de outros povos pelo colonialismo britânico.

O comércio, portanto, fortalecia percepções e políticas que encaravam a guerra de maneira desfavorável. Uma sociedade próspera e habituada aos confortos da vida moderna seria cada vez mais relutante em arriscar seu bem-estar em função de uma aventura armada. Por outro lado, os liberais também argumentavam que o comércio criava laços entre as nações que reduziriam sua propensão a adotar políticas agressivas contra os parceiros. Nesse sentido, como queria Kant, o intercâmbio comercial cumpriria uma função civilizadora nas relações internacionais, estimulando o contato e a tolerância entre culturas diferentes, estabelecendo canais de comunicação, aumentando as áreas de interesse comum e promovendo a cooperação para garantir a contínua expansão dos mercados mundiais. À medida que se aprofundasse a *interdependência* econômica entre as nações, a *reciprocidade* seria cada vez mais assumida como base para o relacionamento entre Estados. Da mesma forma, a compreensão mais ampla dos benefícios do comércio para a sociedade faria crescer, na *opinião pública*, o apoio a políticas externas mais pacíficas. Tornava-se evidente, então, como o comércio contribuía para desenvolver um sentimento moral de comunhão de interesses e valores de toda humanidade.

A democracia

A segunda ideia forte do liberalismo acerca das possibilidades de mudança do sistema internacional em uma direção mais pacífica é bastante conhecida e debatida nos dias de hoje. Trata-se da tese que afirma haver uma relação entre *democracia* e paz. Podemos dizer, resumidamente, que a ideia básica é que Estados democráticos tendem a manter relações pacíficas entre si e que, à medida que o número de países governados de forma democrática crescesse, uma espécie de zona estável de paz e prosperidade se formaria. A origem dessa ideia está na obra de Kant, em particular em seu ensaio sobre *A paz perpétua*, na qual formula o conceito de *federação pacífica* para se referir ao conjunto de Estados que compartilham uma forma republicana de governo.[2] Os princípios que regem as repúblicas modernas incluem a proteção dos direitos individuais, o estado de direito, a legitimidade do governo com base na representação e no consenso, a transparência e a publicidade nas decisões do Estado.

Para Kant, a origem das guerras estava, fundamentalmente, nas formas de governo imperfeitas. Em Estados dinásticos absolutistas, o monarca não devia qualquer satisfação a seus súditos por decisões de política externa. Suas ambições territoriais quase sempre se confundiam com interesses pessoais e feudais, sem consideração pelas consequências de aventuras militares sobre o bem-estar do próprio Estado e da população em geral, sobre quem recaíam os maiores custos das guerras. Como o poder estava concentrado em torno da satisfação de interesses de um grupo muito restrito de pessoas, em casos de monarquias absolutistas fortes, como a França, decisões importantes poderiam ser tomadas com base nos conselhos de indivíduos comprometidos apenas com sua permanência no poder. De acordo com a tese de Kant, nas repúblicas em que o poder estivesse baseado na representação de interesses coletivos, qualquer decisão de ir à guerra seria muito mais difícil. Se, de fato, o governo fosse exercido em nome da cidadania, ou da maioria dela, uma iniciativa que colocasse em risco as vidas e o patrimônio desses cidadãos deveria ser objeto de ampla discussão e de uma justificativa racional e legítima. Consequentemente, a política externa de regimes republicanos tenderia a ser muito mais prudente e resguardada por ser mais comprometida com os interesses da sociedade em geral.

É importante salientar que, para Kant, as repúblicas seriam mais pacíficas graças à natureza de suas instituições e à observância do estado de direito. Não se supõe que os indivíduos se convertam à causa da paz por meio de algum processo educativo, cultural ou espiritual. Ao contrário, Kant afirmava que até mesmo uma "nação de demônios" seria pacífica se bem-ordenada de acordo com princípios republicanos. Da mesma forma, o respeito a um regime jurídico constitucional estimula a crença na eficácia do direito internacional como mecanismo de resolução de conflitos. Nesse sentido, sociedades democráticas buscariam resolver suas diferenças mútuas pacificamente por meio do direito internacional, porque reconheceriam umas nas outras o mesmo compromisso com regras e instituições que reduzem a possibilidade de uma agressão armada. Além disso, a semelhança das instituições políticas favoreceria o intercâmbio econômico, político e cultural, criando laços de familiaridade e, eventualmente, de amizade que limitariam as fontes de conflito.

É nesse contexto que os liberais argumentam que a *opinião pública* é um fator determinante na definição de uma política externa racional e moderada. Na medida em que os governos sejam representativos dos anseios da sociedade, as decisões importantes sobre o envolvimento de um país em um conflito externo, por exemplo, deverão, necessariamente, passar pelo crivo da opinião pública. As vantagens de um processo de tomada de decisão que envolva a sociedade estão na garantia de que diferentes posições serão ouvidas em um debate público e no fato de o resultado ser transparente para todos, inclusive para os países interessados na decisão. Para os liberais, a manifestação da opinião pública é um elemento crucial para tornar a política externa de um Estado mais pacífica. A base desse argumento está na crença dos pensadores dessa tradição na *razão*, ou seja, na capacidade de os seres humanos decidirem racionalmente sobre o que é melhor para a sociedade em seu conjunto. A partir dessa crença, torna-se lógico supor que indivíduos racionais agirão motivados pelo autointeresse, buscando proteger sua vida, liberdade e bem-estar material, e que a opinião pública será expressão do interesse coletivo que, para os liberais, nada mais é do que a soma da satisfação e da felicidade dos indivíduos. Ora, tal interesse seria, quase sempre, contrário à guerra, pois esta colocaria em risco tudo o que as pessoas mais prezam em suas vidas. Esse argumento torna-se, portanto, central para a defesa da ideia de que existe uma relação entre democracia e paz.

No plano internacional, a opinião pública também contribui para reduzir conflitos. Isso ocorre porque permite que os Estados tenham uma visão mais clara e transparente do processo de tomada de decisão de seus vizinhos — ao contrário da prática da diplomacia secreta, que aumenta a insegurança por esconder as reais intenções de um Estado. Da mesma forma, os liberais acreditam que à medida que os povos livres possam se manifestar acerca da conduta internacional de seus governantes, será formada uma opinião pública mundial favorável à resolução pacífica de conflitos.

As instituições

A confiança no papel da opinião pública internacional estava presente nos princípios que inspiraram a criação da Liga das Nações, um exemplo claro da concepção liberal acerca do papel das instituições internacionais na redução dos conflitos e na mudança da natureza da política mundial. Este é o terceiro ponto importante da tradição liberal clássica que abordaremos aqui.

Muitos manuais de Relações Internacionais atribuem às circunstâncias históricas da primeira metade do século XX a maior atenção dada, tanto por estudiosos quanto por políticos e diplomatas, às instituições internacionais na função de pilares para uma ordem mundial mais estável. Não há dúvida de que o século passado é único na história da humanidade no que diz respeito à multiplicação de instituições internacionais e a sua presença irreversível na política mundial. Do ponto de vista da tradição liberal, contudo, não podemos esquecer que a preocupação com a formação de estruturas internacionais que, de algum modo, permitissem organizar as relações internacionais de maneira mais racional esteve presente desde, pelo menos, o século XVIII.

Foi durante o "século das luzes" que começou a se firmar a noção de que homens e mulheres fazem parte de uma comunidade mais ampla, que abrange o conjunto da humanidade. O *cosmopolitismo* (ver descrição a seguir) de autores como Vattel, Montesquieu e Kant baseava-se na convicção iluminista de que os seres humanos são racionais e, portanto, iguais em sua capacidade de descobrir e buscar seus interesses e o bem comum. Neste sentido, todo indivíduo tinha obrigações e interesses em relação a seu próprio Estado, mas os tinha, igualmente, para com o resto da humanidade.

> *Cosmopolitismo: termo originado na Grécia antiga, entre os filósofos estoicos que rejeitavam a distinção entre gregos e bárbaros e afirmavam ser membros de uma única humanidade e cidadãos do mundo. Na filosofia política, o termo refere-se à ideia de que a humanidade faz parte de uma mesma comunidade moral cujo valor supera o das comunidades nacionais.*

A questão era, então, como conciliar as obrigações em relação ao Estado com as que vinculam os indivíduos com os habitantes de outras nações? Esse problema se mostrava especialmente grave na medida em que as relações internacionais se caracterizam pela prática habitual da guerra — e, na Europa dos séculos XVII e XVIII, isso era muito evidente. Por isso, encontramos entre os pensadores mais importantes da teoria das relações internacionais da época muitos juristas. É nesse período que surgem tratados fundamentais sobre o Direito das Nações, nos quais os pensadores de então procuravam estabelecer as bases jurídicas e morais para o relacionamento entre os (novos) Estados soberanos, e entre os indivíduos — partes de uma mesma humanidade universal — e esses Estados. Os autores desse período buscam argumentos para restringir as guerras e defender a cooperação entre Estados para o bem comum de uma *sociedade internacional* em formação. Nesse sentido, as abordagens teóricas que defendem a necessidade de organizações internacionais, ou instâncias *supranacionais*, para estabelecer ordens mundiais mais estáveis e pacíficas devem ser analisadas em paralelo ao avanço na construção de regras de convivência entre Estados (o Direito Internacional) nos séculos XVII e XVIII.

O jurista holandês Hugo Grotius (1583-1654), cujo tratado *Sobre o direito da guerra e da paz* é considerado a primeira grande obra do direito internacional, exerceu grande influência sobre a teoria de relações internacionais em função de sua defesa do conceito de sociedade internacional. Grotius sustentava que todo Estado estava sujeito ao Direito Natural, sobre o qual, por sua vez, estava assentado o Direito das Nações. Para ele, o Direito Natural consistia em princípios morais gerais acessíveis a todo ser humano por meio da razão e do senso comum. Todas as pessoas eram portadoras dos mesmos direitos naturais que, basicamente, garantiam a vida, a propriedade e o direito à autodefesa. Em outras palavras, o Direito Natural permitia aos seres humanos distinguir entre o justo e o injusto, entre o bem e o mal.

O Direito das Nações, por outro lado, é necessariamente baseado no Direito Natural, mas resulta, essencialmente, da vontade dos Estados em estabelecer regras de convivência baseadas no consenso. As leis da guerra e da paz deveriam, assim, refletir os postulados morais do Direito Natural. Daí deriva, por exemplo, a teoria da *guerra justa* de Grotius, que afirma que a guerra pode ser justa e legítima apenas quando um Estado é agredido ou ameaçado gravemente em sua sobrevivência. Guerras religiosas não poderiam ser justas, uma vez que era reservada a cada Estado a escolha de sua própria religião. Na medida em que os Estados concordam em estabelecer regras comuns de comportamento tanto para assegurar seus interesses individuais como para, também, promover a estabilidade da ordem internacional, podemos falar, como Grotius fazia, na existência de uma sociedade internacional regulada por um direito positivo.

A obra de Grotius é um bom exemplo de como os pensadores de seu tempo tentaram conciliar a noção de uma sociedade humana universal regida pelo Direito Natural com a ideia de uma sociedade de Estados ordenada pelo Direito das Nações. A crença de que a razão humana é capaz de apreender princípios morais universais e forjar leis voltadas para o bem comum das nações aproxima esse autor de uma sensibilidade cosmopolita muito presente no Iluminismo. Entretanto, a ideia de sociedade internacional de Grotius sugere que a lealdade à humanidade e ao Estado pode ser complementar e que os sujeitos principais do Direito das Nações são os Estados. Nesse sentido, Grotius afasta-se da posição cosmopolita. Da mesma forma, apesar de concordar com a ideia de sociedade universal, esse jurista não defendia a formação de instituições supranacionais para promover a paz e resolver conflitos. Os Estados deveriam ser capazes de fazê-lo individualmente ou por meio de alianças ou tratados.

Da mesma forma, para o jurista suíço Emmerich de Vattel (1714-1767), os homens fazem parte de uma comunidade universal e, portanto, têm obrigações uns para com os outros, apesar de viverem separadamente em Estados independentes. Para tornar essa convicção cosmopolita mais plausível, Vattel transfere para os Estados as obrigações dos indivíduos, afirmando que, por representarem a sociedade civil que deu origem ao Estado soberano e lhe confere autoridade legítima, os Estados devem, sempre que possível, assistir outros Estados em situações de necessidade. Nesse sentido, Vattel acredita ser possível alcançar uma certa justiça na sociedade internacional, uma vez que, como em Grotius, os Estados estão sujeitos à Lei das Nações, derivada, por sua vez, dos princípios gerais do Direito Natural.

Um aspecto interessante do pensamento de Vattel está em sua consideração sobre a possibilidade, ou mesmo necessidade, de os Estados agirem coletivamente na busca do bem comum. A Europa era mais do que um conjunto de Estados; era uma espécie de República que deveria preservar a integridade de seus membros, assistir em seu desenvolvimento e agir conjuntamente para impedir a opressão de um Estado mais forte sobre os mais fracos. Vattel não chegou a propor que algum tipo de instituição internacional fosse formada para promover o bem da sociedade de Estados. Os Estados deveriam decidir qual a forma e o momento apropriados para intervir em uma situação que considerassem ameaçadora e/ou injusta, sempre de acordo com os preceitos da Lei das Nações. Nesse sentido, o direito assumia um papel central no ordenamento internacional, uma vez que Vattel não considerava possível estabelecer uma autoridade comum entre Estados. É por isso que, para ele, a balança de poder era um mecanismo legítimo e adequado para manter a estabilidade nas relações internacionais e defender a integridade e a autonomia dos membros da sociedade de Estados. Ainda assim, a contribuição desse autor para uma teoria de relações internacionais de tipo liberal foi importante na medida em que argumentava a favor da ação coletiva em defesa de valores comuns, um postulado liberal fundamental, como veremos adiante.

É importante lembrar que, para os expoentes da tradição liberal, a solução para reduzir os conflitos internacionais *não* é a formação de um governo mundial. Para a grande maioria dos autores, a absorção dos Estados nacionais em um único Estado mundial seria desastrosa, pois produziria uma estrutura impossível de administrar eficazmente e representaria uma tentação e um perigo constantes de tirania por um governo poderoso demais. O resultado seria, quase certamente, uma guerra civil permanente. Essa posição é coerente com a desconfiança básica dos liberais em relação ao Estado. Ao mesmo tempo, essa desconfiança não significa uma aversão a estruturas políticas que contribuam para um melhor governo das diversas dimensões de atividade das relações humanas. Como vimos antes, os liberais acreditam que boas instituições são necessárias e imprescindíveis para garantir a liberdade e o bem-estar da sociedade. O mesmo se aplica às relações internacionais.

No caso do pensamento de Kant, por exemplo, encontramos uma defesa da ideia de uma Federação Pacífica de repúblicas, ou seja, uma associação de Estados organizados a partir de princípios constitucionais representativos da cidadania. O objetivo de alcançar um estado pacífico nas relações internacionais é, para Kant, um dever moral de indivíduos que buscam, racionalmente, realizar o bem comum. Em outras palavras, trata-se de uma conclusão necessária do uso da razão para a finalidade prática de buscar um estado de coisas que assegure a autonomia e o progresso das sociedades humanas. Nem sempre isso é possível. De fato, Kant não era um idealista ingênuo e sabia que a guerra era uma prática inerente ao sistema internacional. Mesmo assim, acreditava ser possível fazer com que os Estados renunciassem ao uso da força, a não ser em circunstâncias extremas.

Alguns fatores contribuem para que os Estados resolvam desenvolver relações mais pacíficas. Como vimos antes, o crescimento do comércio aumenta o interesse em evitar conflitos em nome do crescimento dos negócios. Da mesma forma, em repúblicas constitucionais, os cidadãos têm mais voz para se manifestar contra os altos custos das guerras. Nesse sentido, como acreditava também Vattel, a dinâmica das relações internacionais produz uma interdependência cujas características favorecem, mas não garantem, uma tendência ao estabelecimento de relações mais pacíficas entre os Estados.

Ao contrário de seus predecessores jusnaturalistas, contudo, Kant não crê na hipótese que afirma que os Estados estão necessariamente submetidos ao Direito Natural e, por consequência, ao Direito dos Povos. Não há nenhuma garantia, diz ele, de que as ações dos Estados seguirão tais preceitos. A conduta moral dos governantes será resultante da deliberação racional sobre a melhor forma de realizar o bem comum. Para Kant, existem imperativos éticos inerentes à própria razão que poderiam materializar-se no direito e nas instituições de governo republicanas. É por isso que propõe construir um edifício jurídico internacional e cosmopolita que sustente a Federação Pacífica e contribua para sua expansão. Em outras palavras, a visão kantiana da paz nas Relações Internacionais significava criar uma estrutura supranacional (a Federação) e fortalecer o Direito Internacional como mecanismo de solucionar controvérsias pacificamente e, se possível, expandir a zona de paz para outras regiões do sistema internacional.

O pensamento do Kant exerceu profunda influência sobre a tradição liberal nas Relações Internacionais. Encontramos fortes traços de sua concepção de sistema internacional pacífico nas propostas que fundamentaram a construção da Liga das Nações. Por outro lado, é preciso lembrar que a visão liberal amadureceu em um contexto histórico favorável a um papel crescente de instâncias coletivas de negociação e deliberação no plano internacional. O século XIX deu origem, depois das guerras napoleônicas, a experiências de fóruns multilaterais e organizações internacionais inéditas na história, como o Concerto Europeu que reunia as cinco grandes potências europeias na tentativa de resolver disputas pela via diplomática.

É também no século XIX que surgem as primeiras organizações funcionais voltadas para a cooperação em áreas técnicas, como saúde e comunicações (a União Postal Internacional é um bom exemplo). Essa é considerada, igualmente, a época de ouro do Direito Internacional. Multiplicam-se normas, práticas e instrumentos jurídicos nas relações entre Estados, consolidando a noção de que o direito positivo, ou seja, resultante da vontade e das decisões dos Estados, e não o Direito Natural — derivado da capacidade de a razão apreender princípios morais transcendentais —, é, de fato, a base sobre a qual se deveria regular o relacionamento entre soberanos.[3]

Autores como Jeremy Bentham (1748-1832) e John Stuart Mill (1806-1873) defenderam o estabelecimento de tribunais internacionais capazes de interpretar a lei e, eventualmente, proferir decisões como um passo indispensável para se alcançar uma ordem internacional pacífica e estável. Nas décadas finais do século, quando o Concerto Europeu tinha perdido qualquer relevância e quando as potências europeias voltam a pautar suas relações internacionais de acordo com o mecanismo da balança de poder, surgem outras iniciativas multilaterais voltadas para a manutenção da paz. A experiência do Concerto deixou como herança a noção de cooperação internacional como elemento necessário para a manutenção da paz. Tal cooperação, por sua vez, seria mais eficaz na medida em que fosse minimamente institucionalizada, ou seja, que estivesse baseada em regras e procedimentos que orientassem a conduta dos Estados. Foi com tal espírito que se organizaram as conferências internacionais da Haia, entre 1899 e 1907, com o objetivo de limitar o crescimento dos exércitos e a produção e o emprego de armamentos. O sucesso de tais conferências foi limitado, mas lançou as bases para as futuras organizações internacionais, além de estabelecer princípios de direito humanitário e criar a Corte Internacional de Arbitragem.

Foi preciso, contudo, que mais de 20 milhões de pessoas morressem nos campos de batalha da Primeira Guerra Mundial para que os membros da sociedade internacional decidissem investir na criação de uma organização internacional de caráter permanente, com a função de garantir a segurança coletiva e individual dos Estados, promover a cooperação econômica, social e humanitária e supervisionar a execução do Tratado de Versalhes.

A Liga das Nações foi criada em 29 de abril de 1919, no âmbito da Conferência de Paz de Paris, na qual as potências vencedoras negociaram os acordos que ordenariam o sistema internacional após a guerra. Trata-se da primeira organização a se propor a manter a paz por meio de mecanismos jurídicos institucionalizados em sua Convenção e aplicados por órgãos especificamente criados para tanto.

A visão de Wilson para a ordem mundial era revolucionária para seu tempo. O presidente americano acreditava que nações livres e democráticas teriam de submeter suas políticas externas ao aval da opinião pública que, necessariamente, rejeitaria a guerra. A Liga teria como tarefa tornar transparentes as práticas diplomáticas e expor ao tribunal da opinião pública mundial os eventuais desígnios belicosos de países agressores. Nesse sentido, o princípio da autodeterminação, defendido com veemência por Wilson, se tornaria fundamental na construção de uma sociedade internacional pacífica. Em retrospecto, o projeto de ordem mundial de Wilson é considerado, por uma grande maioria de estudiosos das relações internacionais, em particular os realistas, demasiadamente idealista e utópico.

Os estudiosos de relações internacionais, por outro lado, associam a experiência da Liga a seus fracassos, que foram muitos e significativos. A organização criada para impedir uma nova guerra mundial de proporções catastróficas mostrou-se impotente diante dos acontecimentos que, em grande medida, precipitaram a Segunda Guerra Mundial apenas 30 anos depois de Paris.

Apesar de ser lembrada por seus fracassos, a Liga deve ser vista como um passo determinante na consolidação da ideia de organização internacional como um elemento indispensável às relações internacionais contemporâneas. A prova da relevância histórica da Liga está na determinação das potências vencedoras da Segunda Guerra Mundial em recriar a organização em novos moldes, com o claro propósito de dar continuidade à institucionalização da política mundial iniciada em 1919.[4]

Nesta seção, procuramos apresentar, em linhas gerais, a herança intelectual da tradição liberal na teoria de Relações Internacionais. Apesar de essa herança raramente ser mencionada na maior parte da produção contemporânea de orientação liberal, a discussão mostrou que muitos dos princípios fundamentais do liberalismo continuam a influenciar a reflexão atual sobre relações internacionais. O foco no indivíduo e em suas formas de organização na sociedade continua a ser um elemento central nas análises liberais contemporâneas, em particular em modelos de política externa e da ação de grupos de interesse nas instituições de governo. A defesa do livre-comércio vem assumindo, no contexto da globalização, um status de regra fundamental das relações econômicas internacionais, ainda que seja intensamente criticada por Estados pobres e em desenvolvimento e por organizações da sociedade civil. Como veremos adiante, a crença na vocação pacífica das democracias recobrou um novo vigor nos últimos 20 anos, para tornar-se, segundo alguns autores, uma lei científica das relações internacionais, além, é claro, parte indispensável da retórica da política externa dos Estados centrais, particularmente dos Estados Unidos. Todavia, é, sem dúvida, em sua concepção da institucionalização da sociedade internacional como requisito para seu ordenamento e pacificação que a tradição liberal continua a exercer sua influência mais marcante, apesar do ceticismo realista e das experiências malsucedidas do passado. Veremos que esse tema fundamental será resgatado pelos novos liberais em seu esforço de renascimento intelectual e se tornará um programa de pesquisa dominante no campo até hoje.

Funcionalismo e interdependência

Vimos que o eixo principal da crítica realista ao liberalismo concentrou-se em seu caráter utópico e idealista. O realismo se propunha a explicar a política internacional *como ela realmente é*, e não como *deveria ser*. Nesse sentido, o liberalismo era acusado de basear suas análises em conceitos mais preocupados com a reorganização do sistema internacional de acordo com certos valores e postulados morais (por exemplo, a paz e a democracia) do que com uma compreensão objetiva dos interesses, forças e tendências que causaram os acontecimentos dramáticos que mudaram o mundo na primeira metade do século XX. O descrédito que atingiu a tradição liberal depois da Segunda Guerra Mundial estava associado, então, tanto a sua incapacidade de perceber, adequadamente, os fatores que faziam da Alemanha nazista uma ameaça real e iminente à segurança internacional, quanto à sua tendência em conceber os problemas da política a partir de conceitos filosóficos e jurídicos. O desafio que os pensadores do pós--guerra lançavam era o de produzir uma teoria sintonizada com a realidade e, portanto, capaz de prever com alguma precisão o rumo dos acontecimentos e fornecer, assim, subsídios à ação do Estado. Para tal, era necessário dar à teoria de Relações Internacionais uma base científica.

O *funcionalismo* representa a tentativa liberal de fundamentar seus modelos teóricos em um método baseado na observação científica da realidade. Já não era possível dizer quais valores morais universais formulados racionalmente governavam a evolução das relações entre Estados na história moderna. Não era suficiente afirmar que instituições internacionais bem desenhadas e comprometidas com o Direito Internacional promoveriam a cooperação e a paz. Também não era mais convincente dizer que o aprofundamento das relações econômicas e comerciais entre as nações tenderia a afastar, cada vez mais, o perigo de guerra. Tudo isso havia sido desacreditado pela catástrofe da Segunda Guerra Mundial. Os liberais, contudo, continuavam acreditando que suas teses centrais eram verdadeiras, ainda que aceitassem, em certa medida, que suas teorias haviam sido desmentidas pela realidade. A mudança se deu por meio da adoção de uma abordagem baseada na observação empírica da realidade como caminho para identificar tendências e processos que comprovassem as hipóteses liberais. Tratava-se de fazer como os realistas, "ver a realidade como ela é", mas, diferente deles, mostrar os elementos que reforçam a possibilidade de cooperação (e não o conflito).

O objetivo principal dos funcionalistas era estudar o funcionamento das organizações internacionais e analisar como a criação de agências especializadas no tratamento de questões específicas das relações entre Estados poderia conduzir, gradualmente, ao aprofundamento da cooperação. Com essa nova abordagem, os liberais abandonavam a pretensão de criar uma organização de alcance global — como a Liga — que se encarregasse de defender os valores coletivos da paz e da solidariedade. Ao contrário, as possibilidades de criar uma comunidade internacional estariam na proliferação lenta, mas firme, de organizações formadas para cumprir uma função determinada.[5]

O termo "funcionalismo" faz referência à visão segundo a qual a "forma segue a função", ou seja, a maneira como uma organização se estrutura depende da função específica que desempenha. Ao privilegiar a função como parâmetro para a criação de organizações, os funcionalistas pretendiam desvinculá-las de projetos políticos mais ambiciosos e restringi-las ao cumprimento de tarefas técnicas. Nesse sentido, o processo de institucionalização das relações internacionais seria resultado do aumento progressivo da confiança e da colaboração entre funcionários atuando nas organizações e representantes dos Estados nacionais. Os governos concordariam em administrar, em conjunto, aspectos de suas funções "soberanas" porque, tecnicamente, o desempenho de uma estrutura supranacional seria mais eficiente.

O lema dos funcionalistas era, justamente, *peace by pieces* (ou "a paz por partes"), em referência à sua convicção de que a paz tão ansiada pelos liberais seria atingida por meio da formação de *redes* de organismos internacionais que, cada vez mais, assumiriam funções que os governos nacionais não poderiam desempenhar sozinhos. Essas redes fortaleceriam a ideia de que somente a cooperação ofereceria a resposta aos problemas colocados pela maior integração da economia mundial. Ao mesmo tempo, à medida que a eficácia das organizações funcionais para o aumento do bem-estar geral se tornasse evidente, elas seriam valorizadas e se tornariam objeto da lealdade dos indivíduos. Daí a afirmação de que os Estados nacionais perderiam, gradativamente, sua influência nas sociedades modernas, uma vez que ela depende de sua capacidade de prover a melhoria contínua das condições de vida de suas populações. Nesse sentido, os funcionalistas acreditavam que a soberania poderia ser compartilhada sempre e quando esse compartilhamento fosse resultado de escolhas técnicas sobre como melhor desempenhar uma determinada função (por exemplo, organizar o tráfego aéreo).

As primeiras contribuições à teoria da integração regional vieram de autores funcionalistas como Karl Deutsch[6] e David Mitrany[7] que, justamente, viam em experiências como a da Comunidade Econômica Europeia um exemplo de como Estados historicamente rivais poderiam cooperar em questões técnicas como a produção de carvão e aço e a pesquisa nuclear.[8]

O pensamento de autores funcionalistas como David Mitrany é característico da tradição liberal em vários aspectos. Talvez o mais marcante seja o otimismo quanto às possibilidades de construção de uma paz duradoura baseada na cooperação. A abordagem funcionalista encontra uma alternativa criativa aos tão criticados limites do liberalismo internacionalista do início do século. Sua confiança quanto ao progresso das relações internacionais se baseia no pressuposto utilitarista de que os indivíduos buscam sempre maximizar benefícios materiais em busca da felicidade.

Dessa forma, podem-se identificar, de acordo com métodos científicos, comportamentos racionais no âmbito da política internacional como aqueles que privilegiam estratégias que aumentam o bem-estar a um custo menor. Para os funcionalistas, as estratégias de cooperação e integração eram mais eficientes, técnica e racionalmente, na promoção do crescimento econômico e na distribuição de benefícios sociais. Bastava que organizações bem estruturadas criassem condições para a generalização do aprendizado acerca das vantagens de soluções técnicas nas diferentes áreas da vida social para que um círculo virtuoso de crescimento da cooperação e multiplicação de organizações funcionais fosse criado.

Esse processo de ampliação gradual dos processos racionais de organização das políticas públicas em âmbito internacional foi chamado pelos funcionalistas de *spill-over effect*, ou efeito de transbordamento. Esse efeito se verifica quando o sucesso de uma determinada forma de realização eficiente de uma tarefa ou função se transfere para uma outra área, incentivando a cooperação intergovernamental em setores antes submetidos à esfera do Estado nacional. Em outras palavras, o aprendizado com experiências bem-sucedidas faria com que as soluções organizacionais *transbordassem* para diferentes setores da vida social.

Esse processo, contudo, não era governado por uma lógica política, mas sim pela lógica da eficiência funcional. Nesse sentido, não dependia de decisões tomadas em algum centro de poder, mas, antes, das trocas de experiências que circulam na base da rede transnacional de funcionários de organizações intergovernamentais e não governamentais envolvidas na formulação e implementação das políticas setoriais. Essa visão, portanto, defende a separação da política (ou seja, dos interesses nacionais dos Estados) da técnica como caminho para a progressiva institucionalização das relações internacionais. Na verdade, trata-se de uma concepção que afirma que o progresso da técnica produz um resultado político desejável: a cooperação e a paz.

As críticas ao funcionalismo se dirigiram tanto ao seu otimismo progressista quanto à sua visão um tanto ingênua da relação entre política e técnica. Os reveses experimentados pela Comunidade Econômica Europeia nos anos 1960 desmentiram a noção de que processos de integração bem-sucedidos tendem a um progressivo aprofundamento. Por outro lado, o fato de a reversão no avanço da integração europeia naquele momento ter sido motivado por uma ação eminentemente política da França também desacreditou a ideia de que era possível desvincular a racionalidade técnica dos interesses políticos dos Estados. Ao contrário, tudo indica que o avanço da integração depende de decisões de natureza política que somente os Estados nacionais podem tomar.

Ernest Haas percebeu com clareza as deficiências da abordagem que ajudou a formular e partiu para a revisão do funcionalismo. O neofuncionalismo é, talvez, sua contribuição mais importante para a teoria das relações internacionais, aplicada ao fenômeno da integração regional. Em poucas palavras, Haas incorpora, em sua nova abordagem, a dimensão política ausente no funcionalismo. Para ele, a integração continua sendo um processo de transferência de competências dos Estados para instituições supranacionais, mas não se pode confiar que a racionalidade técnica garanta sua continuidade. É preciso compreender como grupos de interesse, partidos, burocratas governamentais etc. dentro dos Estados trabalham no sentido de pressionar e convencer as elites nacionais a transferirem parcelas de soberania para a esfera transnacional. Da mesma forma, torna-se necessário analisar o papel das próprias organizações internacionais no trabalho de aprendizagem e convencimento dos tomadores de decisão no sentido de ampliarem a integração.[9]

Nesse sentido, Haas enxerga a dinâmica do *spill-over* (ou transbordamento) de uma forma menos fragmentada e mais dependente do impulso vindo de centros decisórios, incluindo os próprios governos nacionais. Quando estes, porém, encontram obstáculos na identificação de seus interesses comuns, as instâncias supranacionais de integração desempenham um papel central na tentativa de negociar acordos que possibilitem o avanço dos processos de regionalização. Além disso, Haas acrescenta um componente importante ao modelo funcionalista: valores. Para que as elites burocráticas e governamentais se empenhem na construção e na ampliação de instituições internacionais eficazes, é preciso que estejam convencidas tanto dos benefícios materiais resultantes da integração quanto de sua importância no contexto de uma visão de mundo que acredita ser a cooperação na interdependência a melhor forma de organizar as relações internacionais pacificamente.

Torna-se fundamental, portanto, entender como se dá o processo de *aprendizado* dos agentes envolvidos nas decisões sobre integração dos benefícios de seu progressivo aprofundamento. Haas procura, assim, criar uma ponte entre o saber técnico, tão valorizado por Mitrany, e o mundo da política, que reconhece ser determinante para o sucesso dos modelos de integração regional. O mundo visualizado por Haas ainda é, entretanto, caracterizado pela tendência ao declínio do Estado-nação.

A influência dos autores da tradição liberal nos anos 1950 e 1960 restringiu-se a áreas específicas e, para muitos, pouco relevantes das relações internacionais. O estudo sobre a dinâmica de organizações internacionais funcionais produziu um volume considerável de publicações, mas encontrou pouco eco nos principais centros acadêmicos e políticos ligados à área. O predomínio do realismo marginalizou a contribuição dos liberais durante as primeiras décadas do pós-guerra, dando à disciplina a marca registrada de um saber voltado para o entendimento de problemas de segurança (guerras, conflitos) em um mundo em que Estados egoístas e interessados em acumular poder eram os principais ou únicos atores. Esse quadro começa a mudar, ainda que lentamente, ao longo dos anos 1970, quando a temática da *interdependência* torna-se objeto privilegiado de pesquisas originais e rigorosas por alguns autores que assumirão um lugar central nas Relações Internacionais.

Sabemos que as teorias de Relações Internacionais refletem sobre processos políticos e sociais ao mesmo tempo em que contribuem para sua compreensão e para a definição das alternativas disponíveis aos atores envolvidos na política mundial. Um conjunto de circunstâncias históricas nos ajuda a entender por que, nos anos 1970, se criou um espaço para uma nova abordagem teórica liberal. Trata-se, em primeiro lugar, da década da *détente* (ou distensão), o degelo nas relações entre Estados Unidos e União Soviética que trouxe avanços importantes nas negociações sobre o controle da corrida nuclear entre as superpotências.

A *détente* criou a percepção de que as questões tradicionais de segurança, que dominaram as atenções dos analistas internacionais durante a Guerra Fria até então, perderiam importância — em termos relativos, claro — diante de outros temas emergentes, em particular os de natureza econômica, como o desenvolvimento e a interdependência. As crises do petróleo mostraram, de maneira dramática, como a organização dos países produtores em um cartel, a Opep, podia colocar os preços do produto em um patamar fora do controle dos grandes consumidores desenvolvidos. Por outro lado, a internacionalização do sistema financeiro, aliada ao custo do esforço de guerra no Vietnã, tornou impossível aos Estados Unidos manter a paridade dólar/ouro, levando à desvalorização da moeda americana e evidenciando uma fragilidade inédita da maior economia do mundo. Os países do Terceiro Mundo organizavam-se nos fóruns das Nações Unidas para reivindicar uma Nova Ordem Econômica Internacional, fortalecidos, ideológica e numericamente, pelo processo de descolonização. Enfim, o panorama da política internacional nos anos 1970 fazia crer que a ordem mundial do pós-guerra estava em transformação e que as mudanças indicavam um declínio relativo da influência das duas superpotências em questões importantes das relações internacionais.

A reflexão sobre o crescimento da interdependência nas relações internacionais não é nova. Os liberais do início do século XX, como Norman Angell, acreditavam que o grau de interdependência entre as economias europeias tornaria uma guerra quase impossível.[10] Autores como Mitrany e Haas também depositavam sua confiança na promessa das organizações internacionais, considerando a realidade de uma economia internacional muito mais complexa, cujas redes produtivas e de circulação muitas vezes ultrapassavam fronteiras nacionais sem controle dos Estados.

O tema da interdependência voltou com força na década de 1970. Robert Keohane e Joseph Nye publicaram dois trabalhos importantes sobre o tema, o primeiro uma coletânea de artigos intitulada *Transnational Relations and World Politics*, de 1971, e o segundo, o livro *Power and Interdependence: World Politics in Transition*, de 1977, nos quais defendem a tese de que os processos transnacionais estavam mudando o caráter do sistema internacional.[11] As economias nacionais estavam mais interligadas pelo avanço nas comunicações, pela intensificação de transações financeiras, pelo crescimento no volume do comércio, pela atuação de empresas multinacionais em diferentes mercados simultaneamente, pela influência recíproca de movimentos culturais e ideologias etc. Isso significava que, cada vez mais, os acontecimentos que ocorriam em um país tinham efeitos concretos sobre outros países. Ou, dito de outra forma, cada vez mais países se encontravam diante de problemas (econômicos, políticos ou sociais) causados por decisões ou fatos que tiveram lugar em outro país e sobre os quais não tinham qualquer controle.

A característica mais nova dessa política mundial "em transição" era a emergência de atores não estatais desempenhando papéis às vezes mais relevantes que os Estados em decisões sobre investimentos, tecnologia, mídia etc. Keohane e Nye acreditavam que não era mais possível estudar as relações internacionais olhando apenas para o comportamento dos Estados; era imprescindível incorporar os novos atores nos modelos de análise. Por outro lado, era importante não cair na armadilha do idealismo e desconsiderar a dimensão do poder na política mundial, como alguns estudiosos da interdependência pareciam fazer.

Em *Power and Interdependence*, os dois autores se propõem a mostrar como a interdependência, ao contrário de ser um fenômeno neutro ou benigno, pode ser uma fonte de conflito e um recurso de poder. Trata-se, na verdade, da primeira tentativa importante de conciliar uma perspectiva liberal com o realismo. Keohane e Nye afirmavam que o realismo não possibilitava a compreensão da política mundial em um mundo complexo e interdependente, mas, ao mesmo tempo, diziam que sua teoria *complementava* o realismo ao incorporar as mudanças nas formas em que o poder era exercido contemporaneamente.

Definição de interdependência: "*Na política mundial, a interdependência refere-se a situações caracterizadas por efeitos recíprocos entre países ou entre atores em diferentes países.*" (Keohane e Nye, 1977)

A interdependência é mais claramente percebida nas relações econômicas, mas aplica-se a outras esferas da política internacional. Keohane e Nye estudaram o caso do mercado de petróleo porque se tratava de um problema global da época e representava bem o tipo de impacto produzido pela interdependência. Os países desenvolvidos cooperaram para criar um mecanismo de reservas de petróleo que os protegesse contra o desabastecimento quando houvesse uma nova crise. É importante lembrar que, nos anos 1970, a Opep fez com que as economias centrais registrassem uma vulnerabilidade inédita ao comportamento de nações menos desenvolvidas. Se estas eram historicamente dependentes da tecnologia, capital e bens industrializados produzidos no centro, os países desenvolvidos se encontraram diante de uma séria dependência no fornecimento da fonte de energia essencial para suas sociedades, bem como diante de uma capacidade reduzida de influir nas decisões dos produtores de modo a reduzir o preço do petróleo.

Esse caso exemplifica como a interdependência, na definição de Keohane e Nye, deve ser entendida como uma relação entre dois (ou mais) países na qual processos e decisões tomadas em cada um têm efeitos recíprocos, ou seja, atingem de alguma forma suas respectivas economias e sociedades. A interdependência, portanto, é uma via de duas mãos: todos os atores envolvidos são atingidos, em maior ou menor medida, por efeitos de acontecimentos ocorridos fora de suas fronteiras e decididos por outros governos ou pessoas. Dois problemas surgem na análise desse fenômeno:

- Em que medida a interdependência é benéfica para os atores envolvidos nesse tipo de relação? Como avaliar a interdependência quando há diferenças de poder entre os Estados?
- Se os efeitos recíprocos que caracterizam a relação de interdependência são muito significativos (como no caso do

petróleo), como influenciar decisões e processos que ocorrem em outros países? Em outras palavras, como administrar os efeitos da interdependência?

Para Keohane e Nye, os efeitos recíprocos que caracterizam a interdependência sempre geram *custos* para os países envolvidos. Nesse sentido, eles criticam a noção, defendida por alguns liberais, de que a interdependência aproxima os Estados ao estimular a complementaridade de suas economias. Na verdade, os Estados sempre procuram conservar o controle sobre os fatores que condicionam seu desempenho econômico e tendem a encarar negativamente as incertezas geradas pela dependência externa. Keohane e Nye constatam que o grau de integração e a complexidade da economia internacional tornam o aprofundamento de interdependência inevitável, forçando os Estados a buscarem mecanismos para lidar com seus efeitos negativos. Os autores distinguiram dois tipos de efeitos produzidos pela interdependência:

- Sensibilidade: é o indicador do impacto, medido em termos de custos, que uma ocorrência em um país tem sobre a sociedade de outro. Quanto maior a interdependência, maior a sensibilidade.
- Vulnerabilidade: mede o custo das alternativas disponíveis para fazer frente diante do impacto externo. A vulnerabilidade de um país será alta quanto mais alto for o custo das iniciativas necessárias para fazer frente ao efeito gerado pela interdependência.

O exemplo da crise política na Bolívia em maio de 2005 é bastante ilustrativo: a *sensibilidade* do Brasil aos acontecimentos naquele país é alta porque importamos de lá 90% do gás natural consumido aqui. Da mesma forma, a *vulnerabilidade* brasileira a um aumento de preços do gás boliviano (ou à interrupção do fornecimento) é alta porque é difícil encontrar fontes alternativas, dentro ou fora do país, no curto prazo, ou seja, o custo de substituição do gás boliviano é alto.

A questão da vulnerabilidade se agrava quando encontramos assimetrias na interdependência, o que ocorre na maioria dos casos. Keohane e Nye afirmam que, no contexto da interdependência, as assimetrias assumem um caráter diferente da tradicional visão sobre o equilíbrio de poder. Não podemos considerar que o poder (o controle sobre recursos que permite influenciar resultados políticos) se exerce uniformemente no conjunto das áreas que compõem as relações externas de um país. Ao contrário, é preciso considerar as assimetrias em cada área específica de negociação. Como não devemos mais medir o poder de maneira agregada, a análise de uma determinada situação dependerá de como as assimetrias estão distribuídas. Podemos, certamente, identificar países poderosos de países menos poderosos, mas isso é menos relevante do que observar o quadro separando aquelas áreas mais importantes do relacionamento entre eles e medir as diferenças de poder em cada uma. No caso já mencionado do petróleo, o problema fica bastante claro: os países da Opep eram muito mais fracos do que os Estados Unidos e seus aliados europeus, mas ainda assim impuseram sua vontade, quadruplicando seus preços. A superioridade das potências nas áreas militar e econômica não pôde ser empregada para determinar o resultado.

Fica claro, então, que a intensificação das conexões entre os Estados, que caracteriza a interdependência, tornou mais complexa a forma como as decisões políticas são tomadas, bem como a análise das variáveis que determinam o resultado das interações.

Keohane e Nye definiram essa nova configuração da política mundial como *Interdependência Complexa*. A interdependência complexa tem três características centrais:

1 – Existência de múltiplos canais de comunicação e negociação.
   a. **Contatos informais** entre membros de diferentes agências e órgãos dos governos e destes com atores privados.
   b. **Diversidade de atores.** Não apenas funcionários ligados ao serviço exterior (diplomatas) participam e promovem relações externas, mas também burocratas de diferentes áreas do governo, empresas e organizações não governamentais.
   c. As **organizações internacionais** têm um papel maior como arena de negociação e como mecanismo de estímulo à cooperação.

2 – Agenda múltipla.
   a. Existe uma *diversidade de questões* na agenda dos Estados, que vão desde as mais tradicionais, como a segurança, passando por uma ampla gama de temas econômicos, financeiros e comerciais, até os chamados novos temas, como o meio ambiente, a cultura, o terrorismo etc.
   b. Verifica-se uma *ausência de hierarquia* entre os temas da agenda internacional. Tradicionalmente, dividiam-se os temas entre questões de "alta política" (segurança, armamentos, alianças etc.) e de "baixa política" (basicamente economia), sendo que os primeiros tinham precedência e condicionavam os segundos. Na interdependência complexa, não se verifica mais tal precedência e os temas econômicos são, na maior parte do tempo, decididos em seus próprios termos, sem considerações de natureza estratégica.
   c. A **fronteira entre o doméstico e o internacional** é difusa. Torna-se cada vez mais difícil distinguir entre um espaço e outro à medida que as interconexões se multiplicam e atravessam as fronteiras dos Estados nacionais. Os diferentes atores podem estar atuando simultaneamente dentro e fora dos países, gerando processos transnacionais difíceis de classificar de acordo com a divisão interno/externo.

3 – Utilidade decrescente do uso da força.
   a. A interdependência complexa implica um envolvimento recíproco tal entre os atores que o uso da força militar é virtualmente descartado para resolver divergências.
   b. É cada vez mais difícil vincular negociações sobre questões de baixa política a questões de segurança. Em outras palavras, uma superioridade militar dificilmente influenciará o resultado de uma disputa econômica.
   c. O poder militar não é fungível, ou seja, não é como o dinheiro, cujo uso é indiscriminado em qualquer transação econômica. O poder militar não pode ser empregado para definir o resultado de negociações sobre, por exemplo, o fornecimento de recursos naturais ou a redução de tarifas aduaneiras. Nesse sentido, a definição de poder torna-se muito mais específica de acordo com a questão em jogo.

Ao propor o modelo da interdependência complexa, Keohane e Nye estão, na verdade, afirmando que o realismo estaria ultrapassado por não conseguir explicar, adequadamente, as mudanças na política mundial. O mérito dessa abordagem é incorporar a preocupação central com a dimensão do poder, dominante na teoria de RI, a uma ideia bastante tradicional da tradição liberal, a interdependência. Essa manobra deu maior aceitação ao conceito que, assim como as demais ideias liberais, era criticado por se basear em pressupostos pouco realistas acerca dos interesses dos Estados no aumento do bem-estar por meio da intensificação das trocas internacionais. Na verdade, esses autores mostraram que a interdependência *assimétrica* é um recurso de poder importante, bem como uma fonte de preocupação — em função da vulnerabilidade — para os Estados.

Além disso, dado o caráter complexo dessa interdependência e da consequente redução em sua autonomia, os Estados encontram grandes dificuldades para lidar com os novos e crescentes riscos e oportunidades do novo contexto. Do ponto de vista teórico, a interdependência complexa atingiu em cheio o tradicional conceito de "interesse nacional". Se não mais podemos considerar o Estado como um ator unitário, mas antes uma arena em que interesses de diferentes grupos da sociedade se enfrentam, já não podemos inferir o interesse nacional do comportamento do Estado, mas precisamos identificar quais interesses seus representantes estão defendendo em cada contexto específico.

O quadro que se apresenta, ao contrário do que os analistas mais otimistas poderiam pensar, não é, necessariamente, o de um mundo mais cooperativo em função do aumento das interconexões globais. Para Keohane e Nye, a interdependência pode ser — e frequentemente o é — fonte de conflitos. A questão que se coloca, então, é a de buscar meios para administrar tais conflitos de maneira a permitir que os Estados usufruam dos benefícios de um sistema internacional mais integrado. A resposta a essa questão teve grande impacto e definiu o debate teórico central das Relações Internacionais ao longo da década de 1980: regimes.

Na verdade, a abordagem da interdependência complexa trouxe de volta ao centro dos debates o papel das organizações internacionais, um tema amplamente desacreditado na disciplina depois da Segunda Guerra Mundial. Há, contudo, diferenças fundamentais na maneira como as relações entre Estados e organizações são tratadas, em comparação com as teorias liberais clássicas, e são essas inovações que darão novo fôlego ao tema. Ao contrário de conceber organizações como estruturas de autoridade internacionais, voltadas para a conformação do comportamento dos Estados a padrões jurídicos, morais, políticos ou funcionais, os teóricos da interdependência propunham encarar as organizações como resultado de *escolhas* feitas pelos Estados. A função das organizações não seria a de suprir a redução da presença do Estado no exercício de um número cada vez maior de tarefas, como afirmavam os teóricos funcionalistas, mas, antes, resolver problemas que os formuladores de políticas reconhecem depender da cooperação de outros Estados.

Para Keohane e Nye, as organizações internacionais serviriam para reduzir os custos da interdependência e criar condições favoráveis à cooperação, vista como o meio mais eficaz para lidar com os conflitos gerados pelos novos padrões das relações internacionais. Uma vez que os Estados tinham de enfrentar os efeitos de uma rede muito complexa de processos e atores (estatais e não estatais), e uma vez que tais efeitos eram recíprocos na interdependência, as soluções deveriam ser, igualmente, procuradas por meio de estratégias comuns. Em seu livro, Keohane e Nye analisam os casos da crise do petróleo e da crise da dívida externa de países em desenvolvimento, ambos os fenômenos com importantes repercussões nas economias desenvolvidas. Como mencionamos anteriormente, as respostas a esses graves problemas não resultaram em ações unilaterais das grandes potências, mas, antes, no estabelecimento de regimes específicos para lidar com cada situação. O que a abordagem da interdependência buscava realizar era demonstrar como a cooperação internacional podia ser explicada com base em uma análise que considerava as condições concretas da política mundial contemporânea, inclusive os problemas decorrentes das assimetrias de poder, sem precisar, como outros liberais antes deles, tomar como ponto de partida o desejo imperativo de alcançar a paz e a prosperidade.

O novo liberalismo institucional e a crítica ao neorrealismo

Embora o modelo da interdependência complexa tenha conseguido atrair o interesse de um grande número de pesquisadores e embora o jargão da interdependência tenha alcançado o discurso político e da própria mídia, os acontecimentos da década de 1980 causaram um duro golpe na nova teoria. Os anos 1970 tinham sido anos de otimismo quanto à possibilidade de uma redução gradual das tensões entre os blocos ocidental e comunista. Da mesma forma, a internacionalização da economia, cada vez mais evidente na ação das multinacionais e na criação de um mercado financeiro global, sugeria que os conflitos seriam, fundamentalmente, de natureza econômica e poderiam ser resolvidos por meio de negociações e de cooperação. O contexto em que se desenvolveu o modelo muda dramaticamente com o fim da *détente*, marcado pela invasão soviética do Afeganistão em 1979. No ano seguinte, Ronald Reagan é eleito presidente dos Estados Unidos, trazendo um enfoque neoconservador e anticomunista para a política externa americana. O endurecimento dos dois lados do conflito bipolar conduziu ao que se convencionou chamar de Segunda Guerra Fria, ou seja, à renovação da competição entre as superpotências nos padrões anteriores à Crise dos Mísseis de Cuba.

Na medida em que o mundo se encontrava novamente diante da ameaça de uma guerra nuclear total, as teorias de Relações Internacionais que, desde a criação da disciplina, vinham definindo o estudo da segurança e das relações de poder entre Estados como seu objeto primordial readquiriram um lugar dominante. O neorrealismo, na formulação rigorosa de Kenneth Waltz, passou a ocupar a condição de nova ortodoxia que manteria até os anos 1990. Nesse contexto, as teses do modelo da interdependência complexa perderam espaço. Os temas econômicos continuavam subordinados, numa hierarquia, aos imperativos da segurança; o uso da força continuava a ser uma opção real, até mesmo entre as superpotências; e o Estado continuava a ser o ator principal na política mundial, controlando, quando necessário, os movimentos dos demais atores privados. Em outras palavras, o sistema internacional continuava funcionando de acordo com a lógica da competição pelo poder, ditada pela condição de anarquia. Não havia sinais concretos, como sugeriam Keohane e Nye, de mudança no sentido de um sistema mais interligado e interdependente, "governado" por meio de organizações e regimes de cooperação (e, portanto, menos anárquico).

Quando a contradição entre os postulados de uma teoria e ocorrências importantes na esfera de realidade que ela pretende explicar torna-se muito evidente, impõe-se a necessidade de rever e reformular tais postulados, na tentativa de preservar o núcleo central da teoria. Nesse caso, trata-se de rever as hipóteses da interdependência complexa, de modo a conservar a viabilidade de um enfoque cuja maior qualidade era explicar a existência e o aumento da cooperação internacional sem incorrer nos erros do idealismo. Keohane estava convencido da possibilidade de elaborar uma teoria *científica* de relações internacionais que contemplasse a compatibilidade entre a existência de um mundo povoado por Estados soberanos e a prevalência das estratégias de cooperação sobre as de conflito. Para tanto, procederam a uma revisão que começava com a aceitação de dois princípios realistas:

- Os Estados continuam sendo os atores mais importantes da política internacional e deve ser considerado ator unitário.
- O sistema internacional é anárquico (descentralizado) e as ações dos Estados são, em grande parte, explicados a partir desse princípio organizador da estrutura do sistema.[12]

As concessões dos teóricos da interdependência aos seus rivais neorrealistas significaram um afastamento das análises de relações transnacionais, em particular daquelas protagonizadas por atores não estatais. O foco agora recairia sobre o Estado, concebido como um *ator racional* interessado em maximizar seu bem-estar. A segunda concessão importante implica o abandono da reivindicação mais ousada de que a interdependência complexa representaria uma mudança estrutural da política mundial, impondo uma nova lógica a seu funcionamento, distinta daquela característica do sistema anárquico. A teoria de Waltz tinha sido muito bem-sucedida em sua descrição do sistema internacional como uma estrutura qualitativamente distinta da política doméstica, porque era organizada pelo princípio da anarquia, ou seja, da ausência de uma autoridade central. Da mesma forma, a crítica de Waltz ao reducionismo das teorias da interdependência teve grande impacto na área. O padrão estabelecido por Waltz impunha aos teóricos rivais enfrentar o desafio de formular uma teoria que respeitasse a fronteira entre o interno e o externo e, portanto, explicasse a política internacional a partir de uma visão *sistêmica* e não reducionista. É exatamente o que os autores liberais, agora autodenominados *neoliberais*, fizeram.

Ao reconhecer que o contexto da anarquia é determinante para explicar o caráter das relações internacionais, os neoliberais decidiram travar o debate teórico no mesmo campo dos neorrealistas. A questão colocada era se a descrição do sistema internacional como um espaço político em que imperam a competição e a preocupação com a sobrevivência era correta. Os neoliberais concordavam que a anarquia gera incertezas e insegurança, mas divergiam quanto a concluir que a consequência é a adoção de estratégias de sobrevivência cujo resultado é a competição pelo poder.

Keohane e Axelrod,[13] por exemplo, argumentaram que a anarquia pode ser concebida como um ambiente em que a cooperação é possível, e não necessariamente como um estado de natureza hobbesiano (um estado de guerra de todos contra todos). Na verdade, seria bastante plausível pensar a anarquia como um sistema descentralizado em que as decisões são difíceis de tomar devido à falta de transparência nas ações e intenções dos atores, bem como à falta de uma autoridade central que administre o processo decisório e garanta o cumprimento das regras. É claro que, em um ambiente assim, os Estados tenderão a ser cautelosos e desconfiados em suas relações com vizinhos. Contudo, não podemos concluir que a resposta para a insegurança será sempre a adoção de estratégias defensivas que levem os atores a um dilema de segurança.[14]

Há situações em que os Estados podem ter *interesses comuns* e nas quais, dependendo de como o contexto da interação está estruturado, o resultado pode ser a cooperação, e não o conflito. É importante não confundir a hipótese sobre interesses comuns com a noção, tão criticada por Carr, de "harmonia de interesses". Para os neoliberais, Estados soberanos são, assim como para os neorrealistas, atores egoístas, ou seja, orientados para a realização de seus interesses individuais, e não pelo altruísmo baseado em alguma ideia sobre a natureza comum da humanidade. Ocorre que, na anarquia, frequentemente, os Estados não conseguem realizar ao máximo seus interesses justamente porque não têm informação suficiente sobre como os demais Estados reagirão a suas ações.

Sabemos que é da natureza dos sistemas, especialmente sistemas complexos como o internacional, vincular seus componentes em um ambiente de interação estratégica. Isso significa que o sucesso de uma estratégia individual depende de como se dá sua interação, ou combinação, com as estratégias dos demais atores. Em outras palavras, nenhum ator consegue, sozinho, garantir a concretização de seu objetivo simplesmente aplicando uma determinada estratégia. É preciso calcular suas chances considerando variáveis que ele não controla: as decisões de outros atores. Na anarquia, esse cálculo é particularmente complicado, uma vez que Estados soberanos tendem a proteger informações sobre suas políticas do olhar de "estrangeiros", potenciais competidores.

Nesse ambiente, as intenções tendem a ser disfarçadas de modo a não permitir que os demais antecipem suas estratégias. O Dilema de Segurança descrito pelos realistas emerge exatamente em um contexto de interação estratégica em que não há informação suficiente sobre as intenções do vizinho. O resultado é o oposto do que cada ator, individualmente, deseja: a deterioração de sua segurança e o início de uma escalada para a guerra. Para os neoliberais, esse resultado não é inevitável, dada uma suposta lógica da anarquia que condena os Estados a uma situação de eterno conflito. Se o problema está no ambiente em que se dá a interação, e considerando que os atores são racionais, a solução para o dilema está na mudança desse ambiente de modo a permitir que os atores calculem melhor suas oportunidades e, assim, tomem decisões que atendam melhor a seus interesses.

O problema da cooperação da anarquia é bem ilustrado pelo conhecido Dilema do Prisioneiro que, por meio da aplicação da teoria dos jogos, mostra como dois atores com interesses comuns podem atingir resultados piores porque não cooperaram. O Dilema do Prisioneiro coloca dois acusados de um crime em salas separadas, sendo interrogados pelo promotor. Este não dispõe de provas suficientes para incriminá-los de modo a obter a pena máxima, por isso, tenta convencer cada um a confessar e a incriminar seu cúmplice. Quem confessar primeiro receberá uma pena muito branda, enquanto o comparsa será condenado ao máximo de tempo pelo delito. Se ambos ficarem calados, o promotor não conseguirá as provas para aplicar a pena máxima, mas ainda conseguirá mandá-los para a prisão por um tempo inferior. Se ambos confessarem, não há acordo e os dois pegarão uma pena maior do que a obtida se permanecessem calados.

Uma vez montada a estrutura da interação dos atores e conhecidos os custos de cada estratégia possível, podemos avaliar o dilema em toda a sua extensão: os dois prisioneiros preferem obter a pena mínima (obedecendo ao pressuposto de que atores racionais sempre buscam maximizar a utilidade), mas a estratégia que cada um adota para alcançar esse objetivo — a delação — faz com que ambos incorram na pena maior, ou seja, o oposto do desejado. Isso ocorre porque os acusados não podem coordenar suas estratégias, uma vez que são interrogados em salas separadas, sem possibilidade de comunicação. Suas decisões, portanto, se baseiam no suposto de que tanto um quanto o outro agirão egoisticamente, buscando maximizar seu interesse, mesmo que isso represente um prejuízo maior ao comparsa. Além disso, os prisioneiros são movidos pelo medo de serem condenados à maior pena — o pior resultado — e escolhem confessar para evitá-la. O melhor resultado *conjunto* para os participantes do jogo seria a pena intermediária, alcançada se os dois decidissem cooperar, ou seja, não denunciar o parceiro ao promotor. O dilema está no fato de que a situação em que se encontram impede que coordenem suas estratégias e os força a priorizar a maximização de seu interesse individual de forma egoísta. Essa situação pode ser ilustrada numericamente, de acordo com a matriz a seguir.

Dilema do prisioneiro

	B1 (cooperar)	B2* (delatar)
A1 (cooperar)	2,2***	4,1
A2* (delatar)	1,4	3,3**

* estratégia dominante
** resultado de equilíbrio
***melhor resultado
Observação: valores expressos em anos da sentença. Ordem das preferências: DC > CC > DD > CD (onde D é "delatar" e C "cooperar")

O Dilema do Prisioneiro desempenha um papel central nas teorias neoliberais de relações internacionais, uma vez que passa a representar, de forma emblemática, a anarquia como um ambiente descentralizado no qual o conflito emerge devido à *situação* em que os Estados interagem. Para os neorrealistas, lembremos, o comportamento dos Estados se explica a partir da sua *posição* na distribuição de capacidades no sistema. Mudar o posicionamento de um Estado é difícil porque depende de um aumento em suas capacidades que, em um ambiente competitivo, será normalmente compensado pelos esforços das demais unidades.

Na anarquia descrita pelos neoliberais, o problema está, na maioria das vezes, em como mudar o contexto da interação entre os Estados de modo que possam identificar interesses comuns. A competição não é a única estratégia disponível, como ilustra a situação dos dois prisioneiros. Se ambos tivessem, por exemplo, a possibilidade de se comunicar durante o interrogatório, escolheriam cooperar entre si (e não com o promotor), mesmo que tal escolha não produzisse o resultado individual máximo, mas antes o melhor resultado *conjunto*. O argumento neoliberal é que o contexto da interação estratégica pode mudar por meio da formação de instituições, que desempenham três funções básicas para a formação das preferências dos atores:

- Aumentam o fluxo de informações, permitindo maior transparência acerca das intenções, interesses e preferên-

cias dos Estados, contribuindo para a redução da incerteza que caracteriza o ambiente anárquico. A comunicação entre os atores cria condições para a coordenação de estratégias que aumentem o ganho conjunto das partes por meio da cooperação.
- Permitem o controle do cumprimento dos compromissos. As instituições estabelecem mecanismos de monitoramento e controle que visam a verificar se as partes de um regime estão, de fato, cumprindo os acordos firmados. Um dos maiores obstáculos à cooperação é o medo da *trapaça*. Em outras palavras, o medo de que o parceiro, apesar de comprometido por um acordo formal ou informal, adote a estratégica do engano (não cooperar) para maximizar seu ganho. O pior cenário do Dilema do Prisioneiro é quando um ator decide cooperar e o outro não cooperar (denunciá-lo ao promotor), pois esse resultado, produto da trapaça, gera um ganho máximo para um e mínimo para o outro (o otário). As instituições, ao reduzir o risco da trapaça, criam condições para que os Estados adotem estratégias cooperativas com uma expectativa razoável de *reciprocidade* por parte dos demais membros de um regime. Da mesma forma, as instituições criam mecanismos para penalizar aqueles Estados que não cumprem promessas, aumentando o *custo* de estratégias não cooperativas.
- Instituições mudam as *expectativas* dos atores a respeito da solidez dos acordos ao longo do tempo. A incerteza quanto ao futuro é outro grande obstáculo à cooperação, como ilustra o conhecido dizer realista: "o amigo de hoje pode ser o inimigo de amanhã". A existência de regras e procedimentos que moldam o comportamento dos atores diminui a *sombra do futuro*, ou seja, a falta de clareza sobre como se comportarão esses mesmos atores ao longo do processo de interação no contexto de um regime. Nesse sentido, as instituições geram custos para condutas que visam a obter ganhos de curto prazo por meio da trapaça (lógica egoísta míope) e criam incentivos a condutas cooperativas ao acenar com ganhos mútuos crescentes. O prêmio ao comportamento responsável (ou previsível) fortalece os regimes e

favorece seu aprofundamento por meio de sucessivas rodadas de negociações.

A contribuição do institucionalismo neoliberal foi importante para explicar variações consideráveis no comportamento dos Estados na política internacional contemporânea, variações de difícil compreensão a partir do paradigma neorrealista. O nível de cooperação era, evidentemente, crescente nas relações internacionais do pós-guerra, evidenciado na multiplicação de instituições multilaterais para lidar com grande e variado número de questões. As instituições aparecem como variáveis intervenientes importantes, capazes de explicar como atores com preferências diferentes resolvem seus conflitos por meio da construção de arranjos cooperativos que podem, inclusive, mudar a ordem de tais preferências de modo a superar impasses frequentemente encontrados na anarquia. Nesse sentido, os liberais conseguiram apresentar uma visão alternativa ao ceticismo neorrealista com relação ao papel das instituições na política mundial. Ao contrário de serem apenas um reflexo dos interesses dos mais poderosos, as instituições têm influência própria sobre as ações estatais na medida em que afetam seus incentivos e custos e na medida em que ajudam na compreensão do papel, dos interesses e das motivações dos Estados. Em outras palavras, as instituições *importam*, não são meros instrumentos ou construções jurídicas supérfluas.[15]

Novas direções no debate liberal

A interdependência complexa e as teorias de regimes trouxeram nova vida para a tradição liberal nas Relações Internacionais e provocaram um intenso debate teórico com o realismo ao longo do anos 1980 e 1990. Autores como Robert Keohane, Oran Young, Arthur Stein, Joseph Grieco, Stephen Krasner, entre outros, protagonizaram tais debates que tinham como ponto de referência principal a divergência sobre o significado da anarquia.[16] Se, como queriam os neoliberais, o conflito não era inerente à condição de anarquia, mas sim contingente segundo as circunstâncias de interação, não era mais possível considerar a política internacional uma arena de conflito em que a ordem somente é possível por meio da formação de balanças de poder. Nesse caso, o enfoque realista perde poder explicativo e acaba encontrando-se na situação delicada de não possuir uma hipótese explicativa abrangente do comportamento dos Estados nas relações internacionais.

Joseph Grieco, por exemplo, reconhecia que a cooperação ocorria com maior frequência do que admitiam os realistas, mas continuava difícil porque os Estados, em condição de anarquia, ainda obedeciam a uma lógica de competição na qual ganhos relativos são mais importantes do que ganhos absolutos.[17] Em outras palavras, para Grieco, o medo de uma possível agressão futura ainda está na base dos interesses dos Estados. Mesmo que em um determinado contexto seja possível cooperar com um grande número de países, se o resultado dessa cooperação significar ganhos proporcionalmente maiores para outros, surge o temor de que essas vantagens produzam assimetrias que, em um futuro próximo, ameacem a autonomia e até mesmo a segurança de um Estado. Essa preocupação com a *distribuição dos ganhos* está presente, diz Grieco, em quase todas as áreas das relações internacionais e faz com que regimes e instituições sofram reveses no momento em que há desacordo sobre como negociar os problemas distributivos.

Os impasses no Mercosul, por exemplo, poderiam ser interpretados, de acordo com essa visão, como consequência do medo da Argentina de que ganhos desproporcionais do Brasil no comércio bilateral a tornarão demasiado dependente da economia vizinha, colocando em risco sua autonomia política e, eventualmente, sua segurança. Assim, mesmo que o Mercosul produza ganhos absolutos claros, refletidos no impressionante crescimento do comércio entre os países-membros, a questão de quem ganha mais — e quanto — pode tornar-se sensível a ponto de inviabilizar o avanço do processo de integração.

O debate sobre ganhos relativos *versus* ganhos absolutos polarizou neorrealistas e neoliberais, chegando mesmo a assumir um status de "grande debate". Puro exagero. Na verdade, tratava-se de divergências sobre em que medida prevaleciam incentivos, ou constrangimentos, à busca pelos Estados de ganhos relativos ou absolutos. No entanto, a definição do que é um ganho relativo é, também, circunstancial, da mesma forma que a sensibilidade dos Estados a esse tipo de problema é variável. Em certas situações, é possível que um Estado tenha interesse que o parceiro ganhe mais na relação, como no caso das trocas comerciais entre Estados Unidos e Japão durante a Guerra Fria, quando os americanos suportaram déficits por décadas porque queriam ver a economia daquele importante aliado fortalecida.[18]

O desenrolar desse debate nos leva à conclusão de que não se pode, de fato, chegar a qualquer conclusão satisfatória acerca de uma "lógica da anarquia" a partir do debate travado por neorrealistas e neoliberais em torno dessa questão. Como disse Alexander Wendt, um dos expoentes do construtivismo (ver Capítulo 6), "a anarquia é o que os Estados fazem dela".[19] Em outras palavras, a característica principal da anarquia é a descentralização das estruturas de governança e a formação de instituições a partir das necessidades circunstanciais dos Estados em certas áreas específicas de questões.

Dificilmente encontraremos um marco teórico capaz de generalizar hipóteses sobre o comportamento dos Estados a partir de uma concepção *dada* da anarquia. Será sempre preciso contextualizar a situação em que as interações ocorrem para analisar as possibilidades de conflito ou cooperação. Nesse sentido, os neoliberais chamaram a atenção para o papel das instituições na definição ou mudança do contexto internacional, apontando para uma linha de pesquisa concentrada não simplesmente em avaliar se as instituições importam ou não, mas sim em analisar *como* importam. As teorias convencionais de Relações Internacionais progressivamente passam a preocupar-se em estudar quais são seus efeitos sobre os interesses dos Estados e como elas afetam os custos e a distribuição de ganhos.

O movimento neoliberal nas Relações Internacionais conseguiu transformar o institucionalismo na nova ortodoxia da disciplina, fazendo com que até mesmo os velhos rivais realistas admitissem, com algumas exceções,[20] a importância do estudo das instituições na ordem internacional. A "vingança" liberal teve sucesso graças, justamente, à capacidade das novas teorias de colocar a formação e o governo das instituições internacionais de novo no centro das preocupações dos Estados. A partir daí, ficou mais fácil sustentar, como faz, por exemplo, John Ikenberry, que as ordens internacionais se legitimam, necessariamente, por meio de sua institucionalização.[21] Ou seja, os novos enfoques permitem que os liberais voltem a afirmar a necessidade de construir instituições para melhor ordenar a política mundial, sem recair no idealismo dos anos do entreguerras. Uma vez definido esse ponto crucial, a questão teórica mais importante torna-se, como já mencionamos, mostrar como as instituições atuam não só como instâncias de coordenação de estratégias para alcançar interesses comuns, mas também como incidem na própria formação e, portanto, na mudança dos interesses dos Estados.

A visão neoliberal do problema da anarquia sugere que os interesses dos Estados não são, primordialmente, determinados pela preocupação com a segurança. Estados são maximizadores de utilidade. Buscam retornos crescentes em diversas áreas de sua atuação com vistas a aumentar seu bem-estar. Nas palavras de Keohane, no mundo da interdependência complexa, os Estados se envolvem em jogos de motivações mistas (*mixed-motive games*) nos quais não há uma hierarquia clara entre as diferentes questões. O comportamento dos atores, contudo, se orienta a partir do interesse em maximizar os retornos em cada área, ou seja, é possível deduzir, *a priori*, os interesses dos Estados baseando-se na premissa racionalista de que Estados são egoístas. Nesse contexto, as instituições proporcionam um ambiente mais favorável à realização de interesses ao gerar mais transparência e informação e, assim, mudar a estrutura de incentivos e, consequentemente, a ordem das preferências dos atores.

O papel das instituições nesse enfoque é limitado à correção de falhas de mercado que impedem a cooperação. Todavia, os obstáculos à cooperação não decorrem, unicamente, de imperfeições de mercado, mas também de fatores como assimetrias acentuadas, distribuição desigual de ganhos, problemas políticos domésticos etc. Tais problemas aparecem no contexto da interação e fazem com que os Estados, muitas vezes, redefinam seus interesses a partir dos efeitos que as instituições têm sobre suas políticas. Nesse sentido, podemos considerar as instituições não apenas como um resultado das decisões interessadas das unidades estatais, mas também como causas que explicam sua conduta.

Com base nessa constatação, os estudos mais recentes sobre o tema passaram a se concentrar em questões como o desenho institucional (ou como as instituições são planejadas de acordo com os efeitos que se espera que produzam); a relação entre as decisões tomadas nas organizações e as de cunho doméstico; e a adoção de regras que visam a corrigir desequilíbrios futuros na distribuição de ganhos relativos.

O ponto interessante dessa nova direção nos estudos das instituições internacionais está na abertura para analisar como se formam as preferências dos atores no contexto da interação. Em vez de tomar os interesses dos atores como dados anteriormente aos processos, pode-se considerar como são definidos no interior dos ambientes das instituições ou a partir da relação entre esse ambiente e o espaço doméstico. Se considerarmos que os interesses são *endógenos* às interações, podemos afirmar que o comportamento dos Estados não deve ser deduzido da suposição de que buscarão *sempre* maximizar seus ganhos. Existem situações em que é preferível não buscar o maior resultado em benefício, por exemplo, da correção de desequilíbrios que podem ameaçar o futuro dos acordos. Essa atitude só pode ser compreendida se considerarmos que os interesses estão sendo definidos no próprio âmbito do regime ou instituição.[22]

Democracia e paz

O debate sobre a paz democrática tornou-se um dos debates centrais da tradição liberal devido à combinação de três evoluções: a redescoberta da herança kantiana por parte de alguns estudiosos das Relações Internacionais; o amadurecimento de estudos estatísticos sobre o fenômeno da guerra; e a evolução das relações entre os Estados Unidos e a União Soviética na segunda metade da década de 1980, que desembocou no fim da Guerra Fria.

A redescoberta de Kant por parte de acadêmicos liberais tem no artigo de Michael Doyle de 1983 uma data inicial simbólica.[23] Nesse artigo, Doyle revisitou o *Tratado sobre Paz Perpétua* de Kant para explorar suas consequências quanto ao cenário político internacional do início da década de 1980. Para Kant, a simultaneidade da existência de repúblicas, sua consolidação em uma confederação mundial e o dever de hospitalidade perante o estrangeiro seriam as condições para o ser humano, por meio do uso da racionalidade, estabelecer as condições básicas para a paz. Tal paz seria inicialmente separada entre os Estados-membros da confederação e conviveria com uma relação conflituosa e de permanente agressão em relação aos não membros da confederação. Entretanto, essa confederação tenderia a se expandir e a abarcar um número crescente de membros até se tornar uma confederação mundial. Nesse momento, a humanidade estaria chegando às condições da paz perpétua.

Doyle interpretou o conceito de repúblicas usado por Kant como democracias. Para ele, Kant se referia a sistemas de governo em que o governante era escolhido pelo povo, o que dava a ele o privilégio da soberania. Ora, hoje, várias repúblicas são frutos de golpes de Estado e outros tipos de conchavos fechados aos povos, ao mesmo tempo em que as monarquias constitucionais expressam a vontade popular. Por isso, Doyle interveio no debate sobre a relação entre democracia e paz para defender uma herança kantiana segundo a qual as democracias não são mais pacíficas do que os demais regimes, mas são mais pacíficas entre si mesmas.

Foi nesse nível que interveio a segunda evolução anteriormente mencionada. Doyle, naquele artigo e em muitos outros subsequentes, afirmou que séries estatístico-históricas elaboradas em vários projetos de cunho behaviorista demonstravam que havia uma paz separada entre as democracias. Ou seja, a tese de Kant era comprovada pelos dados. As democracias não são mais pacíficas do que os demais regimes. Muito pelo contrário, entre os quatro países que mais haviam se envolvido em guerras, três eram tidos como democracias (Reino Unido, França e Estados Unidos). Ao mesmo tempo, não havia nenhum registro de guerra entre duas democracias. Kant se encontrava com a estatística.

A terceira e última evolução estava ocorrendo na política mundial. Com o fim da Guerra Fria, a política externa dos Estados Unidos passou a defender a expansão da democracia pelo mundo de maneira a alcançar uma paz duradoura. Sem ser uma inovação do então governo Clinton, já que o presidente Wilson já havia defendido uma política similar, a política do governo Clinton tornou o debate sobre a paz democrática mais atual e o tirou do espaço exclusivo das revistas acadêmicas para fazer parte do debate da grande imprensa.

O debate atual sobre a paz democrática tem explorado as explicações para a existência de tal paz separada entre as democracias. As variadas causas que têm sido apresentadas exploram a própria natureza democrática dos regimes e seu funcionamento e encontram no fato de a paz ser restrita às democracias uma confirmação desse tipo de explicação. O fato de as democracias se basearem na cultura da negociação e do compromisso, assim como na necessidade de fazer concessões e aceitar derrotas como parte do processo político, leva esse tipo de país a lidar da mesma forma com países com regimes parecidos. A não existência desses mecanismos de resolução das diferenças internas em outros países explica, por sua vez, o estado de beligerância entre democracias e não democracias na política internacional.

Conclusão

Vemos que a trajetória do liberalismo a partir dos primeiros modelos de interdependência tornou esse enfoque das relações internacionais mais robusto e influente. Se, no início, procurava-se desenvolver abordagens complementares ao realismo dominante, hoje é difícil distinguir o paradigma dominante dos pressupostos fundamentais do institucionalismo neoliberal. Por outro lado, o neorrealismo teve de fazer tantas concessões aos liberais após o fim da Guerra Fria que, hoje, os teóricos mais fiéis ao núcleo duro da velha ortodoxia aparecem em posições ligeiramente marginais no debate.

Nos últimos 20 anos, fortaleceu-se o senso comum de que o ordenamento do sistema internacional passa, necessariamente, pelo fortalecimento de instituições, pelo crescimento do comércio internacional e pela difusão de valores liberais. Da mesma forma, é forte a convicção em torno da ideia de governança global, ou seja, de que é necessário construir estruturas de autoridade de alcance mundial, mesmo que isso represente uma redução da autonomia dos Estados. São ideias que guardam um parentesco muito próximo com o que os chamados idealistas defendiam no início do século XX.

Na verdade, apesar da presença de ideias-força da tradição, o neoliberalismo institucional prefere reivindicar suas diferenças com o velho idealismo, principalmente no que diz respeito às ideias. Não encontraremos hoje a crença inabalável no progresso da humanidade a partir da razão. A "evolução" das relações internacionais não pode ser nada além da construção de instituições cada vez mais eficientes que viabilizem o crescimento do bem-estar das sociedades. A paz é um resultado eventual desse processo, e não um valor a ser perseguido. Por outro lado, os novos liberais estão comprometidos com políticas de liberalização e internacionalização econômicas que enfraquecem o Estado. Os velhos liberais acreditavam que uma comunidade mundial de seres humanos poderia florescer a partir de Estados afirmados em sua soberania por princípios como o da autodeterminação e da democracia.

Teriam os representantes atuais da tradição liberal nas Relações Internacionais se tornado tão céticos e pessimistas quanto seus rivais realistas? Não. A crença na possibilidade de mudança na política mundial ainda inspira as teorias liberais de hoje, enquanto os neorrealistas continuam a reafirmar que nas relações internacionais encontraremos sempre a repetição dos mesmos padrões de competição pelo poder.[24] O otimismo desses liberais, contudo, é muito mais "realista", ou moderado, do que o de seus antecessores.

Recomendações de leitura

Boucher, D. *Political Theories of International Relations: From Thucydidies to the Present.* Oxford: Oxford University Press, 1998.

Burchill, S.; Andrew, L. (Eds.). *Theories of International Relations.* Nova York: St. Martin's Press, 1996.

Knutsen, T. L. *A History of International Relations Theory.* Manchester: Manchester University Press, 1997.

Krasner, S. (Ed.). *International Regimes.* Ithaca: Cornell University Press, 1983. Olson, W. C.; Groom, A. J. R. *International Relations Then and Now: Origins and Trends in Interpretation.* London: HarperCollins Academic, 1991.

Richardson, J. L. *Contending Liberalisms in World Politics: Ideology and Power*. Boulder: Lynne Rienner Publishers, 2001.

Notas

1. Montesquieu. *O Espírito das Leis*. São Paulo: Abril Cultural, 1979.
2. Kant, I. *A Paz Perpétua e outros opúsculos*. Lisboa: Edições 70, 1995.
3. Onuf, N. "Uma reflexão sobre a idade de ouro do direito internacional". *Contexto Internacional*, v. 23, n. 2, p. 7-21, 2001.
4. Para uma discussão detalhada da experiência da Liga ver Claude, I. L. *Swords into Plowshares: The Problems and Progress of International Organization*. Nova York: McGraw-Hill, 1984.
5. Deutsch, K. *Análise das relações internacionais*. Brasília: Editora UnB, 1978.
6. Deutsch, K. (Ed.). *Political Community and the North Atlantic Area*. Princeton, NJ: Princeton University Press, 1957.
7. Mitrany, D. *A Working Peace System*. Chicago: Quadrangle, 1966.
8. As primeiras organizações da União Europeia foram a Comunidade do Carvão e do Aço e a agência de Energia Atômica — Euratom. Para mais referências ver: Herz, M.; Hoffmann, A. R. *Organizações internacionais: história e práticas*. Rio de Janeiro: Elsevier, 2004.
9. Haas, E. *Beyond the Nation-State: Functionalism and International Organization*. Stanford: Stanford University Press, 1964.
10. Angell, N. *A Grande Ilusão*. Brasília: UnB, 2002.
11. Keohane, R. O.; Nye, J. *Power and Interdependence: World Politics in Transition*. Boston: Little, Brown and Company, 1977; Keohane, R. O.; Nye, J. S. (Eds.). *Transnational Relations and World Politics*. Cambridge, Massachussets: Harvard University Press, 1971.
12. Keohane, R. O. *After Hegemony: Cooperation and Discord in the World Political Economy*. Princeton: Princeton University Press, 1984.
13. Axelrod, R.; Keohane, R. O. "Achieving Cooperation Under Anarchy: Strategies and Institutions". *World Politics*, n. 38, p. 226-54, out. 1985.
14. Para uma discussão do Dilema de Segurança e seus constrangimentos à cooperação, ver Jervis, R. "Cooperation Under the Security Dilemma". *World Politics*, v. 30, n. 2, p. 167-214, 1978.
15. Para uma discussão clara e abrangente do tema da eficácia das instituições internacionais, ver: Young, O. R. "The Effectiveness of international institutions: hard cases and critical variables". In: *Governance Without Government: Order and Change in World Politics*. Rosenau, J. N.; Czempiel, E.-O. Cambridge: Cambridge University Press, n. 20, p. 16-194, 1992.
16. Keohane, R. O. *International Institutions and State Power*. Boulder: Westview Press, 1989; Krasner, S. "Structural causes and regime consequences: regimes as intervening variables". *International Organization*, v. 36,

n. 2, p. 1-21, 1982; Oye, K. A. "Explaining Cooperation Under Anarchy: Hypotheses and Strategies". *World Politics*, n. 38, p. 1-24, 1985; Young, O. R. *International Cooperation: Building Regimes for Natural Resources and the Environment*. Ithaca: Cornell University Press, 1989; Stein, A. A. *Why Nations Cooperate: Circumstance and Choice in International Relations*. Ithaca: Cornell University Press, 1990.
17. Grieco, J. M. "Anarchy and the Limits of Cooperation: A Realist Critique of the Newest Liberal Institutionalism". In: *Neorealism and Neoliberalism: The Contemporary Debate*. Baldwin, D. A. Nova York: Columbia University Press, p. 116-142, 1993.
18. Keohane, R. O. "Institutional Theory and the Realist Challenge After the Cold War". In: *Neorealism and Neoliberalism: The Contemporary Debate*. Baldwin, D. A. Nova York: Columbia University Press, p. 269-300, 1993.
19. Wendt, A. "Anarchy Is What States Make of It: The Social Construction of Power Politics". *International Organization*, n. 46, p. 391-425, 1992.
20. A mais notável é a do neorrealista americano John Mearsheimer. Ver Mearsheimer, J. J. "The False Promise of International Institutions". *International Security*, v. 19, n. 3, p. 5-49, 1995.
21. Ikenberry, G. J. *After Victory: Institutions, Strategic Restraint and the Rebuilding of Order After Major Wars*. Princeton: Princeton University Press, 2001.
22. Nogueira, J. P. "Instituições e governança global na Teoria de Relações Internacionais: um breve panorama da evolução dos debates nas teorias convencionais". In: Esteves, P. L. *Instituições Internacionais: segurança, comércio e integração*. Belo Horizonte: Editora PUCMinas: 15-40, 2003.
23. Doyle, Michael. "Kant, Liberal Legacies, and Foreign Affairs. Part I". *Philosophy and Public Affairs* 12, p. 205-235. Parte II, ibid., p. 323-353, 1983.
24. Ver, por exemplo, o artigo de John Mearsheimer: Mearsheimer, J. "Back to the Future: Instability in Europe after the Cold War". *International Security*, v. 15, n. 1, p. 5-56, 1990.

Capítulo 4

O MARXISMO

Marx e as Relações Internacionais

Sabe-se que Marx não fez uma contribuição significativa para uma teoria das relações internacionais e que não dedicou interesse particular pelo desenvolvimento do capitalismo em nível internacional. Da mesma forma, o Estado — ator central das mais importantes teorias das RI — não foi objeto de sistematização teórica por parte de Marx, cujas reflexões sobre o tema encontram-se espalhadas em alguns de seus manuscritos políticos.

Marx tinha clareza, contudo, do alcance global do capitalismo e de seu movimento expansionista e universalizante, de sua força modernizadora e civilizatória. Para Marx, o capitalismo representava uma força histórica que se generalizaria em todo o mundo, tornando-se o modo de produção dominante. Sua expansão, contudo, seria contrarrestada por suas próprias contradições — que Marx descreveu na forma de leis de movimento — que o levariam à estagnação e à sua superação por um novo modo social de produção. Ao contrário do que dirão posteriormente os teóricos da Dependência, a extensão para a periferia do mundo moderno do modo de produção capitalista criaria, segundo Marx, as condições para a aceleração de seu processo de superação, formando um proletariado moderno nas colônias e países atrasados que uniria suas forças ao proletariado dos países de capitalismo maduro. Para Marx, as tendências à estagnação, à concentração do capital e à queda da taxa de lucro conduziriam o capitalismo ao declínio como sistema econômico global.[1]

Apesar de não ter dedicado particular atenção aos temas da política internacional, Marx presta uma contribuição fundamental para o desenvolvimento de uma visão crítica das relações internacionais se considerarmos alguns dos pontos centrais de sua teoria. Em primeiro lugar, a concepção da história como um processo governado por contradições e antagonismos associados à forma de organização da produção material dos bens necessários à reprodução das sociedades humanas nos convida a olhar para as relações humanas como produto de sua própria ação, e não como resultado de forças da natureza que não podemos controlar. Segundo Marx, devemos compreender o capitalismo como uma *formação histórica*, e não simplesmente como a forma mais racional, eficiente e tecnologicamente desenvolvida para a produção de mercadorias. Da mesma forma, deveríamos encarar o sistema de Estados como uma forma particular de organizar comunidades políticas com base na ideia de nação e no princípio da territorialidade, e não como uma manifestação de laços culturais baseados em traços naturais comuns como a raça ou a etnia. Marx mostrou como tais formações históricas resultam do desenvolvimento, sempre contraditório, das relações de produção no interior das sociedades. Uma consequência importante dessa perspectiva é colocar os homens e mulheres no centro da história como sujeitos, e não como objetos passivos de forças sobrenaturais ou da natureza.[2]

A teoria de Marx também se tornou conhecida por demonstrar que a produção de riqueza no capitalismo era baseada na exploração de uma classe — o proletariado — por outra — a burguesia capitalista. Os proprietários dos meios de produção eram capazes de acumular lucros ao não remunerar parte do trabalho do operário no processo de criação de valor. Para Marx, à medida que o proletariado tomasse consciência de sua condição de explorado, se organizaria para lutar contra o sistema que a tornava possível.

A função primordial do Estado, portanto, seria a de assegurar a estabilidade da ordem capitalista, ou seja, garantir que os trabalhadores continuassem vendendo sua força de trabalho no mercado e comportando-se como cidadãos respeitadores da lei. A lógica do capitalismo fazia com que o crescimento da produtividade e da taxa de lucros não levasse a um aumento da renda dos trabalhadores, ao contrário, levava a um nível mais elevado de exploração. A consequência desse processo, evidentemente contraditório, era o acirramento da luta de classes e a exigência de uma ação cada vez mais repressora do Estado para conter a organização e a mobilização do proletariado. Veremos, adiante, como a ação da burguesia se internacionaliza para assegurar esse objetivo.

Outro conceito importante é o da *alienação*. Marx acreditava que a emancipação dos seres humanos só poderia ser alcançada se desmascarássemos a natureza artificial das estruturas que limitavam nossa liberdade. A alienação significa que ideias, regras e estruturas resultantes de práticas sociais assumem um caráter objetivo, passando a ser tratadas como realidades exteriores à ação humana e, consequentemente, fora de seu controle. Para Marx, o tratamento de certas leis, como as que regulam o mercado de trabalho, como oriundas da vontade divina, da tradição, da natureza humana etc. representava uma alienação da sociedade com relação à influência determinante do capital nas relações sociais. Da mesma forma, tratar o Estado como uma estrutura de poder que representa toda a sociedade, estando acima das classes e protegendo a nação dos perigos externos, seria ignorar seu papel central de manter uma ordem jurídica e política que assegure a continuidade do processo de acumulação capitalista. Marx reconhecia que os seres humanos fazem sua própria história, mas em condições que não são de sua própria escolha.[3] Ou seja, agimos de modo a definir, coletivamente, a direção dos acontecimentos, mas não com absoluta liberdade ou apenas de acordo com a vontade política. É sempre preciso considerar as condições objetivas de nossa ação e os constrangimentos apresentados pela estrutura social em que estamos inseridos, sob pena de cair no equívoco do idealismo. Por outro lado, Marx afirmava que a tarefa da filosofia não era apenas a de compreender o mundo como é, mas sim de transformá-lo. A alienação limitaria nossa capacidade de intervir na realidade com o interesse em sua mudança. Nas relações internacionais, por exemplo, a tendência a considerarmos o sistema anárquico um dado da natureza estimula a formulação de teorias que afirmam que ele não pode ser mudado.[4]

Uma visão das relações internacionais baseada nas leis dinâmicas do capitalismo, tal como enunciadas por Marx, nos levaria a uma análise sobre o estado das forças produtivas capitalistas em seus centros mais desenvolvidos; sobre suas crises cíclicas e seus reflexos sobre a *luta de classes*; e sobre a hegemonia burguesa no plano internacional. Os conflitos, contradições e mudanças no sistema internacional deveriam ser vistos, antes de tudo, como conflitos inerentes ao desenvolvimento capitalista. A transformação da ordem internacional seria resultado da superação do capitalismo pela via da revolução socialista (que começaria nos países avançados).

Marx, contudo, tinha clareza da importância de uma estratégia revolucionária que tivesse dimensão internacional e, por isso, apoiou a fundação e a organização da Associação Internacional dos Trabalhadores (a Primeira Internacional Socialista), em 1864, na cidade de Londres. A nova organização apresentava enorme potencial para coordenar atividades revolucionárias em diferentes países de modo a superar a falta de solidariedade que, segundo Marx, havia levado ao fracasso as revoluções de 1848. Na verdade, a reação burguesa àqueles eventos tinha demonstrado a "solidariedade fraternal" das classes dominantes em todo o continente europeu, colocando em evidência o caráter internacional da luta de classes. Nesse sentido, a organização internacional do proletariado era essencial ao sucesso das lutas nacionais para a conquista do poder.[5]

As considerações de Marx sobre o papel da Internacional nos permitem identificar três elementos importantes de sua teoria política:

- A necessidade de organizar as classes trabalhadoras em escala nacional, formando partidos políticos para conquistar o poder.
- A centralidade da solidariedade internacional para as lutas dos trabalhadores, dada a dimensão internacional da contrarrevolução.

- O fator crucial do envolvimento das classes trabalhadoras nos "mistérios da política internacional".

A arena política na qual a luta pela emancipação ocorreria estava situada na fronteira entre o Estado-nação e o âmbito internacional. Marx acreditava que a luta de classes se internacionalizaria na medida em que a exploração do trabalho era um problema social envolvendo "todos os países em que a sociedade moderna existe".[6] Em outras palavras, a Internacional era o meio por meio do qual o interesse comum dos trabalhadores de todas as nações seria formulado e traduzido em estratégias políticas. O proletariado deveria ser concebido como uma *classe internacional* e sua estratégia, o *internacionalismo*.

No *Manifesto Comunista*, Marx analisou o alcance global do modo de produção capitalista e concluiu que a burguesia era uma classe internacional, uma vez que a mobilidade do capital a tornava capaz de "aninhar-se em qualquer lugar, estabelecer-se em qualquer lugar, criar vínculos em qualquer lugar". Por outro lado, o *Manifesto* também afirmava que o proletariado moderno era uma classe sem pátria, por ser constituído pelas relações sociais de produção capitalistas, universalizadas pela expansão do mercado mundial. Contudo, apesar de a dominação do proletariado pelo capital ser um fenômeno universal, sua reprodução social ocorre nacionalmente, limitando sua ação política às fronteiras dos Estados nacionais. Como o proletariado permanece ligado a sua identidade nacional, torna-se vulnerável aos apelos de ideologias como o patriotismo e o racismo.[7]

O internacionalismo do Manifesto representa o núcleo teórico da perspectiva marxista da luta de classes no plano internacional. A experiência da Primeira Internacional, contudo, modificaria essa visão ao defender a articulação de luta pela supremacia política em nível nacional com as lutas em outros países. Em vez de trabalhar com a hipótese da extensão das revoluções democráticas por meio das fronteiras, as organizações socialistas deveriam criar as condições para elaborar uma estratégia propriamente internacional. Nesse sentido, a Internacional deveria funcionar como uma espécie de partido internacional do proletariado, assumindo uma liderança à medida que construísse uma identidade de classe comum que se tornasse a base para a solidariedade internacional. Marx acreditava que, apesar das derrotas de 1848, o proletariado poderia alcançar sua emancipação por meio de uma estratégia internacional, tendo em vista o declínio da burguesia como classe revolucionária e a forma cada vez mais repressiva e autoritária assumida pelo Estado, cujo objetivo principal passara a ser a repressão aos movimentos dos trabalhadores. Em outras palavras, a universalidade dos valores burgueses — e seus direitos civis e políticos correspondentes — havia sido perdida para uma estrutura ideológica e política que representava as necessidades de desenvolvimento do capitalismo. O Estado capitalista moderno estimulava o nacionalismo e o patriotismo como estratégias de divisão do proletariado, ao mesmo tempo em que criava as condições para uma nova fase de acumulação em escala global. Nesse contexto, os trabalhadores deveriam assumir sua condição de classe universal, portadora dos valores da emancipação de toda forma de opressão. Para tanto, a superação dos limites do espaço nacional e a própria destruição do Estado burguês eram imperativos. Ao analisar a guerra civil na França (em 1871), Marx sintetizou esta nova visão:

> *A dominação de classe não é mais capaz de disfarçar-se sob um uniforme nacional; os governos nacionais são um contra o proletariado... a classe trabalhadora francesa é apenas a vanguarda do proletariado moderno.*[8]

Para Marx, portanto, a destruição do Estado burguês era um passo necessário à construção de uma sociedade igualitária na qual a política como dominação desapareceria, dando lugar a uma gestão radicalmente democrática da vida social. Como consequência, no socialismo, seriam colocados em movimento processos que levariam ao desaparecimento do Estado. Em um mundo em que não houvesse divisão de classes e em que o Estado não existisse, não haveria relações internacionais, apenas relações entre comunidades livres unidas pelo mesmo sentimento solidário de pertencer ao gênero humano. Nesse sentido, Marx nega a possibilidade de tomada, pura e simples, do aparelho de Estado burguês, pois ele seria incompatível com o governo dos trabalhadores e daria continuidade ao antagonismo entre as nações

Lênin e o imperialismo: uma visão marxista das relações internacionais

Em *Imperialismo, fase superior do capitalismo*, Lênin formulou o que mais se aproxima de uma teoria marxista das relações internacionais. Mesmo baseando-se nas leis de movimento do capitalismo, tais como descritas por Marx, e mesmo localizando na dinâmica da acumulação (e na luta de classes) a fonte primária dos conflitos internacionais, Lênin soube construir uma teoria política cujo objetivo era o de situar o processo revolucionário russo no contexto internacional — principalmente o da Primeira Guerra Mundial — e lançar as bases científicas para uma estratégia revolucionária que deveria ser internacional.

Ao contrário de Marx, que enfatizava as contradições entre as forças sociais de produção e as relações de produção capitalistas como força de transformação histórica das sociedades nacionais, e para quem as relações internacionais não tinham importância relevante no contexto dessas transformações, Lênin aponta a contradição entre nações capitalistas (imperialistas) como determinantes para desencadear o processo revolucionário que levaria à queda do capitalismo.

Na verdade, Lênin preocupava-se em explicar duas questões fundamentais à reconstrução do movimento comunista internacional: as limitações da teoria marxista no que se referia à afirmação de uma tendência do capitalismo a sofrer crises sempre mais graves e de difícil superação, que o levariam à inexorável derrocada; e a adesão do proletariado aos exércitos nacionais no quadro da carnificina da guerra interimperialista.

A primeira questão — também tratada por Kautsky e Rosa Luxemburgo anteriormente[9] — encontrava resposta na própria dinâmica do imperialismo. Para enfrentar as crises de superprodução — que conduziram à Depressão de 1875 — e a tendência à queda da taxa de lucro, resultante da acumulação de excedentes e da concentração do capital, o capital monopolista busca novos mercados nos quais sua lucratividade será mais elevada. A expansão imperialista na busca de novos territórios (colônias) corresponderia à dinâmica dessa nova fase do capitalismo, na qual a exportação do capital excedente torna-se essencial a sua reprodução, constituindo um elemento estabilizador da tendência à queda da taxa de lucro e à estagnação. À medida que o capital se torna maduro nas economias da fase monopolista e que inúmeros países menos desenvolvidos se incorporam à economia mundial, criam-se as condições para a exportação de capital e apropriação de novos mercados para investimento e novas fontes de matérias-primas.[10]

Para Lênin — como veremos adiante —, a internacionalização do capitalismo por meio da expansão colonial das potências imperialistas levaria ao conflito e à guerra. Nisso, ele se contrapõe frontalmente a Kautsky, cuja teoria do ultraimperialismo previa a cooperação entre as nações capitalistas para garantir, em última instância, a reprodução do sistema. Lênin via, nessa perspectiva, a fonte que inspirou a estratégia reformista que levou à dissolução da Segunda Internacional e à derrota das forças do movimento comunista que se opunham à guerra. Sua ruptura com Kautsky foi, como é sabido, violenta e transformou o reformismo alemão em um dos principais (e às vezes o principal) inimigos da Revolução.

A estratégia equivocada do partido social-democrata alemão explicava, em parte, a falência da Internacional em opor-se à guerra imperialista. Entretanto, além disso, Lênin interpretava a adesão de parte do proletariado à causa imperialista como decorrente da existência de uma "aristocracia operária", cujos interesses econômicos (maiores salários e nível de emprego) coincidiam com a manutenção da rentabilidade do capital por meio da expansão colonial. Parte do excedente produzido nos novos mercados se destinaria à cooptação do proletariado nos países centrais, retardando, assim, o processo revolucionário no coração do capitalismo.

A teoria do imperialismo de Lênin tornou-se a mais influente obra política para o movimento comunista internacional no século XX. Sofreu críticas, revisões e mudanças importantes, mas permaneceu como o núcleo de uma perspectiva marxista das relações internacionais que não se resumisse (ou se limitasse) à análise do processo de acumulação em escala ampliada. Lênin formulou uma teoria da *política internacional* — ainda que mantendo fortes elementos de determinismo econômico —, ou seja, uma teoria que quer dar conta do comportamento, das estratégias e das ações de atores (os Estados nacionais) no terreno específico do sistema internacional.

A mais importante inovação introduzida por Lênin na abordagem marxista do capitalismo internacional foi a consideração dos Estados nacionais como atores do sistema internacional, em substituição às classes sociais.[11] Mais que isso, a novidade está em que a luta de classes no plano internacional, agora protagonizada por Estados-nação, assume uma importância determinante para o processo revolucionário, superior ao conflito no âmbito nacional, privilegiado na análise de Marx. O movimento das forças no sistema internacional deixa de ser, como em Marx, reflexo da luta de classes (diferenciações verticais) nos cenários nacionais e adquire uma dinâmica própria, dada, também, pelas diferenciações horizontais,[12] ou seja, desigualdades entre Estados nacionais. Isso se explica porque, na fase imperialista, o capital monopolista, em seu movimento de expansão e conquista de novos mercados, carrega com ele suas contradições, que assumem uma nova forma, correspondente à avançada internacionalização do processo de acumulação:

a competição não desapareceu, portanto, mas assumiu uma nova forma, na qual os protagonistas da luta de classes não eram mais classes no interior dos Estados, mas tornaram-se, elas mesmas, Estados.[13]

A visão de Marx (e também de Engels) sobre o processo de superação dos limites e contradições do modo de produção capitalista esbarra no tratamento dado às relações internacionais. Na verdade, na perspectiva teórica de Marx, a eliminação das contradições de classe não leva necessariamente ao desaparecimento das divisões de tipo horizontal (entre Estados nacionais), apenas sugere que elas *tenderão* a desaparecer com o advento do comunismo.

Ao aceitar que as divisões horizontais (de ordem política, econômica etc.) não são abolidas com o advento do comunismo, torna-se difícil entrever uma sociedade internacional sem Estados-nação. Da mesma forma, como veremos adiante, a manutenção de diferenciações de tipo nacional compromete a realização do projeto socialista. Uma situação na qual se mantém a diversidade horizontal e na qual subsistam relações entre unidades diferenciadas, como admite Marx, pode ser entendida como uma situação de conflito potencial, na qual as contradições podem gerar sistemas de dominação de exploração de uma nação, ou grupo de nações, sobre as demais, o que seria incompatível com a utopia comunista.[14] Para alguns, as divisões nacionais inviabilizariam a superação do próprio capitalismo, vinculando o sistema de nações à permanência do modo de produção capitalista *independente da estrutura interna* dos Estados que o compõem.

Para Lênin, a luta de classes assume uma nova forma, manifesta-se por intermédio do conflito entre Estados nacionais, que ele classifica como "oprimidos" e "opressores". A questão teórica relevante está, justamente, na necessidade de combinar o conteúdo de classe de um Estado com sua ação no sistema internacional sem que ambos os aspectos — interno e externo — da forma estatal estejam em contradição. Para que a política internacional de um Estado fosse coerente com seu caráter de classe, seria preciso concebê-lo como instrumento de dominação e de projeção externa daquela classe. A concepção instrumental do Estado é problemática e não dá conta da complexidade da ação estatal no plano internacional, uma vez que requer que aceitemos uma estreita relação entre a classe dominante e os postos ocupados no aparelho burocrático do Estado. O próprio Lênin acaba empregando diferentes definições do Estado ao longo da sua obra, sem resolver as contradições que surgem a partir de sua teoria do imperialismo. Quando, por exemplo, Lênin emprega uma definição que confere alguma autonomia ao Estado para agir como "ator unitário" no plano externo, encontramos uma referência ao "interesse nacional" que, necessariamente, se diferencia dos interesses das classes dominantes. Com isso, porém, a ação do Estado no plano internacional deixa de ser expressão imediata dos interesses de uma classe e passa a ser moldado por suas interações com o sistema e com outros Estados nacionais, e não pode mais ser entendido como, simplesmente, o veículo da expansão internacional do capital monopolista.

O conceito de imperialismo procura dar às diferenças e conflitos horizontais (entre nações) o caráter próprio de luta de classes, superando os limites da perspectiva de Marx, segundo a qual nada mais eram do que uma manifestação no plano internacional do antagonismo desenvolvido dentro dos países capitalistas. Nesse sentido, antagonismos de classe (verticais) e de tipo nacional (horizontais) cruzam-se na "fase superior" do capitalismo — o imperialismo —, que é o movimento de expansão do capital monopolista e, consequentemente, de internacionalização das relações sociais do modo de produção capitalistas — da luta de classes. A questão principal a ser ressaltada aqui é que, por questões de ordem teórica que mencionamos anteriormente e por motivos de ordem política (principalmente a derrota da Segunda Internacional), a teoria leninista do imperialismo tenderá a privilegiar as contradições horizontais no plano internacional sobre os antagonismos internos de classe no que se refere ao papel de *motor* do movimento revolucionário mundial. Dadas as dificuldades teóricas de construir um modelo que projetasse a luta de classes para o plano internacional, o imperialismo tende a assumir feições de uma teoria sobre os conflitos entre Estados-nação com capacidades de poder diferentes, resultantes do desenvolvimento desigual de suas forças produtivas, e as lutas anti-imperialistas tendem a assumir um caráter nacionalista que, muitas vezes, não coincide com a luta do proletariado internacional contra o capitalismo.

Ainda mais problemática na tentativa de transposição da luta de classes para o plano internacional é a ideia de que os próprios Estados adquirem uma "consciência de classe": "Não são mais as classes no interior dos Estados, mas os Estados (os mais atrasados) que assumem consciência de classe, agora em escala mundial."[15] Na verdade, Lênin distingue entre categorias de Estados — ou "classes" — segundo sua *posição* no sistema internacional, ou seja, se são Estados oprimidos, atrasados economicamente e situados na periferia, ou opressores, Estados capitalistas avançados, já na fase monopolista e, portanto, imperialista. Nesses Estados, a existência da "aristocracia operária", do *trade-unionism*, ou como dizia Lênin, de um "chauvinismo social", faz com que a luta de classes se arrefeça e com que a perspectiva revolucionária se transfira para os elos mais fracos da cadeia imperialista. Essa "unidade" de interesses entre operários cooptados e o capital monopolista confere maior unidade à ação dos Estados imperialistas e situa a polarização entre estes e os Estados dominados.

Nesse sentido, pode-se dizer que os problemas de política internacional que dizem respeito à luta anti-imperalista tornam-se relativamente autônomos a considerações sobre as relações de classe nos países envolvidos nessa luta. Apesar do esforço teórico para combinar contradições verticais e horizontais em uma única perspectiva internacional, os limites da teoria do imperialismo terminam por levar a uma separação entre as dinâmicas de classe e nacional na própria obra de Lênin e dos teóricos que o seguiram.

O debate sobre a chamada "questão nacional" sempre colocou em evidência algumas fragilidades importantes no pensamento marxista, que se refletiram em divergências em torno das estratégias revolucionárias e de combate ao imperialismo. O caso da China é emblemático a esse respeito.

Em consonância com sua análise teórica da política internacional, Lênin deu importância considerável aos movimentos de afirmação nacional no contexto da revolução russa e do fim da Primeira Guerra Mundial. Os bolcheviques acreditavam que esses nacionalismos enfraqueciam tanto o tsarismo quanto as potências que ameaçavam a revolução. Apesar de todos os problemas que os nacionalismos criariam para a União Soviética, o leninismo afirmou-se na história contemporânea como uma doutrina que defendia firmemente o direito de autodeterminação dos povos. A relevância desse direito e das lutas nacionais aumenta decisivamente no momento em que a dinâmica revolucionária se desloca efetivamente para os países atrasados — ou dependentes.

Foi o que aconteceu, por exemplo, na China, um Estado atrasado, dependente e dividido segundo um padrão colonial pelas principais potências imperialistas. Na China, a luta de classes assume um caráter eminentemente anti-imperialista, constituindo um exemplo concreto da teoria leninista de deslocamento da revolução para a periferia do sistema capitalista. Se, para Mao Tse-Tung, as classes dominantes chinesas e o Estado chinês de Chiang Kai Shek eram inimigos da classe operária e do campesinato, o imperialismo era um inimigo ainda maior. Nesse sentido, "a teoria revolucionária de Mao era fundamentalmente *naciona-*

lista e *anti-imperalista*".[16] A experiência chinesa e as teorias maoístas radicalizariam o leninismo e o consolidariam como a teoria da revolução anti-imperalista na periferia. Essa radicalização levaria, no futuro, ao distanciamento entre China e União Soviética e a suas divergências em matéria de estratégia internacional.

Vemos, então, como as concepções acerca das relações internacionais herdeiras do leninismo se dividem e passam a advogar estratégias diferentes. A evolução do regime soviético no sentido de uma "estabilização" burocrática e, no plano externo, a plena consciência de seu papel de superpotência aglutinadora de um dos polos de um mundo dividido em dois, levou a União Soviética e seus dirigentes a adotarem perspectivas internacionais semelhantes ou, pelo menos, análogas a concepções realistas que inspiram as lideranças ocidentais. Por outro lado, os chineses, vendo o novo equilíbrio bipolar como uma forma de "congelar" a estrutura de poder mundial e de restringir seu espaço no movimento comunista internacional, radicalizam as teses leninistas, assumem uma posição de liderança das causas revolucionárias do Terceiro Mundo, denunciam o revisonismo e desafiam a União Soviética.

Ambas as posições estão, de certa forma, distantes da formulação original da teoria do imperialismo, que combinava a perspectiva de classe com a questão nacional no entendimento dos conflitos internacionais. É claro que a luta de classes é parte fundamental da doutrina e das análises de ambas as correntes. Contudo, o que importa aqui são as concepções teóricas sobre as relações internacionais. Nisso, o leninismo que sobreviveu na doutrina soviética e na chinesa manteve suas dificuldades teóricas para construir um modelo que expressasse a luta de classes no plano internacional. Para ambas as visões, as relações internacionais ainda são relações entre Estados-nação unitários, que se diferenciam por sua posição no sistema ou por seus recursos de poder. As diferenciações políticas baseadas na estrutura de classe integram as análises de política externa, mas, na concepção teórica das relações internacionais, não conseguem desempenhar qualquer função relevante além da retórica.

Interessa-nos, agora, entender como a teoria leninista e sua formulação em termos de doutrina influenciaram o trabalho de autores da teoria da dependência.

Visões da periferia: as teorias da dependência

As teorias da dependência não constituem, como é sabido, um corpo teórico homogêneo. Autores como Raul Prebisch e Celso Furtado filiam-se ao pensamento keynesiano. Por outro lado, muitos expoentes do dependentismo consideraram as teorias formuladas na Cepal (Comissão Econômica da América Latina, da ONU) insuficientes para explicar o subdesenvolvimento e fizeram recurso ao marxismo-leninismo, assumindo uma posição mais radical ou revolucionária. Entre eles estão, para citar apenas alguns, André Gunder-Frank, Arghiri Emmanuel, Theotônio dos Santos, Samir Amin e Immanuel Wallerstein.

A assertiva mais importante dos dependendistas acerca da dinâmica do capitalismo mundial aponta o subdesenvolvimento como *produto* do desenvolvimento das forças produtivas globais, ou melhor, das economias dos países do *centro* capitalista. É a condição de dependência dos países da periferia que perpetua e até mesmo acentua seu subdesenvolvimento. O esforço de modernização por meio da industrialização substitutiva — estratégia defendida por economistas como Celso Furtado — é incapaz de tirar a periferia do atraso e da dependência. O intercâmbio desigual, a ação das multinacionais e a hegemonia dos países capitalistas centrais produziriam um mecanismo de extração do excedente produzido na periferia, uma modalidade internacional do conceito de exploração. Impossibilitados de apropriar-se do excedente produzido localmente, os países pobres nunca teriam os recursos necessários para seu desenvolvimento e não conseguiriam reduzir o *gap* (econômico, tecnológico, militar) que os separa dos países ricos e os condena à dependência: "A característica mais importante do sistema mundial é que, ao funcionar como um todo integrado, extrai excedente econômico e transfere riqueza da periferia dependente para os centros imperiais."[17]

Para os marxistas-dependentistas, o desenvolvimento nacional autônomo e sustentado somente poderia ser alcançado por meio de transformações nas relações de dominação que geravam a dependência, ou seja, por meio da *luta anti-imperialista*. O Estado deveria desempenhar uma função central tanto na condução do processo interno de acumulação quanto na resistência às pressões do capital internacional e à expropriação do excedente produzido nacionalmente. Um Estado periférico fortalecido por uma estratégia de desenvolvimento nacionalista e autônoma, e sustentado por uma aliança de classes em torno de um projeto de independência nacional (ou de libertação nacional, segundo o caso), seria capaz de assumir uma postura anti-imperialista no plano internacional, contribuir para os processos revolucionários no Terceiro Mundo (enfraquecendo o imperialismo e, consequentemente, as elites nacionais comprometidas com ele), e acumular forças para mudar as relações de dominação no sistema internacional. Esses autores defendem, por um lado, um nacionalismo econômico fortemente influenciado pelo desenvolvimentismo dos anos 1950, cujo projeto é a construção do Estado nacional e a independência econômica. Por outro, combinam elementos do estruturalismo cepalino com as teses leninistas sobre o imperialismo e, algumas vezes, com posições acerca do papel dos países dependentes na revolução muito próximas das de Mao e do partido comunista chinês.

Os dependentistas, contudo, estiveram muito mais preocupados com os aspectos econômicos da dependência do que propriamente com uma teoria de política internacional. A dependência é essencialmente um fato econômico, fruto do movimento de expansão do capital monopolista. A ação dos Estados é vista, em geral, como subsidiária à ação das grandes empresas multinacionais e dos interesses do capital em geral. Uma vez que a análise dependentista se concentra na natureza e na dinâmica do sistema capitalista mundial e que os sujeitos dessa dinâmica são a burguesia internacional e as grandes empresas multinacionais, as relações entre países mais desenvolvidos e aqueles mais pobres são pautadas por suas relações econômicas. Essa abordagem empobrece bastante a análise política desses autores e sua visão das relações internacionais em geral, reduzindo a um esquema muito próximo da mais comum *power-politics*.

Os dependentistas marxistas[18] divergem da visão de Lênin sobre o imperialismo na questão específica dos efeitos da expansão capitalista sobre as economias coloniais. Como foi dito anteriormente, esses autores atribuem o subdesenvolvimento da periferia à penetração do capital e às relações de dominação construídas a partir da relação entre ricos e pobres. Lênin acreditava, como Marx, no efeito modernizador e civilizador do capitalismo sobre as sociedades atrasadas e as economias tradicionais. Por outro lado, a centralidade dos processos econômicos para a determinação das relações de dominação entre centro e periferia se contrapõe ao caráter eminentemente político dessa relação, contido na teoria do imperialismo. Em função desse enfoque mais economicista, os dependentistas devotam pouco empenho à pesquisa sobre as formas do Estado nos países do Terceiro Mundo, preocupando-se muito mais com a análise dos mecanismos de exploração dos países pobres pelas potências hegemônicas. Por isso, transparece na obra desses autores a aceitação da concepção instrumental do Estado, cujos limites, principalmente para a teorização das relações internacionais, discutimos anteriormente: "O Estado, nas economias do Terceiro Mundo, é um *instrumento* essencial para a administração do papel dependente dessas economias na divisão internacional do trabalho e no processo capitalista mundial de acumulação de capital."[19]

As teorias da dependência preocuparam-se, fundamentalmente, com o problema do desenvolvimento desigual e as formas como a desigualdade se manifesta na economia internacional. Queremos, contudo, ressaltar suas concepções teóricas e as análises sobre as relações internacionais.[20] Nesse sentido, o essencial a ser destacado das teorias da dependência é que as relações internacionais se caracterizam pela exploração da periferia pelos países ricos do centro por intermédio de mecanismos como a troca desigual, do investimento direto e do financiamento aos desequilíbrios dos balanços de pagamento. A hegemonia (política) do centro — que os dependentistas equiparam conceitualmente à dominação — seria a expressão da desigualdade econômica e da dependência. Na verdade, a dependência consistiria na manifestação mais recente do imperialismo. O resultado desse estreitamento teórico em relação à abordagem de Lênin é a perda da capacidade de análise dos problemas internacionais, que passam a ser entendidos sob a óptica do conflito entre países imperialistas e países dependentes, assumindo as características de lutas de libertação nacional ou estratégias nacionalistas de desenvolvimento autônomo.

A obra de Samir Amin é um exemplo da perspectiva que queremos ilustrar aqui. Para esse autor, as lutas de libertação nacional assumem claramente um caráter anti-imperalista, transformando-se na manifestação da luta de classes no plano internacional. Mais do que um instrumento de dominação das classes dominantes nacionais, o Estado dependente é visto como um instrumento da dominação da burguesia internacional. A pressão externa sobre as elites nacionais no sentido de explorar ao máximo as massas do Terceiro Mundo e exportar seu excedente para os países imperialistas é considerada o elemento que provocará necessariamente a revolução nacional e socialista. Percebe-se que a contradição principal está nas relações sociais entre uma classe internacional (a burguesia) e a classe trabalhadora dos países explorados, mas também entre aquela e a burguesia nacional. Amin assimila a teoria do intercâmbio desigual de Arghiri Emanuel, que significa, simplesmente, transferência de valor da periferia para o centro, e, com base nessa noção, constrói sua teoria do "desenvolvimento desigual", uma combinação mais explícita de marxismo e nacionalismo terceiro mundista. Para ele, os problemas nacionais (como o subdesenvolvimento) devem ser considerados como nada mais do que a expressão da luta de classes internacional, ou seja, da exploração do proletariado da periferia pela burguesia do centro.

Percebe-se com clareza que a luta de classes se torna uma questão internacional travada a partir das lutas nacionais. O problema está na forma como ela se expressa, ou seja, na luta entre Estados nacionais, o que nos leva, mais uma vez, ao problema da concepção do Estado, que, como já vimos, é deficiente entre os dependentistas. A tentativa de resolver a questão por meio da consideração das corporações multinacionais como "células do imperialismo contemporâneo"[21] não resolve a questão essencial sobre as formas de mediação das lutas nacionais (que são mais do que mera expressão da luta de classes) no âmbito do sistema internacional. Em todo o caso, a definição da corporação multinacional como ator central dos conflitos internacionais dificilmente resiste a uma crítica mais rigorosa. A formulação de Teotônio dos Santos esclarece o ponto de vista dos dependentistas marxistas ao mesmo tempo em que reafirma as limitações de sua teoria:

O aumento das contradições do imperialismo, tanto em nível interimperialista, ou na relação com os Estados nacionais, como no aspecto financeiro, tem efeitos diretos sobre as economias e sociedades dependentes (...) há dois agentes principais que disputam a hegemonia e a orientação das decisões imediatas: a grande empresa internacional e o capitalismo de Estado (...) a maior ou menor importância relativa de um ou outro setor determinará diferentes regimes políticos.[22]

Enfatizando o caráter nacionalista da revolução socialista no Terceiro Mundo, Amin defende estratégias de *delinking*, ou seja, de desligamento dos Estados periféricos da divisão internacional do trabalho e do sistema internacional capitalista como forma de romper com o mecanismo de troca desigual, transformando o desenvolvimento desigual em desenvolvimento autônomo e autocentrado. A integração ao sistema capitalista, então, ao contrário do que diziam Lênin e Marx, é responsável pelo bloqueio do desenvolvimento econômico dos países dependentes e pelo agravamento das desigualdades entre estes e os países capitalistas centrais. Na verdade, a abordagem de Amin está mais próxima da dos chineses e de Mao, na medida em que defende uma visão mais radical: em vez de integrar-se ao sistema mundial por meio do desenvolvimentismo e do populismo, é preferível adotar uma estratégia de desvinculação, baseada numa teoria "seminacionalista e semimarxista".[23]

O enfoque dependentista (e mais ainda o terceiro mundista) não consegue distinguir-se, na essência, das teorias realistas das relações internacionais. Samir Amin, Teotônio dos Santos e tantos outros autores marxistas da escola de dependência são, de certa forma, devedores da teoria leninista do imperialismo. Tornaram-se críticos da política internacional da União Soviética porque a doutrina soviética teria deturpado o legado de Lênin para justificar uma orientação reformista e revisionista no plano externo, cujo objetivo principal era o de defender os interesses do Estado soviético e manter o *status quo* internacional. Amin é porta-voz dessa crítica "pela esquerda", inspirada "na orientação adotada pela China a partir de 1950, culminando com a Revolução Cultural",[24] que reivindica a interpretação correta da radicalidade do pensamento revolucionário de Lênin. Para quem pretendia pensar uma estratégia revolucionária para o Terceiro Mundo, a adoção de uma linha "nacionalista marxista" baseada na experiência chinesa era mais adequada do que a parcimoniosa "coexistência pacífica" defendida pelos russos, cujo interesse nas revoluções nacionais nos países subdesenvolvidos era condicionado às necessidades de consolidação do "campo socialista" e de sua posição como superpotência.

O estruturalismo marxista de Wallerstein

O marxismo encontra uma outra vertente de pensamento sobre as relações internacionais na obra de Immanuel Wallerstein. Sua teoria do sistema-mundo tem em comum com as teorias da dependência a preocupação com o desenvolvimento desigual que caracteriza o capitalismo global e as estruturas de dominação decorrentes dele. Seu ponto de partida, contudo, está no conceito de sistema-mundo, por meio do qual Wallerstein trata o sistema internacional como uma única estrutura integrada, econômica e politicamente, sob a lógica da acumulação capitalista. Esse sistema-mundo é regido por *leis de movimento* que levam à exploração das economias pobres pelas economias centrais. A teoria de Wallerstein se aproxima das teorias mais convencionais das Relações Internacionais, como a neorrealista, na medida em que identifica como objeto de análise o sistema mundial, ao contrário dos demais marxistas vistos neste capítulo, que preferem abordagens centradas na forma de organização econômica e política dos Estados e nas relações de dominação e subordinação resultantes de sua natureza capitalista. Ao optar pela abordagem sistêmica, Wallerstein passa a concentrar sua atenção nas características estruturais do sistema-mundo, neste caso, como o processo de acumulação de capital se organiza no *tempo* e no *espaço*. A dimensão temporal da acumulação mostrará como o sistema evolui na história, tendo como fio condutor a busca, pelo capital, de regiões em que sua valorização seja maximizada. A lógica da acumulação explica, por exemplo, por que os centros de poder econômico mundial se deslocam geograficamente ao longo da história: das potências ibéricas (Espanha e Portugal) no século XVI, para a Holanda no séculos XVII e XVIII, para a Inglaterra nos séculos XIX e XX, para os Estados Unidos nos séculos XX e XXI. Wallerstein mostrará como esses deslocamentos coincidem com *ciclos* de expansão e declínio econômico relacionados a fatores como comércio, investimento e tecnologia. Nesse sentido, devemos entender as oscilações na distribuição do poder no sistema internacional como uma função da dinâmica do movimento do capital em nível global. Os Estados desenvolvem sua ação política sob os condicionamentos do mercado mundial e segundo a posição que ocupam na *divisão internacional do trabalho*. Com base nesse enfoque, podemos analisar a formação e a expansão do sistema internacional, desde o século XV até os nossos dias, à luz do processo de ampliação contínua dos mercados mundiais e da globalização da produção capitalista. A projeção colonial europeia, o imperialismo do século XIX, a internacionalização da economia depois da Segunda Guerra e a globalização a partir dos anos 1970 representam momentos diferentes de um mesmo processo de acumulação no qual as variações da relação entre Estado e mercado obedecem às necessidades de coerção e regulação da evolução histórica do sistema capitalista.

Ao longo desse processo histórico, produz-se uma organização espacial do sistema-mundo, estratificada segundo a divisão internacional do trabalho e a concentração da renda nas diferentes esferas da acumulação. Os Estados podem situar-se, portanto, em três áreas possíveis: o *centro*, a *semiperiferia* e a *periferia*. O centro concentra as atividades econômicas mais intensivas em capital, mais complexas e sofisticadas tecnologicamente e que agregam mais valor. É fácil identificar, nos dias de hoje, como a produção de mercadorias e serviços mais avançados se situa nos Estados Unidos, na Europa e no Japão (computadores, software, eletrônicos, mídia etc.). A periferia, em contraposição, se caracteriza por especializar-se na produção de bens primários (agricultura, matérias-primas não processadas) de baixo valor agregado e intensivas em mão de obra. A economia desses países é, normalmente, pouco diversificada e dependente da exportação de um produto primário cujo preço é determinado pelos países do centro, principais compradores. A periferia também se caracteriza por Estados fracos, pouco institucionalizados e frequentemente autoritários ou ditatoriais. Suas classes dominantes precisam empregar a coerção para manter os altos níveis de exploração e para proteger os interesses internacionais que controlam as atividades econômicas mais importantes. Finalmente, a semiperiferia tem um papel intermediário e combina traços do centro e da periferia. Os países dessa área registram um certo nível de industrialização, ainda que restrita a bens de consumo não duráveis (têxteis, semimanufaturados, alimentos etc.) e a produtos tecnologicamente menos sofisticados que já não são produzidos no centro (eletrodomésticos de segunda geração, automóveis). Suas economias são mais diversificadas, mas permanecem dependentes, principalmente de capital e tecnologia, do centro.

As três áreas do sistema mundial capitalista formam uma hierarquia de poder tanto econômico quanto político. Os países do centro exercem sua dominação sobre a semiperiferia e a periferia seja por meio da força, quando necessário, ou das alianças com as burguesias locais dependentes do mercado mundial. A semiperiferia desempenha um papel importante porque representa a possibilidade de ascensão dos países pobres a um patamar mais elevado de renda, via industrialização. Nesse sentido, a semiperiferia contribui para moderar as contradições entre centro e periferia, muitas vezes assumindo funções de investidor e de ascendência política sobre os países mais pobres. O Brasil representa, nessa perspectiva, um exemplo claro de país semiperiférico e muitos dos críticos de sua política externa atual apontam para o papel de moderação da instabilidade política na América do Sul (Bolívia, Equador, Venezuela, Haiti etc.) como instrumental para a manutenção da ordem no capitalismo contemporâneo. Para Wallerstein, a existência da semiperiferia demonstra que a tese dependentista de que a distância entre ricos e pobres sempre aumentará não é necessariamente verdadeira. Para ele, contudo, isso não significa que o sistema permite uma mobilidade ascendente para qualquer país, mas sim que uma zona intermediária de acumulação e de regulação política torna-se necessária para contrabalançar a tendência à instabilidade da economia política mundial. Por outro lado, o crescimento dos países intermediários expressa a tendência à expansão continuada — ainda que cíclica — do capitalismo mundial, incorporando um número maior de países a áreas mais diferenciadas (em particular a semiperiferia) do mercado internacional. Os ciclos de crescimento são interrompidos por períodos de crise, normalmente redução do ritmo de crescimento econômico e, concomitantemente, declínio da hegemonia da potência dominante. Os momentos de crise são propícios para que potências emergentes reivindiquem maiores espaços de poder nas relações internacionais e maior participação nos fluxos de investimentos. Nesse sentido, a competição internacional é essencial para corrigir desequilíbrios, premiar mercados em que os custos de produção (mão de obra, principalmente) são menores e conter os avanços excessivos do Estado sobre os mercados. O ciclo atual de expansão do capitalismo, por exemplo, seria resultante das correções de rota impostas depois da crise mundial dos anos 1970, que tiveram como eixos principais a redução das barreiras à mobilidade do capital de modo a impulsionar a globalização; e o recuo do papel do Estado no direcionamento e regulação das atividades econômicas em setores estratégicos. Tais mudanças se deram no contexto do questionamento da hegemonia norte-americana e da ascensão do Japão e da União Europeia como polos de poder emergente na economia mundial, confirmando o papel central da competição para o dinamismo e a expansão do sistema.

O enfoque de Wallerstein nos mostra um capitalismo atravessado por contradições, mas, ainda assim, em constante expansão há cinco séculos. Como Marx, ele acredita que tais contradições levarão a crises cada vez mais profundas até o ponto em que não será mais possível retomar o processo de acumulação, fazendo com que o sistema entre em colapso. Em outras palavras, o capitalismo será vítima de seu próprio sucesso, na medida em que a necessidade de se expandir continuamente na busca de mercados mais lucrativos fará com que a rentabilidade do capital, em função da competição crescente e agora globalizada, decline irremediavelmente. A perda de dinamismo econômico terá como consequência o acirramento das contradições sociais e a emergência de movimentos políticos de contestação no plano internacional.

A teoria do sistema-mundo tem o mérito de combinar a análise marxista das contradições do capitalismo com uma consideração da dimensão política das relações internacionais. Wallerstein desenvolve sua teoria no nível do sistema superando, portanto, as limitações das demais contribuições, demasiadamente centradas nos tipos de formação estatal e suas consequências internacionais, como fizeram Marx, Lênin e os teóricos da dependência. Ao definir o sistema-mundo como seu objeto de pesquisa, esse autor se aproxima de teorias semelhantes de Relações Internacionais, como o neorrealismo, que procuram explicar a ação dos Estados considerando os constrangimentos estruturais que circunscrevem suas escolhas e estratégias. Apesar de o ator central não ser o Estado, mas as classes sociais, Wallerstein reconhece a importância do Estado na mediação entre o espaço doméstico e o sistema-mundo, seja para avançar os interesses das classes dominantes em sua competição com outros grupos nacionais seja para reduzir as contradições decorrentes da luta de classes. Ao contrário da teoria da dependência, contudo, Wallerstein insistirá que os conflitos de classe atravessam as fronteiras estatais, assumindo características semelhantes nas respectivas áreas do sistema (centro, periferia e semiperiferia) e *não* se configurando como conflitos *entre Estados*. O que encontramos aqui, e não nas teorias convencionais de Relações Internacionais, é a preocupação fundamental com os problemas da desigualdade e da exploração. Wallerstein sugere uma explicação para a desigualdade internacional (econômica, social e política) com base na teoria de Marx, formulando o conceito de troca desigual. Nesse sentido, o comércio em condições desiguais é o mecanismo de transferência de renda dos países pobres para os ricos, bem como a forma de preservar a divisão internacional do trabalho que reproduz a desigualdade. O problema está, é claro, em uma concepção excessivamente funcional do Estado, que acaba ficando reduzido a uma correia de transmissão dos interesses das classes dominantes e uma estrutura de regulação das necessidades de expansão do capitalismo mundial. Sabemos que teorias de Relações Internacionais devem ser capazes de explicar a ação autônoma dos Estados em instâncias cruciais como a segurança internacional, quando a decisão de ir à guerra normalmente contraria a lógica do capital. Nesse sentido, a teoria de sistema-mundo é um avanço interessante nas abordagens marxistas acerca da dimensão global do capitalismo e suas consequências sociais, mas deixa a desejar como enfoque analítico apropriado à política mundial.

Conclusão

O marxismo é pouco estudado na disciplina de Relações Internacionais porque a maioria dos autores dessa orientação que dedicou sua atenção a temas internacionais o fez a partir de análises da dinâmica do capitalismo mundial. Sabemos que a matriz teórica dominante da disciplina enfatiza a autonomia da esfera política diante de processos econômicos. Por isso, o estudo das teorias marxistas, como a da Dependência, se restringiu aos currículos das matérias de desenvolvimento econômico ou de estudos regionais. Neste capítulo, procuramos mostrar que a atitude dominante na disciplina para com o marxismo é equivocada e que, desde o próprio Marx até os próprios teóricos da dependência, existiram tentativas significativas de integrar a análise do capitalismo em escala mundial ao exame das relações internacionais propriamente ditas. Nosso ponto de vista é que tais tentativas, em grande parte, fracassaram e, além disso, enfraqueceram o elemento definidor da tradição marxista, sua interpretação da história como expressão da luta de classes.

O que se percebe na literatura marxista sobre relações internacionais é que a interpretação nacionalista do conflito anti-imperialista retirou o conteúdo de classe da política internacional dos Estados que, na obra de Lênin, é o que determina, justamente, a orientação dessa política. Para os dependentistas, são os recursos de poder (econômico, militar, tecnológico) e a posição *relativa* no sistema que influenciarão decisivamente a ação externa dos Estados. Nesse sentido, sua concepção é mais determinista e, também, mais realista do que a do próprio Lênin. As lutas anti-imperialistas, na definição de Amin, "deixariam de ter um caráter de libertação nacional para assumir imediatamente um caráter socialista".[25] Todavia, como já vimos, as teorias da dependência são fundamentalmente teorias de *state-building*, ou seja, de construção de um Estado nacional independente, igualitário e economicamente autônomo, que se torne um instrumento do proletariado para a construção do socialismo e para a derrubada do imperialismo. As lutas anti-imperialistas não têm um caráter primordialmente socialista, mas sim nacional. Foram os autores marxistas da escola da dependência que colocaram o objetivo teórico-político de transformar lutas nacionais em revoluções socialistas.

O que chama a atenção nas análises dos teóricos da dependência é a interpretação dos processos de libertação nacional como momentos de fundação ou de refundação do Estado, de afirmação da autonomia e soberania nacionais, em contradição com a dominação imperialista. Como bem observou Wallerstein, nesse sentido, leninismo e wilsonianismo produziram resultados análogos — ou equivalentes —, ainda que sob inspiração ideológica diferente. A questão é que a ênfase na luta anti-imperialista, na autodeterminação e na soberania nacionais contribuiu para o aparecimento de novos Estados, para a ampliação e redefinição da estrutura do sistema internacional, mas não necessariamente para a revolução mundial. O surgimento de novas nações independentes, fruto de processos de libertação, forneceu a matéria-prima para a consolidação dos blocos liderados pelas superpotências que moldaram a estrutura bipolar do sistema no pós-guerra (em particular para o bloco soviético). Mas isso não guarda uma relação direta com o socialismo.

A tentativa de Lênin de integrar as contradições "horizontais" no sistema internacional em uma perspectiva de classe fracassa, também, na obra dos dependentistas. Essa tentativa pretendia evitar diferenciações analíticas entre os planos nacional e internacional, mostrando-os como um sistema unificado no qual o capital se valoriza em um único mercado global, e em que as fronteiras nacionais teriam, quando muito, um caráter funcional, mas nunca político. O capital e o proletariado seriam os atores centrais das relações internacionais, e os Estados seriam expressão do domínio de uma classe em um determinado espaço nacional. A autonomia que poderiam assumir não contradiria o fato de serem instrumentos de uma classe, e a política externa que praticassem seria resultante da natureza da classe do regime político.

Contudo, a análise desenvolvida anteriormente mostra que as teorias que pretendem internacionalizar a luta de classes e formular estratégias anti-imperialistas chocam-se com limites teóricos que as obrigam a operar a diferenciação entre o âmbito político nacional e o sistema de Estados. Essa operação não se faz impunemente. Como acontece nas teorias realistas, os parâmetros normativos e morais da política, bem como as construções conceituais e o poder analítico das teorias políticas, construídas a partir das realidades nacionais, não se aplicam no sistema internacional, caracterizado pela anarquia, pela centralidade dos Estados como sujeitos políticos e pela vigência de uma moralidade cujos valores principais são a soberania, o interesse nacional e a ordem. O discurso anti-imperialista se caracteriza pela denúncia da desigualdade, da dominação, da exploração e da injustiça das nações mais pobres pelos países ricos. Suas estratégias políticas, no entanto, refletem uma concepção do sistema internacional em que suas palavras de ordem se reduzem à busca de um novo equilíbrio de poder, de um novo *status quo*, uma nova hegemonia — uma nova divisão internacional do trabalho, uma nova estrutura do sistema de Estados. E, sob esse aspecto, as teorias marxistas assemelham-se cada vez mais ao realismo, perdendo seu potencial para oferecer uma visão crítica da política mundial. A tarefa de superar essa limitação teórica e construir uma teoria crítica das relações internacionais será assumida por outra geração de autores, como veremos no capítulo seguinte.

Recomendações de leitura

Boucher, D. *Political Theories of International Relations: From Thucydidies to the Present*. Oxford: Oxford University Press, 1998.
Burchill, S.; L. Andrew (Eds.). *Theories of International Relations*. Nova York: St. Martin's Press, 1996.
Kubálková, V.; Cruickshank, A. *Marxism and International Relations*. Oxford: Oxford University Press, 1989.
Linklater, A. *Beyond Realism and Marxism: Critical Theory and International Relations*. Londres: Macmillan, 1990.
Wallerstein, I. *The Essential Wallerstein*. Nova York: The New Press, 2000.

Notas

1. "Marx acreditava que, em meados do século XIX, o amadurecimento do capitalismo na Europa e a inclusão da periferia global na economia de mercado havia criado as condições para uma revolução proletária." Gilpin, R. *Economia política das relações internacionais*. Brasília: UnB, 2002, p. 37.

2. Linklater, A. *Beyond Realism and Marxism: Critical Theory and International Relations*. Londres: Macmillan, 1990.
3. Ver Marx, K. *O 18 Brumário; e Cartas a Kugelmann*. Rio de Janeiro: Paz e Terra, 1997.
4. Avinieri, S. *The Social and Political Thought of Karl Marx*. Cambridge: Cambridge University Press, 1968.
5. Marx, K. *The First International and After*. Londres: Penguin Books, 1992.
6. A ênfase na luta de classes nas sociedades capitalistas mais desenvolvidas indicava que Marx interpretava o problema colonial tendo como referência as economias centrais.
7. Marx, K. *Manifesto do Partido Comunista*. Petrópolis, Vozes, 2001
8. Marx, K. *Civil War in France: The Paris Commune*. Nova York: International Publishers, 1985.
9. Para o debate entre Lenin, Kautsky e Luxemburgo, ver: Joll, J. *The Second International: 1889-1914*. Londres: Routledge & Keegan Paul, 1974.
10. Lênin, V. I. *O imperialismo: fase superior do capitalismo*. São Paulo: Global, Cap. 4, 1985.
11. Burchill, S.; Andrew, L. (Eds.). *Theories of International Relations*. Nova York: St. Martin's Press, 1996.
12. Kubálková, V.; Cruickshank, A. *Marxism and International Relations*. Oxford: Oxford University Press, 1989.
13. Kubálková, *op. cit.*, p. 93.
14. *Ibid.*
15. Kubálková, *op. cit.*, p. 95.
16. Carnoy, M. *Estado e teoria política*. Campinas: Editora Papiru, 1984, p. 227.
17. Gilpin, *op. cit.*, p. 71.
18. Neste trabalho, as principais referências ao dependentismo marxista são Theotônio dos Santos e Samir Amin.
19. Carnoy, *op. cit.*, p. 238.
20. Para uma discussão mais completa das teorias da dependência e de suas limitações, ver: Brewer, A. *Marxist Theories of Imperialism: A Critical Survey*. Nova York: Routledge, 1991.
21. Dos Santos, Theotônio. *Imperialismo e Corporações Multinacionais*. Rio de Janeiro: Paz e Terra, 1977.
22. Dos Santos, *op. cit.*, p. 40.
23. Amin, Samir. *A crise do imperialismo*. 1978, p. 16.
24. Amin, *op. cit.*, 1978, p. 14.
25. Amin, 1978, p. 15.

Capítulo 5

A TEORIA CRÍTICA

A Teoria Crítica e as Relações Internacionais: antecedentes

Como vimos nos capítulos anteriores, um debate emergiu, nos anos 1980, contrapondo novas versões das teorias realista e liberal das Relações Internacionais. O chamado debate "neo × neo", em referência à denominação dessas novas tendências (neorrealismo e neoliberalismo), ocupou o centro das atenções dos estudiosos da área durante, pelo menos, duas décadas. Apesar de essas duas correntes continuarem a dominar a produção intelectual da academia até hoje, perspectivas alternativas começaram a surgir, também nos anos 1980, desafiando a visão convencional das relações internacionais. Nesse sentido, os *debates interparadigmáticos* abriram a disciplina para uma diversidade de abordagens que, anteriormente, não encontravam espaço diante do predomínio incontestável do realismo nas áreas de pesquisa mais importantes dos estudos internacionais.

A Teoria Crítica é uma das mais importantes, senão a mais importante, contribuição alternativa surgida desde então, apresentando uma crítica contundente à concepção realista das relações internacionais como política de poder e questionando a pretensão científica das teorias internacionais, em particular seu compromisso com o positivismo. Da mesma forma, a Teoria Crítica ampliou o leque de temas que deveriam ser prioritários em nossas pesquisas, indo além das esferas tradicionais da segurança e da política externa e incluindo questões como o problema da mudança nas relações internacionais; os temas da hegemonia, da emancipação e da desigualdade; a centralidade do Estado como ator; o meio ambiente; as questões culturais; a integração das estruturas econômicas na reflexão sobre a política mundial; a ausência de uma dimensão ética na reflexão da área; o conceito de sociedade civil global, entre outras.

O crescimento da influência da Teoria Crítica reflete a insatisfação dos estudiosos com as teorias dominantes diante de suas evidentes limitações na compreensão e análise das mudanças em curso na política mundial. Com o acirramento da Guerra Fria durante os anos 1980, cresceram as demandas por uma perspectiva alternativa que considerasse em suas análises os desafios que a ameaça nuclear, a pobreza, o terrorismo, a devastação do meio ambiente etc. colocavam, de maneira dramática, para a humanidade como um todo. Nesse sentido, podemos dizer que a teoria crítica nas Relações Internacionais nasce no contexto de turbulência característico de um período de transição para uma ordem mundial cada vez mais globalizada.[1]

Neste capítulo, discutiremos as contribuições dos principais expoentes dessa corrente, destacando os temas e conceitos que mais influenciaram o desenvolvimento do debate na área nos últimos 20 anos. Começaremos com uma breve recapitulação da herança intelectual destes autores, que inclui novas interpretações da obra de Marx, a teoria social da Escola de Frankfurt, bem como a teoria da hegemonia do intelectual marxista italiano Antonio Gramsci. Ao trazer a obra desses autores para o campo das Relações Internacionais, os teóricos críticos abriram o caminho para o desenvolvimento de uma crítica vigorosa ao realismo, cujo impacto transformou, definitivamente, a maneira como pensamos a teoria na disciplina hoje.

A teoria crítica traz o marxismo de volta para as Relações Internacionais.[2] Diferente das teorias da dependência e do sistema-mundo, o marxismo da Teoria Crítica procura resgatar os elementos da obra de Marx que permitem uma visão não determinista e não economicista da realidade social. Esses autores estavam particularmente interessados nos escritos filosóficos e políticos de Marx nos quais estão presentes análises complexas de processos históricos, como as revoluções sociais na França e na Alemanha entre 1848-49, onde encontramos um lugar privilegiado para a ação política dos sujeitos envolvidos, para suas ideias e ideologias, bem como sua organização e estratégias.

Em ensaios clássicos como o *18 Brumário* e a *Guerra Civil na França*, percebemos a preocupação de Marx em compreender as mudanças na relação entre economia e política, tendo em vista as formas mais complexas de organização do Estado, que tornavam impossível simplesmente atribuir sua ação ao atendimento dos interesses econômicos da burguesia. No caso da França, por exemplo, o golpe de Luís Bonaparte se deu com o apoio de milícias compostas pelo *lumpen proletariado* e contra a burguesia. Isso não significava que o evento não tivesse um conteúdo de classe, mas sim que era preciso desenvolver uma análise diferenciada para entender por que não encontramos o padrão, descrito por Marx no *Manifesto Comunista*, que coloca o Estado como apenas um comitê a serviço da classe dominante.

Na verdade, a luta de classes parecia poder assumir formas distintas e mais complexas do que a contraposição pura e simples entre burguesia e proletariado. Além disso, a dimensão econômica dos conflitos muitas vezes era superada por interesses políticos orientados para a conquista do poder do Estado por parte de grupos não vinculados diretamente ao universo da produção. Nesse sentido, os teóricos críticos rejeitam as leituras ortodoxas do marxismo, que tendem a transformá-lo em uma fórmula científica aplicável a qualquer tempo e lugar, para propor um marxismo mais próximo do próprio Marx, que reconhecia que toda teoria é relativa ao seu tempo histórico. Ou seja, era preciso recusar as versões deterministas do marxismo que viam a história como governada pela lógica inexorável da luta de classes, definida, por sua vez, pelas relações sociais de produção. Tal concepção esvaziava os conflitos sociais de sua dimensão política, uma vez que passavam a ser interpretados como expressão direta de contradições econômicas inscritas em estruturas sociais que determinavam o que os atores faziam.

No início do século XX, vários acontecimentos mostraram como o marxismo ortodoxo era insuficiente para explicar e compreender a nova realidade em curso. A Primeira Guerra Mundial, por exemplo, colocou em evidência o lugar central do Estado e do nacionalismo como forças capazes de mobilizar grandes massas independente de suas divisões de classe. Como explicar um conflito de tais proporções com base em fatores econômicos, uma vez que a guerra ocorreu em um período de grande prosperidade das economias europeias? Da mesma forma, ao contrário do que sugeririam os marxistas ortodoxos, a Crise de 1929, que ameaçou a própria existência do capitalismo, não produziu revoluções socialistas, mas sim o nazismo, um regime autoritário e capitalista que levou a um enorme retrocesso nos movimentos revolucionários em toda a Europa. Também aqui era necessário ultrapassar as explicações economicistas para encontrar as raízes políticas e ideológicas do fenômeno fascista.

A Teoria Crítica procura incorporar à análise marxista conceitos que ajudem a explicar o papel de fatores como o nacionalismo e o autoritarismo nos conflitos entre Estados e, para tanto, recorre aos escritos de Marx que abordam temas como a ideologia e a alienação. Tais contribuições são importantes porque, por meio delas, podemos desenvolver uma crítica da própria teoria, na medida em que a tornamos um objeto de análise historicamente situado. Assim como Kant, Marx faz a crítica da própria razão ao identificar os mecanismos que limitam nossa capacidade de compreensão da realidade ao mesmo tempo em que ameaçam nossa liberdade e autonomia.

O mais importante desses mecanismos é a alienação, que nos impede de distinguir a realidade objetiva de construções sociais destinadas a promover o interesse de uma classe. Na verdade, a alienação faz com que os indivíduos tratem estruturas sociais resultantes da ação humana como um dado da natureza que dificilmente pode ser transformado pelos próprios seres humanos. Marx chamava a atenção, por exemplo, para o fato de a economia política clássica tratar a organização capitalista da produção como uma forma natural de produção de riqueza. Ou, ainda, o tratamento do mercado como a forma mais eficiente de circulação e troca de mercadorias porque resultante de uma evolução natural das sociedades humanas. À medida que encaramos aquilo que é produzido socialmente como algo natural, passamos a excluir uma gama enorme de possibilidades de transformação das situações de dominação, exploração e opressão do horizonte da política.

O problema está, justamente, no fato de não termos consciência e conhecimento das estruturas e processos que limitam a liberdade e perpetuam a desigualdade social e a dominação política, devido à alienação. Trata-se, portanto, de proceder a uma crítica da sociedade e das ideologias que alienam os seres humanos. Para tanto, é preciso compreender o desenvolvimento histórico da sociedade, suas contradições e formas de dominação, sempre com um interesse em transcendê-la na direção de uma ordem mais justa, livre e solidária. Dois pontos tornam-se, então, fundamentais para a reformulação do marxismo promovida pela Teoria Crítica:

- O reconhecimento dos limites da razão (o que podemos saber) diante da complexidade das relações sociais e, portanto, a necessidade de fazer uma crítica às limitações das teorias da sociedade.
- A importância dos processos de aprendizado e produção do conhecimento para a análise dos conflitos e contradições da sociedade. A teoria é sempre relativa às condições históricas em que é formulada e, portanto, não pode ser erigida como verdade científica que transcende seu contexto espaço-temporal.

Com base nessas premissas, os teóricos críticos procedem a uma crítica do próprio marxismo científico como uma "teoria tradicional" (Horkheimer), ou seja, uma teoria que procura explicar a realidade como ela é, tomando-a como dada.[3] As teorias positivistas eram o alvo principal da *Escola de Frankfurt*, mas na medida em que o marxismo soviético perdeu sua capacidade de crítica para voltar-se à preservação do regime e à defesa dos interesses dos partidos comunistas, torna-se também uma teoria conservadora. É importante lembrar que, para os autores dessa escola, há uma relação estreita entre teoria e prática, entre a produção de conhecimento e a dominação social. Nesse sentido, a teoria crítica assume a tarefa de criticar a sociedade e criticar a teoria como um único movimento, sem o qual não é possível transformar o mundo.

Uma das características das teorias tradicionais é sua pretensão de abordar os problemas sociais de maneira análoga às ciências exatas, na busca de um rigor científico que julgam faltar às ciências sociais. A consequência dessa abordagem é adotar uma separação clara entre o sujeito que observa e o objeto observado, de maneira a alcançar, por meio de uma metodologia de pesquisa o mais exata possível, a melhor descrição dos fenômenos observados. O que se busca é identificar padrões e regularidades na ocorrência de certos eventos (como a guerra) de modo a poder fazer generalizações e formular teses sobre os mecanismos que governam o funcionamento das sociedades. Para que tais generalizações sejam precisas de forma análoga às teorias das ciências exatas (como a teoria da gravidade), é necessário que o método empregado garanta que os interesses e valores do pesquisador não contaminem o fenômeno observado. Ou seja, o positivismo almeja uma ciência social livre de valores, cientificamente neutra, de modo a produzir teorias capazes de explicar a realidade e fazer previsões sobre as possibilidades de ocorrência de certos fenômenos.

Nas teorias de Relações Internacionais, o realismo é tido como uma "teoria tradicional" justamente porque busca compreender a realidade como realmente é, evitando a contaminação de crenças e valores em análises, levando a erros desastrosos como havia ocorrido com os liberais utópicos. O problema com as teorias tradicionais é o seu conservadorismo, pois, ao considerar o objeto de estudo dado, assumem que é imutável. Voltaremos a este ponto mais adiante.

Por outro lado, os pensadores da Escola de Frankfurt, em particular Max Horkheimer (1885-1973), propõem uma teoria crítica que esteja em sintonia com seu tempo e que se caracteriza por ser interessada na transformação da realidade social, e não apenas na explicação daquilo que existe. Para tanto, a teoria crítica procura identificar as possibilidades de *mudança* na realidade observada, analisando tensões e contradições que questionem o equilíbrio de uma certa ordem social. A teoria, aqui, é avaliada segundo sua capacidade de promover necessidades humanas concretas, e não, como fazem as teorias tradicionais, por servir a uma racionalidade técnica que, apesar de declarar-se neutra, produz dominação e alienação.

Para os teóricos críticos, o desenvolvimento da técnica nas sociedades industriais modernas não contribuiu para atender a cada vez mais necessidades, reduzindo as desigualdades sociais e a pobreza. Ao contrário, o predomínio da técnica como paradigma das ciências marginalizou o que Kant chamava de razão prática, ou seja, a consideração do que moralmente devemos fazer para atingir os fins que consideramos desejáveis. Por isso, os teóricos da Escola de Frankfurt afirmavam que a alienação nas sociedades modernas tinha mudado em relação ao tempo em que Marx escreveu sua análise do fenômeno, quando era a relação do homem com a máquina na nova divisão do trabalho que o alienava do fruto de sua atividade.[4] Contemporaneamente, é a penetração do saber técnico em todas as áreas da vida social, concomitante com a formação de uma sociedade de consumo de massas, que torna o indivíduo alienado, porque não consegue mais distinguir entre o que é um saber autônomo e emancipatório e o que é um conhecimento que, apesar de parecer neutro, reproduz sua condição de submissão às necessidades do capital.[5]

Em suma, a teoria crítica da Escola de Frankfurt, desde seu início em 1923, leva adiante uma reavaliação do pensamento social ocidental. Seu objetivo era descobrir por que o ideal do Iluminismo — conquistar a liberdade por meio da razão e do conhecimento — havia se transformado em uma jaula que aprisionava os seres humanos em regimes autoritários e em sociedades alienantes. A postura desses autores torna-se, portanto, bastante pessimista quanto ao potencial da razão de libertar-nos do jugo do absolutismo da técnica e da perda da individualidade nas engrenagens da sociedade industrial.

Nesse contexto, trata-se de procurar resgatar a capacidade crítica da teoria social sem que ela seja absorvida, como o são tantas críticas, no emaranhado de mensagens e símbolos transformados em mercadoria pela propaganda (o caso da imagem de Che Guevara, por exemplo, é ilustrativo da transformação de um revolucionário em objeto de consumo). O resultado é uma obra vasta, cujos traços mais marcantes são o ataque às teorias tradicionais que simplesmente afirmam o real na tentativa de explicá-lo melhor, e a negação radical da absorção da política e da cultura pela lógica do capitalismo industrial. Em outras palavras, trata-se de resgatar a capacidade da teoria social de negar a ordem das coisas existente para, então, propor uma transformação rumo a uma sociedade mais livre e justa.

Os pensadores da Escola de Frankfurt não fizeram nenhuma contribuição específica para a análise das relações internacionais. Contudo, exerceram grande influência sobre um grupo de autores preocupados em renovar, criticamente, a teoria de Relações Internacionais.

Robert Cox e a crítica às teorias dominantes nas Relações Internacionais

O autor canadense Robert Cox publicou uma série de artigos que se tornaram clássicos da perspectiva crítica nas Relações Internacionais. Pioneiro no resgate do neomarxismo (ou o marxismo da teoria crítica) e da obra do pensador italiano Antonio Gramsci para a teoria internacional, Cox tornou-se conhecido por sua brilhante crítica ao realismo contida em um artigo publicado no volume organizado por Robert Keohane em 1986, *O Neorrealismo e seus Críticos*.[6] Após tantos anos de esforço para formular métodos científicos e neutros, encontramos um autor que afirma abertamente que "toda teoria é para algo e para alguém", ou seja, toda teoria é *interessada* em um estado de coisas, seja ele político, econômico ou social. Assim como fizeram os membros da Escola de Frankfurt, Cox defende a ideia de que toda teoria é relativa ao seu tempo e lugar e, portanto, não pode ser transformada em um modelo absoluto, aplicável universalmente, como se não estivesse associada a certo contexto histórico e político. As teorias têm sempre uma *perspectiva*, um olhar engajado com a realidade sobre a qual está refletindo, sendo influenciada e influenciando tal realidade. Para Cox, não faz sentido separar, como fazem os positivistas, modelos científicos de teoria normativa. Uma boa teoria deve sempre ser consistente em seu método e em sua lógica. Da mesma forma, toda teoria é normativa no sentido de que sua origem reflete uma perspectiva sobre seu tempo, mesmo que pretenda transcender essa origem e tornar-se um discurso mais abrangente e duradouro sobre a realidade. Podemos diferenciar, por outro lado, as teorias que se pretendem neutras e universais daquelas que reconhecem seu caráter parcial e normativo. Às primeiras, Cox chama de *teorias de solução de problemas* e às segundas, de *teoria crítica*.

As teorias de solução de problemas, como sugere o nome, estão voltadas para a análise do funcionamento das diferentes áreas de um sistema social, produzindo conhecimento especializado com vistas a solucionar entraves e desequilíbrio que comprometam o desempenho do sistema. Essas teorias tomam o mundo como ele é, com suas relações de poder, instituições, atores etc., e procuram identificar como as diferentes variáveis interagem, sem questionar se os problemas que se propõe a solucionar estão relacionados às características intrínsecas da sociedade. Nesse sentido, as teorias de solução de problemas nunca consideram a possibilidade de transformação de uma ordem como alternativa para corrigir desequilíbrios estruturais (como a desigualdade, a ameaça constante de guerra etc.), assumindo, portanto, o perfil de uma teoria *conservadora*.

As teorias críticas, por outro lado, reconhecem seu caráter relativo e historicamente situado. Ao contrário das teorias de solução de problemas, a teoria crítica reconhece a necessidade de refletir sobre uma realidade em constante mudança e assume seu interesse em transformar tal realidade no sentido de superar as formas de dominação existentes. Da mesma forma, na medida em que está em sintonia com a mudança, a teoria crítica procura sempre atualizar seus conceitos de modo a ser capaz de acompanhar a natureza dinâmica de seu objeto de estudo e ser capaz de melhor analisar o significado dos conflitos e contradições que movem os processos históricos. Vemos, então, que não existe, aqui, a pretensão à neutralidade científica, mas, apesar de estar claramente interessada nas alternativas à ordem vigente, a teoria crítica procura identificá-las a partir de uma análise rigorosa das condições existentes. Não se trata de uma visão utópica ou idealista, mas, antes, de uma teoria que não se conforma em explicar a realidade como ela é.

A partir dessa diferenciação, Cox procede à crítica do realismo, considerada uma teoria de solução de problemas. O realismo, bem como sua versão atualizada, o neorrealismo, podem ser classificados assim porque preenchem suas características básicas: adota uma metodologia científica que se quer neutra; apresenta-se como um saber técnico que visa a explicar a realidade como ela é e prescrever soluções para corrigir disfunções e desequilíbrios; considera-se uma teoria que transcende a história, ou seja, aplicável a qualquer contexto histórico. Kenneth Waltz, principal expoente do neorrealismo, justifica a ausência de qualquer análise da mudança em sua teoria afirmando que ela é muito rara nas relações internacionais.

Na verdade, a falta de interesse do realismo por processos de mudança reflete seu conservadorismo e sua preferência por uma ordem mundial dominada por um pequeno número de Estados poderosos. Esse interesse não é evidente porque o realismo apresenta o sistema internacional como sendo, por natureza, governado por uma lógica que privilegia as unidades mais poderosas e limita as possibilidades de mudança em sua estrutura anárquica. A metodologia realista toma seu objeto de estudo (o sistema internacional) como um dado da realidade que não está sujeito aos questionamentos do analista. Para que isso seja possível, trabalha, segundo Cox, com três suposições: que a natureza humana é egoísta; que a natureza dos Estados é maximizar o poder para garantir sua segurança; e que a natureza do sistema internacional é anárquica e, portanto, conflituosa. Ao tratar os três níveis de análise como determinados por dados da natureza, o realismo os torna imunes à crítica e, efetivamente, imutáveis. A Teoria Crítica nega que a realidade social seja imutável e afirma que Estados e sistemas de Estados não são governados pela natureza, mas sim resultado da ação humana e em constante mudança. Nesse contexto, o realismo assume os contornos de uma técnica preocupada, fundamentalmente, com a produção de equilíbrios que preservem a ordem internacional.

A crítica de Cox ao realismo foi considerada, inclusive por alguns autores dessa corrente, um esforço consistente e sério que atingia um nervo exposto do paradigma dominante, sua incapacidade de incorporar novos atores e processos, e sua recusa em considerar o tema da mudança como relevante. À luz dessa crítica, o realismo aparecia como uma teoria anistórica, estática e conservadora. Não se tratava de uma opção ideológica explícita, mas sim da consequência de uma metodologia que, na tentativa de atingir um grau de abstração compatível com sua pretensão científica, acabou por *reificar* seu objeto de estudo. O que significa isso? Apenas que, ao tratar seu objeto de análise como um dado, a teoria fixou suas características de tal forma a torná-lo, de fato, imutável. É desse ponto de vista que os críticos afirmam que a teoria não reflete simplesmente o real, mas também o molda. A separação rígida entre sujeito e objeto é falsa. Há uma relação dialética entre teoria e prática, fazendo com que as contradições do real, que impulsionam mudanças, tenham impactos na atividade intelectual.

Para Cox, o realismo não pode ser considerado neutro. Ao contrário, ao tratar o mundo da anarquia e da política de poder como natural, tem um papel decisivo na reprodução das estruturas da política mundial tal como elas existem e na exclusão de alternativas que visem a transformá-las.

É importante frisar que Cox não descarta a relevância das teorias de solução de problemas. Elas contribuem de forma decisiva para explicar o funcionamento de sistemas relativamente estáveis, como no caso do sistema internacional no período da Guerra Fria. Em períodos de maior instabilidade e turbulência, contudo, essas teorias reafirmam a continuidade e a noção de que, ainda que haja mudanças marginais, elas não são importantes porque a história tende a se repetir. Por isso, o realismo continuou a dizer que pouco havia mudado com o fim da Guerra Fria e que uma nova balança de poder logo se formaria. Cox chamou a atenção para o absurdo dessa posição e propôs uma nova abordagem que desse conta do dinamismo e das mudanças na política internacional.

Inspirado na obra de Antonio Gramsci, Cox desenvolve um modelo no qual tenta incorporar três dimensões básicas para entendermos a dinâmica da política mundial: a dimensão *vertical* das relações internacionais; a relação entre Estado e sociedade civil; e a dinâmica do processo produtivo. Esses pontos distinguem a Teoria Crítica do realismo na medida em que tratam de aspectos normalmente ausentes em suas análises. As relações de poder no realismo, por exemplo, são *horizontais*, ou seja, baseadas nas diferentes capacidades de poder dos Estados. A tradição marxista que inspira a Teoria Crítica dirige seu foco para a dominação dos Estados mais ricos e poderosos sobre os mais fracos, como nas teorias do imperialismo. Cox acredita que seja necessário compreender melhor como se estruturam essas relações verticais de poder na política mundial e, para tanto, introduz o conceito gramsciano de *hegemonia* para analisar como as ordens mundiais formam relações hierárquicas que não são necessariamente imperialistas, mas muitas vezes baseadas numa combinação de consenso e coerção. Ao contrário do realismo, portanto, a hegemonia não deve ser entendida apenas como a supremacia dos Estados mais poderosos, mas também como uma relação na qual as potências assumem um papel dirigente com base em uma combinação de recursos materiais, ideias e instituições que convençam os demais Estados das vantagens daquela ordem para o conjunto do sistema.

Outra suposição problemática do realismo diz respeito à concepção unitária do Estado e à sua igualdade funcional. Para que a lógica da anarquia corresponda à descrição realista, é preciso considerar os Estados como tendo objetivos semelhantes (a segurança) e uma mesma racionalidade que os impele a maximizar seus retornos diante de seus competidores. Cox mostra-se cético quanto a essas hipóteses, argumentando que, nas diferentes ordens mundiais dos últimos dois séculos, encontramos formas de Estado distintas que, quase certamente, correspondem a comportamentos diferenciados no plano internacional. As diferenças entre as formas de Estado da *Pax Britannica* (período de hegemonia inglesa no século XIX) e aquelas da *Pax Americana* (período de hegemonia dos Estados Unidos depois da Segunda Guerra Mundial), por exemplo, podem ser identificadas na relação entre Estado e sociedade civil, que muda nos diferentes contextos históricos. O Estado do período da *Pax Americana* é muito desenvolvido burocrática e administrativamente e, por isso, mais autônomo na definição de seus interesses. Para Cox, as unidades de análise nas relações internacionais devem ser os *complexos Estado/ sociedade civil*.

Finalmente, a teoria crítica tal como proposta por Cox considera indispensável incorporar as mudanças nos processos de produção à análise das relações internacionais. Sabemos que o realismo trata a política internacional como uma esfera autônoma, na qual os atores definem seus interesses em termos de poder. A teoria crítica, contudo, nega a possibilidade de separar a política da economia e afirma que as relações de poder na esfera da produção estão em relação constante com as relações de poder entre Estados.

Dessa forma, uma análise da política internacional não pode prescindir de um enfoque sobre a dinâmica do capitalismo mundial. Quando estudamos a ordem mundial do pós-guerra (a *Pax Americana*), por exemplo, não podemos deixar de considerar a formação de um sistema econômico global, abrangendo as finanças, o comércio e o investimento, como estrutura fundamental para a consolidação daquela ordem e da hegemonia norte-americana.

Vemos, então, que o esforço de Cox se concentra na tentativa de integrar, em uma visão complexa e abrangente, os universos da política, da produção, das estruturas internacionais e dos conflitos de classe em um enfoque teórico cuja qualidade principal é sua historicidade, ou seja, ser capaz de trabalhar com conceitos que levem em conta as forças que transformam os contornos da ordem mundial. Esse enfoque que se quer materialista e histórico, e não estático como o realismo, concebe as estruturas sociais de uma forma não mecanicista nem determinista, mas sim como construções históricas que combinam condições materiais, ideias e instituições que constrangem a ação dos atores. Trata-se, portanto, de uma versão do marxismo que rejeita o materialismo vulgar característico de suas versões ortodoxas, nas quais o movimento da história corresponde ao movimento das forças produtivas. Para Cox, as estruturas são um quadro de referência para a ação política, estando sujeitas a mudanças resultantes dos projetos e estratégias levados a cabo pelos atores sociais. O esquema a seguir ilustra a concepção de estruturas históricas de Cox:

Nenhuma das três categorias de forças que atuam sobre as estruturas históricas se sobrepõe às demais, determinando seu conteúdo e direção. Têm uma relação de mútua determinação que varia de acordo com as circunstâncias históricas. Não podemos dizer, *a priori*, que as capacidades materiais serão decisivas para definir o pano de fundo sobre o qual se desenrola uma ação. O fim da Guerra Fria, por exemplo, dificilmente pode ser compreendido se olharmos somente para o equilíbrio de poder entre as superpotências na década de 1980. Será preciso considerar as ideias que inspiraram as transformações na União Soviética, bem como as tensões criadas nas instituições soviéticas a partir do processo de reformas. Também não devemos encarar as três forças como estanques, como fica claro nas definições a seguir:

- Capacidades materiais: podem ser capacidades produtivas ou de destruição, no caso de armamentos. Também são capacidades materiais a tecnologia e a organização burocrática do Estado.
- Ideias: podem ser ideias compartilhadas por meio de comunicação intersubjetiva (cultura, regras sociais) ou visões de mundo sobre o que é desejável ou legítimo (ideologias).
- Instituições: são, nas palavras de Cox, "amálgamas de ideias e poder material" cristalizadas em um arranjo jurídico-político que influenciam diretamente a ação dos atores e se tornam o terreno privilegiado para as disputas políticas.[7]

Ao inspirar-se em Gramsci para formular sua teoria crítica, Cox pôde incorporar à reflexão sobre as relações internacionais fatores políticos e normativos normalmente excluídos das abordagens positivistas. Uma das características mais importantes do pensamento gramsciano é trazer para a esfera da política a análise sobre as ordens hegemônicas e suas crises, deixando para trás as abordagens economicistas do materialismo científico. Aplicado às relações internacionais, esse pensamento permite valorizar o papel das instituições e das ideias na interpretação dos processos de construção das ordens mundiais, indo além da mera consideração das capacidades de poder, como no realismo.

A vantagem da perspectiva gramsciana é trabalhar com a dimensão subjetiva e institucional sem cair no idealismo, possibilitando uma análise mais sofisticada e complexa de como, por exemplo, as transformações na produção capitalista se articulam com os avanços tecnológicos e com movimentos intelectuais como o neoliberalismo. Da mesma forma, o modelo de Cox nos convida a analisar as ligações entre o avanço da globalização e o fortalecimento de organizações internacionais como a OMC. Em uma análise realista, a organização que regula o comércio mundial seria apenas expressão dos interesses dos Estados mais fortes, e não conseguiríamos observar como o universo da produção e as classes capitalistas operam internacionalmente no sentido de dar legitimidade à nova fase de acumulação mundial.

O tema da hegemonia, portanto, é central na Teoria Crítica de Cox e se distingue das definições convencionais do conceito, como o de supremacia ou de domínio imperial. Envolve processos de institucionalização e de construção de legitimidade que viabilizam o papel dirigente das classes dominantes nas esferas mais importantes da política mundial. Para analisar os processos de formação de ordens hegemônicas, o autor propõe aplicar sua definição tripartite das estruturas históricas a três esferas ou níveis de atividade que caracterizam as relações internacionais:

Os três níveis referem-se, respectivamente, à esfera da produção; aos complexos Estado/sociedade civil; e ao sistema de Estados. A composição de cada uma pode ser avaliada com base no modelo das estruturas históricas (ideias, instituições, capacidades materiais). A relação entre os três níveis também é recíproca e nunca unilateral. É preciso tomá-las conjuntamente para compreender como as hegemonias se formam, se consolidam e entram em crise. Nesse sentido, o modelo reflete com clareza a preocupação da teoria crítica em identificar as possibilidades de transformação da ordem vigente, uma vez que comporta uma abordagem dinâmica dos processos de crise como momentos em que o novo pode surgir no lugar do velho. Ao conceber as ordens hegemônicas a partir de um equilíbrio sempre em movimento dos três níveis, a estrutura da política mundial assume uma forma menos rígida e monolítica do que a normalmente vista nos esquemas realistas.

A teoria crítica ganhou força como uma perspectiva adequada a um período de transição para uma nova ordem mundial. Ela é, bem entendido, uma teoria *interessada* na emancipação e tem um claro conteúdo normativo que a torna objeto de constantes críticas das teorias positivistas. Ainda assim, sua análise do período de transição é bastante aguçada e convincente porque consegue formular um modelo que contempla uma das características mais marcantes e, ao mesmo tempo, mais complicadas das relações internacionais de hoje: a diluição da fronteira entre os espaços doméstico e internacional.

ORDEM PÓS-GUERRA FRIA/GLOBALIZAÇÃO

Para Cox, a política mundial não se estrutura, primordialmente, em torno das fronteiras entre o externo e interno que definem a disciplina em seus moldes tradicionais. Como vimos anteriormente, os Estados continuam a ser uma dimensão importante das estruturas históricas, mas o que define sua forma e, como consequência, seu padrão de comportamento e suas estratégias, é o modo das relações com a sociedade civil (o "complexo Estado *versus* sociedade civil"). Essa visão permite analisar o processo de internacionalização do Estado em consonância com a ação transnacional das classes sociais, em particular daquelas forças articuladas com a internacionalização da produção. É por isso, por exemplo, que estudiosos de orientação crítica vêm dirigindo seus estudos para a formação de alianças e coalizões das classes dirigentes capitalistas no âmbito das instituições internacionais.

A partir desse modelo de análise, torna-se possível estudar a globalização — um tema que as teorias convencionais procuram evitar — a partir da disciplina de RI. Cox nos mostra, portanto, como uma teoria ligada ao movimento da história pode se adequar para compreender as transformações profundas em curso na política mundial. Seu programa de pesquisa nos convida a investigar como ideias, capacidades materiais e instituições cada vez mais ignoram limites territoriais, redefinindo os espaços de articulação das forças sociais e dos Estados, bem como as características estruturais das ordens mundiais.

O tema da internacionalização da política está presente na maior parte das contribuições da teoria crítica para as Relações Internacionais. Veremos, em seguida, como a herança da Escola de Frankfurt, em particular a obra de Jurgen Habermas, se insere em uma reflexão inovadora sobre o Estado, a soberania e o ideal cosmopolita.

Ética, soberania e o cosmopolitismo crítico de Linklater

A teoria crítica se propõe a resgatar e desenvolver a contribuição de Marx para o entendimento do processo de unificação do gênero humano na modernidade. Como vimos anteriormente, os membros da Escola de Frankfurt criticaram o marxismo por sua incapacidade de perceber que o desenvolvimento das forças de produção e o avanço da tecnologia geraram formas mais sofisticadas de dominação e alienação, expressas no predomínio da técnica e da razão instrumental sobre a razão crítica. Ao contrário do que pensava Marx, a expansão do capitalismo em escala mundial (o que hoje chamamos de globalização) não criou as condições para sua superação e para a construção do socialismo. O Estado nacional se universalizou como forma de organizar a política territorialmente e como veículo competente para viabilizar a internacionalização crescente do capital.

Ao fim do século XX encontramos um quadro muito diferente das previsões marxistas, no qual os conflitos entre Estados e intra-Estados superam os conflitos de classe, mantendo a humanidade dividida. Da mesma forma, o capitalismo parece capaz de superar suas crises ampliando cada vez mais o escopo do mercado mundial, organizando-se em empresas globais, regulando seus desequilíbrios por meio de instituições internacionais. Vivendo em um período de transição e instabilidade no século XIX, Marx teria subestimado a importância das relações internacionais para a sobrevivência do capitalismo e para o desenvolvimento da política mundial.

O desafio para a teoria crítica nas Relações Internacionais é, portanto, o de incorporar o potencial crítico do marxismo para pensar a emancipação dos seres humanos das estruturas de dominação. Ao mesmo tempo, trata-se de formular uma teoria que considere a importância do sistema de Estados para pensar as divisões que continuam a gerar conflitos, exploração e exclusão sem, contudo, recair no realismo, como o fazem as teorias do imperialismo e da dependência.

Andrew Linklater quer reformular a teoria de Relações Internacionais por meio da contribuição da Escola de Frankfurt de forma, segundo ele, a ir para além do realismo e do marxismo, uma vez que este último ignorava os problemas ligados à interação estratégica entre Estados, e que o primeiro descartava qualquer relevância da economia política global para a política internacional.[9] Para Linklater, o marxismo fracassou como projeto de emancipação porque não conseguiu compreender a importância do Estado e das relações internacionais na reprodução de estruturas de dominação, ao subestimar o papel do nacionalismo como elemento de coesão das comunidades políticas e de divisão das próprias classes subordinadas. Por outro lado, o realismo formulou uma visão da política mundial que exclui qualquer possibilidade de superar as divisões que geram exclusão e conflito, impedindo uma reflexão sobre alternativas.

A teoria crítica quer recolocar no centro da reflexão sobre as relações internacionais a vocação marxista original — que também é a de Kant — de reafirmar princípios éticos comuns a toda a humanidade, criando condições para superar suas divisões e conflitos. Para tanto, seria necessário desenvolver elementos teóricos capazes de fundamentar uma nova reflexão sobre o universalismo em um mundo fragmentado política e culturalmente. Ou seja, devemos recuperar a capacidade de pensar a evolução moral da humanidade no sentido da formação de uma comunidade mais ampla e inclusiva, que ultrapasse os limites do Estado-nação. Um passo necessário para empreender tal tarefa é formular uma crítica consistente do Estado e das teorias Estadocêntricas.

O alvo principal da teoria crítica é o neorrealismo. Seu maior problema é, provavelmente, sua concepção de Estado e seu caráter de único ator relevante das relações internacionais. O neorrealismo reivindica seu caráter científico a partir de uma generalização de seus conceitos para diferentes circunstâncias histórico-políticas. Haveria certos traços estruturais nos sistemas internacionais que não variam, fazendo da política, na anarquia, uma atividade muito mais marcada por regularidades do que por oscilações. A similaridade das funções do Estado nos diversos contextos em que atuam — maximizar a segurança — é um elemento-chave da teoria de Waltz. Se variações nas formas que o Estado assume em diferentes momentos da história repercutissem na definição de suas funções no plano internacional, o conceito de estrutura do neorrealismo perderia seu alcance. É justamente esse aspecto a-histórico da estrutura do sistema internacional que é objeto de duras críticas de autores como Linklater. Três objeções devem ser levantadas contra o tratamento do Estado no neorrealismo:

- Ao considerar as funções do Estado como uniformes, o neorrealismo ignora as importantes variações na forma e função do Estado desde o século XVI, ao mesmo tempo em que nega as transformações atuais e potenciais do Estado no contexto da globalização.
- Se o comportamento dos Estados é entendido como resposta às pressões da estrutura anárquica, os atores internacionais assumem uma postura passiva e qualquer tentativa de mudança do caráter conflituoso do sistema é inviabilizada.
- De acordo com essa concepção, não se pode avaliar a ação do Estado normativamente, uma vez que o comportamen-

to racional não guarda relação com a orientação política e ideológica do ator.

Essa concepção do Estado e seu papel não só é a-histórica como também, argumentam os teóricos críticos, apolítica. Na medida em que o problema principal do Estado nas relações internacionais é ajustar-se às pressões sistêmicas, suas decisões tornam-se meramente técnicas, desprovidas de conteúdo político. A política sempre envolve considerações sobre o bem comum e a justiça, segundo a antiga definição de Aristóteles, reivindicada pela teoria crítica.[10] Se a ação do Estado se resume a uma resposta mecânica às circunstâncias ditadas pela estrutura, fica excluída qualquer consideração normativa sobre sua conduta, bem como qualquer estratégia orientada para mudar a situação existente. É contra esse determinismo que se voltam os esforços da teoria crítica.

Um dos problemas mais sérios dessa visão da política mundial é que ela gera uma aura de imutabilidade sobre o sistema internacional. Se o Estado sempre cumpriu as mesmas funções e, provavelmente, continuará a fazê-lo no futuro, as alternativas a um mundo em que vivemos "à sombra da guerra"[11] são escassas. Da mesma forma, tornam-se perenes as desigualdades e assimetrias que dividem o sistema em um grupo pequeno de Estados ricos e poderosos e uma maioria de nações pobres e sem influência política. Em contraste a essa definição, os críticos do neorrealismo desenvolveram estudos sobre as diferentes formas e funções assumidas pelo Estado ao longo da história moderna. Ao contrário do que afirmam os relatos convencionais, o Estado, tal como o conhecemos hoje, não é resultado de um processo natural de organização das comunidades nacionais para se defender de um ambiente perigoso como a anarquia. Ele é uma construção social e histórica que deriva de conflitos e ideias sobre como deve ser estruturada a política entre grupos humanos diferentes.

John G. Ruggie, por exemplo, argumenta que o princípio da soberania territorial não se firmou antes do século XIX, quando as instituições do capitalismo moderno e da sociedade internacional atingiram um maior grau de sofisticação. Antes disso, a ideia de soberania dizia respeito à legítima autoridade de um governante sobre populações muitas vezes situadas em territórios diferentes. Da mesma forma, o vínculo entre as ideias de Estado e nação também surgirá apenas no século XIX. No período que se segue à Paz de Vestfália (1648), os governantes ainda se legitimam pela tradição e pela autoridade divina. Somente com as revoluções liberais a fonte de legitimidade do poder do Estado se desloca para a nação. Assim, o elo entre cidadania, território e governo, que constitui a fundação do conceito moderno de Estado, não pode ser encontrado na experiência histórica do Ocidente antes de meados do século retrasado, ou seja, pelo menos 200 anos depois do momento em que, supostamente, nasceram os Estados soberanos contemporâneos. O que se registra, sim, é uma variedade de formações políticas convivendo ao mesmo tempo, com graus de autonomia e de "fechamento" territorial muito diferentes.

Portanto, se durante a maior parte da história moderna o sistema internacional não foi formado por unidades autônomas, ciosas de seu território e funcionalmente iguais, torna-se impossível afirmar que as características estruturais desse mesmo sistema têm sido as mesmas e que o comportamento dessas unidades pode ser explicado por conceitos aplicáveis, indistintamente, ao conjunto desses períodos. Respaldados em numerosos estudos de sociologia histórica,[12] os teóricos críticos encontraram um forte argumento empírico a favor de sua visão da teoria como uma atividade sempre circunscrita a seu tempo e lugar. Se a definição de soberania, por exemplo, assume significados tão diferentes ao longo da história, inclusive depois de Vestfália, devemos desenvolver métodos e conceitos que reflitam essas variações, sob pena de naturalizarmos aquilo que é artificial, ou seja, produto da ação humana. Com base nessa orientação, abrem-se novas avenidas para a pesquisa do tema da mudança na política mundial, antes fechadas pela concepção determinista e anistórica do neorrealismo.

Uma das linhas de pesquisa mais importantes para os autores da teoria crítica trata do tema da exclusão. A disciplina de Relações Internacionais nos ensina que as fronteiras que separam a comunidade doméstica da esfera internacional estão ali para proteger cidadãos, governo e território das ameaças sempre presentes no mundo anárquico. Sabemos, contudo, que essa divisão é resultado de um longo processo histórico de formação de

Estados territoriais que correspondem a comunidades políticas completamente separadas e diferentes entre si. A pergunta que se coloca para os teóricos críticos é como as sociedades definiram os princípios morais que justificam sua separação do resto do mundo? Ou, em outras palavras, quais foram os processos e as ideias que estiveram na base da formação de comunidades fechadas que passaram a encarar os demais Estados como potenciais inimigos?

Essas perguntas são importantes porque tocam em um ponto bastante complicado na teoria marxista: o de pensar a emancipação dos seres humanos no contexto de um mundo dividido não apenas em classes, mas também em nações. O ideal marxista é reconciliar o gênero humano, superando todas as divisões artificiais que impliquem exploração e submissão. A abolição da sociedade de classes era o eixo dessa utopia. Contudo, a emergência do nacionalismo e o fortalecimento do Estado territorial como unidade política confinou as utopias revolucionárias ao espaço restrito das sociedades nacionais. A noção de "marxismo em um só país" sepultou a vertente universalista e cosmopolita do pensamento socialista.

Em um sentido mais amplo, Linklater nos chama a atenção para a derrota do ideal do Iluminismo, expresso de forma mais acabada na obra de Kant, que acreditava na possibilidade de expandir, progressivamente, a sociedade internacional, incluindo toda a humanidade em uma mesma comunidade política unida por laços de solidariedade e cooperação. As guerras mundiais, o Holocausto, o terror nuclear, o acirramento de conflitos étnicos, a expansão de conflitos nacionalistas para as regiões mais pobres e remotas do mundo fizeram com que a promessa da modernidade parecesse fadada ao fracasso. A primeira geração da Escola de Frankfurt, em particular pensadores como Adorno, Marcuse e Horkheimer, expressa bem o pessimismo diante da vitória da razão instrumental, colocada a serviço de uma sociedade industrial que suprime a liberdade individual.[13]

Para os teóricos críticos nas Relações Internacionais, a reprodução das estruturas políticas que dividem a humanidade, organizando-a em grupos nacionais que, frequentemente, recorrem à violência para realizar seus interesses, torna-se um ponto central de sua reflexão. Não se trata de deixar de lado o estudo das formas de exploração econômica que tornaram o marxismo uma referência das lutas sociais modernas. O argumento defende a necessidade de questionar as formas de exclusão promovidas pelo particularismo do Estado-nação, que podem ser tanto de tipo cultural, racial ou étnico como também social e econômico.

O problema está na barreira criada pelo Estado soberano à resolução de conflitos e promoção da solidariedade entre comunidades diferentes. Nas palavras de Linklater, "a tirania do conceito do Estado-nação soberano empobreceu a imaginação política ocidental".[14] Se vivemos em um mundo cada vez mais interdependente, como justificamos a recusa em assumir a responsabilidade pelo dano sofrido por pessoas vivendo em outros países? Que argumentos julgamos válidos para negar o acesso ao mercado de trabalho de imigrantes oriundos de regiões mais pobres do planeta? Temos o direito de restringir a autonomia cultural de minorias estrangeiras vivendo em nosso país? Existe uma obrigação de ajudar economicamente populações em situação de miséria extrema, por exemplo, na África subsaariana? Podemos falar em uma obrigação de proteger pessoas submetidas a violações maciças de direitos humanos em outro país? A lista de perguntas que emergem das tensões produzidas pela dualidade cidadão/estrangeiro é bastante extensa. Entretanto, o que a teoria crítica quer colocar no centro dos debates da disciplina é a inevitável dimensão ética das diferentes questões investigadas pelas Relações Internacionais, dimensão esta absolutamente ausente das análises convencionais, que simplesmente aceitam as consequências negativas do sistema de Estados como um aspecto trágico de uma realidade que não podemos mudar. O problema parece estar, então, na incapacidade de pensar a política para além do Estado, ou melhor, na insistência em pensar a política como um domínio exclusivo e excludente de uma comunidade circunscrita a um determinado espaço territorial.

Vemos, então, que, para os autores dessa corrente, *o Estado soberano torna-se um problema*, um mecanismo central na reprodução das estruturas de dominação e exclusão nas sociedades modernas. Não devemos buscar apenas investigar como as relações de exploração capitalistas criam padrões de desigualdade econômica e submissão política no sistema internacional. Devemos procurar compreender como as divisões entre coletividades nacionais se formam e se legitimam, produzindo rivalidades e conflitos em nome dos interesses dos Estados. Ao mesmo tempo, os teóricos críticos desenvolvem uma abordagem que propõe novas bases para o relacionamento entre comunidades políticas de modo a negar e superar a *ética da exclusão*.

Baseando-se na teoria da ação comunicativa de Jurgen Habermas — principal expoente da segunda geração da Escola de Frankfurt —, Linklater afirma ser possível questionar a legitimidade de práticas de exclusão a partir de uma *ética do diálogo* na qual toda exclusão precisa ser justificada considerando os interesses da espécie humana como um todo, e não apenas dos cidadãos de uma mesma comunidade nacional. O projeto de Habermas visa a resgatar a capacidade da razão de formular princípios éticos e morais que possam ser aceitos universalmente. Nesse sentido, Habermas rejeita a crítica de seus predecessores da Escola de Frankfurt, que acreditavam no fracasso do projeto de emancipação do Iluminismo tendo em vista o triunfo da razão instrumental. Para ele, a experiência humana não se restringe à racionalidade técnica e instrumental voltada para a dominação e a transformação da natureza para atender a necessidades materiais. A humanidade é capaz de aprender e desenvolver uma *racionalidade prático-moral* aplicada, fundamentalmente, ao aprimoramento das relações sociais por meio da criação de normas jurídicas, instituições e práticas com o objetivo de reduzir desigualdades, controlar a violência, ampliar direitos, promover a participação no processo político etc.

Além de viabilizar a construção de ordens sociais baseadas no consenso, a racionalidade prático-moral também pode assumir um caráter normativo e emancipatório, voltado para o interesse em transformar a sociedade, ampliando os espaços de autonomia e liberdade de todos os indivíduos. Para tanto, Habermas defende uma ética discursiva baseada em um diálogo verdadeiro, no qual todos os participantes estejam abertos à crítica recíproca e no qual a regra predominante seja a do *melhor argumento*. Nesse sentido, o objetivo da ação política deve ser o de remover os obstáculos a um diálogo que inclua um conjunto sempre mais amplo de pessoas. Para Linklater, o escopo desse diálogo deve ser global, de modo a criar condições para a redução das injustiças e desigualdades resultantes da estrutura do sistema internacional. Essa *comunidade de diálogo* deveria buscar consensos em torno de questões como:

- Os princípios que justificam o estabelecimento de fronteiras, a separação das comunidades políticas organizadas em Estados soberanos e as consequentes práticas de exclusão dos não membros dessas comunidades.
- A responsabilidade de toda comunidade doméstica por decisões que afetem, direta ou indiretamente, o bem-estar de outras e da sociedade internacional como um todo.
- A inclusão, por meio de formas de representação, de grupos excluídos do universo político doméstico pela regra da soberania em decisões políticas que potencialmente causem algum dano em suas vidas (como no caso do meio ambiente, por exemplo).
- A busca de princípios universais que reflitam uma ética do diálogo que respeite as diferenças culturais e políticas das diversas comunidades humanas e que sirvam de base para a construção de instituições democráticas transnacionais.[15]

Os problemas mais prementes da política mundial hoje emergem da incapacidade de resolver conflitos a partir de uma lógica não particularista e exclusivista. As instituições, regras e práticas do sistema internacional atual têm se mostrado insuficientes para lidar com as guerras internas, as violações maciças de direitos humanos, a degradação do meio ambiente, o aumento do fluxo de refugia-dos, o terrorismo etc. O direito internacional e os princípios que regem as relações diplomáticas entre países ainda se baseiam nos princípios da soberania territorial, da não intervenção e da autodeterminação. Nesse sentido, o interesse das comunidades nacionais, representadas pelo Estado e seus funcionários, sempre tem precedência sobre os interesses de minorias, estrangeiros, populações perseguidas ou prejudicadas fora das fronteiras do país.

A tensão entre esses princípios e os desafios apresentados à sociedade internacional nos dias de hoje é bastante evidente nas crises mundiais dos últimos 15 anos. Ao contrário do que se imaginava, apesar do fim da Guerra Fria, as nações mais desenvolvidas não foram capazes de criar novos mecanismos de solução de conflitos que refletissem um consenso sobre o caráter coletivo e cooperativo da segurança internacional no seio das principais organizações. Da mesma forma, a instabilidade dos mercados financeiros globais não pôde ser corrigida, de modo a reduzir seu impacto sobre as populações mais pobres, por uma reforma do FMI e das regras para a negociação das dívidas dos países menos desenvolvidos. Os genocídios na antiga Iugoslávia e em Ruanda, os massacres na Libéria, em Serra Leoa, Congo, Sudão, Haiti e tantos outros países onde as forças do Estado se voltam contra sua própria população não levaram à criação de regras claras que orientassem a comunidade internacional sobre quanto, como e em que circunstâncias intervir, violando a soberania de um país, para aliviar o sofrimento humano.

Em outras palavras, temos uma estrutura institucional e política construída sobre fundamentos estatais que continuam a dividir o mundo em comunidades distintas, separadas e potencialmente em conflito. Apesar de a realidade exigir ações que ultrapassem os interesses nacionais, as respostas dependem de acordos entre as grandes potências sem que se procure um consenso que inclua as populações atingidas, bem como o conjunto das sociedades desenvolvidas que compartilham os custos do aquecimento global, do crescimento da AIDS, do desemprego, da concentração de renda etc.

A teoria crítica das Relações Internacionais, nas versões cosmopolitas de Linklater, Hoffman, Brown, entre outros,[16] questiona o estatuto ético sobre o qual se baseia a exclusão das maiorias interessadas de decisões que dizem respeito a seu futuro e mesmo a sua sobrevivência. O elo entre cidadania e Estado-nação, que legitima o exclusivismo das políticas externas, não é suficiente para justificar, moralmente, a desconsideração do sofrimento de milhões. Esses autores propõem a adoção de uma ética discursiva que inclua o máximo de pessoas no diálogo aberto em busca de um consenso que possa ser considerado verdadeiramente universal, e não um universalismo com a marca etnocêntrica do Ocidente civilizado.

A formação de uma comunidade de diálogo colocaria em questão os padrões de convivência internacional existentes hoje e submeteria à crítica as justificativas convencionais para a exclusão sistemática de grupos desfavorecidos das deliberações acerca de problemas globais. Segundo Linklater, se o diálogo aberto fosse, de fato, produzido e se o melhor argumento fosse o padrão para julgar a validade de uma situação, seria cada vez mais difícil ignorar a posição de grupos de culturas diferentes e em posições menos favorecidas na distribuição do poder mundial. Trata-se, na verdade, de buscar um novo equilíbrio entre diversidade e universalidade.[17]

Um passo importante para construir essas novas bases para as relações internacionais é repensar o Estado soberano, relativizando o significado moral de suas fronteiras, admitindo sua responsabilidade em atos que tenham reflexos sobre o bem-estar de estrangeiros e introduzindo mecanismos democráticos e representação e decisão no plano transnacional. Ou seja, a ampliação — ou universalização — da comunidade política mundial requer que imaginemos estruturas democráticas de poder regional e internacional, nas quais os Estados sejam apenas um ator relevante, mas não o único. Para Linklater, a experiência da União Europeia representa o exemplo mais interessante e avançado, ainda que limitado, de uma potencial comunidade "pós-vestfaliana que promoveria uma cidadania transnacional com múltiplas lealdades políticas e sem a necessidade de submissão a um poder soberano central".[18]

Conclusão

Nas décadas de 1930 e 1940, os pensadores da Escola de Frankfurt desafiaram o pensamento dominante dos partidos socialistas europeus para fazer uma dura crítica ao marxismo ortodoxo e propor uma teoria que fosse consciente de seus limites e sempre desconfiada de verdades absolutas. Sua obra teve um impacto profundo no pensamento ocidental, influenciando várias gerações de pesquisadores da sociedade industrial e filósofos preocupados com a crescente alienação dos indivíduos diante da cultura de consumo de massa. Da mesma forma, Antonio Gramsci, preso em Turim pelo regime fascista italiano, produziu uma obra que questionou o economicismo e o determinismo que caracterizavam o marxismo oficial do regime soviético. Com sua contribuição, foi possível trazer de volta para o marxismo a reflexão e a análise da política e desenvolver uma teoria sobre como o poder se exerce e se legitima em sociedades capitalistas desenvolvidas.

Esses grandes pensadores do século XX foram brilhantes na originalidade de sua produção intelectual e, sem dúvida, corajosos no enfrentamento dos regimes autoritários de sua época e das estruturas de poder na academia e nos partidos políticos de seu tempo. Por isso, foram marginalizados e perseguidos durante décadas. A importância do resgate desses autores para formular uma teoria crítica das Relações Internacionais não pode ser subestimada. O movimento de crítica às teorias dominantes nos anos 1980 e 1990 revolucionou a disciplina.

Os expoentes desse movimento assumiram riscos consideráveis para suas carreiras, sofrendo, frequentemente, o ostracismo imposto pelo *establishment* acadêmico, refletido na marginalização em conferências, na não aceitação de artigos em revistas científicas e na exclusão do mercado de trabalho nas principais universidades. Apesar disso, a teoria crítica foi capaz de gerar um debate rico e vigoroso que inspirou uma geração inteira de internacionalistas e se diversificou em outras correntes de pensamento, que aproveitaram o espaço aberto por pioneiros como Cox e Ashley e introduziram novas reflexões a partir das ideias de autores marcantes da teoria política, da filosofia e da teoria social.

Talvez o maior legado da teoria crítica para a disciplina seja essa "abertura" para outras áreas das ciências humanas, que possibilitou romper com a rigidez dos modelos positivistas e quebrar o silêncio em torno de temas ignorados pelas teorias dominantes. Nos últimos 20 anos, pudemos assistir, portanto, a uma contínua multiplicação de estudos sobre a natureza da soberania territorial, as origens da desigualdade Norte-Sul, a democratização do sistema internacional, a relação das práticas de exclusão com as estruturas de poder mundial, o lugar da ética nas relações internacionais, o papel dos atores não estatais e a constituição de uma sociedade civil global, entre outros. Esses novos temas tornaram possível o diálogo interdisciplinar e viabilizaram a participação em debates importantes, como o da globalização, que gerou um sem-número de pesquisas em diferentes áreas das ciências sociais, mas que, surpreendentemente, permaneceu à margem das pesquisas de RI.

Podemos destacar, para fins de síntese das contribuições da teoria crítica à disciplina das Relações Internacionais, os seguintes pontos:

- A crítica ao conservadorismo das teorias dominantes, em particular do neorrealismo, e a formulação de uma teoria que coloca a mudança no centro de suas análises.
- A análise do caráter normativo do estadocentrismo das teorias convencionais, demonstrando como serve à reprodução das relações de poder assimétricas e à hegemonia das grandes potências capitalistas. Ademais, chama a atenção para o caráter anistórico da concepção de Estado.
- A afirmação, em contrapartida, do caráter histórico e situado de toda teoria social e das estruturas econômicas, políticas e sociais do sistema internacional, negando a universalidade científica das teorias positivistas e o caráter permanente dessas estruturas.
- A distinção entre teorias de "solução de problemas" (ou tradicionais) da teoria crítica como chave para uma crítica da epistemologia positivista do neorrealismo e do neoliberalismo, sempre partindo do suposto de que "toda teoria é para alguém e para algo", ou seja, toda teoria tem conteúdo normativo (Cox).
- A preocupação com a questão da emancipação humana como eixo central da reflexão teórica nas Relações Internacionais. Nesse contexto, o tema da exclusão, em suas diversas formas, no sistema de Estados soberanos torna-se objeto privilegiado de pesquisa e o esforço de redefinir as bases do novo universalismo cosmopolita, seu objetivo primordial.
- A soberania estatal torna-se objeto privilegiado de análise e de crítica por ser considerada a instituição política mais importante na reprodução de práticas de exclusão e dominação na política mundial.

Recomendações de leitura

Bronner, S. E. *Da teoria crítica e seus teóricos*. São Paulo: Papirus Editora, 1994.
Cox, R. W.; Sinclair, T. J. *Approaches to World Order*. Cambridge: Cambridge University Press, 1996.
Czempiel, E.-O.; Rosenau, J. (Eds.). *Governança sem governo: ordem e transformação na política mundial*. Brasília: UnB, 2000.
George, J. *Discourses of Global Politics: A Critical (Re)Introduction to International Relations*. Boulder, Colorado: Lynne Rienner Publishers, 1994.
Hoffman, M. "Critical Theory and the Inter-Paradigm Debate". *Millennium: Jornal of International Studies*, v. 16, n. 2, p. 189-206, 1987.
Linklater, A. *The Transformation of Political Community: Ethical Foundations of the Post-Westphalian Era*. Columbia: University of South Carolina Press, 1998.

Notas

1. Ver Hoffman, M. "Critical Theory and the Inter-Paradigm Debate". *Millennium: Jornal of International Studies*, v. 16, n. 2, p. 189-206, 1987.
2. Ver Linklater, A. *Beyond Realism and Marxism: Critical Theory and International Relations*. Londres: Macmillan, 1990.
3. Horkheimer, M. *Critical Theory: Selected Essays*. Nova York: Continuum, 1995.
4. Marcuse, H. Philosophy and Critical Theory. In: *Critical Theory and Society: A Reader*. Bronner, S.; Kellner, D. Nova York: Routledge, 1989, p. 58-76.
5. Marcuse, H. *One-Dimensional Man*. Boston: Bacon Press, 1964.
6. Cox, R. W. Social Forces, States and World Orders: Beyond International Relations Theory. In: Keohane, R. O. *Neorealism and Its Critics*. Nova York: Columbia University Press, 1986, p. 204-254.
7. *Op. cit.*, p. 99.
8. Sorensen, G. "IR theory after the Cold War". *Review of International Studies*, v. 24, p. 83-100, 1998.
9. Burchill, S.; Andrew, L. (Eds.). *Theories of International Relations*. Nova York: St. Martin's Press, 1996.
10. A definição aristotélica da política e seu papel na teoria de Relações Internacionais é desenvolvida em Neufeld, M. *The Restructuring of International Relations Theory*. Cambridge: Cambridge University Press, 1995.
11. Aron, R. *Paz e guerra entre as nações*. São Paulo/Brasília: Imprensa Oficial do Estado/Editora da UnB, 2002.
12. Uma excelente coletânea sobre a influência das pesquisas em sociologia histórica no campo das Relações Internacionais pode ser encontrada em Hobden, S.; Hobson, J. (Eds.). *Historical Sociology of International Relations*. Cambridge: Cambridge University Press, 2002.

13. Ver Horkheimer, M.; Adorno, T. W. *Dialectic of Enlightenment*. Nova York: Continuum, 1995; e Marcuse, H. *One-Dimensional Man*. Boston: Bacon Press, 1964.
14. Linklater, A. *The Transformation of Political Community: Ethical Foundations of the Post-Westphalian Era*. Columbia: University of South Carolina Press, 1998, p. 34.
15. Linklater, A. The achievements of critical theory. In: Smith, S., Booth, K.; Zalewski, M. *International theory: positivism and beyond*. Cambridge: Cambridge University Press: 279-300, 1996, p. 294-5.
16. Brown, C. International Political Theory and the Idea of World Community. In: Booth, K.; Smith, S. *International Relations Theory Today*. University Park: Pennsylvania State University Press, 1995, p. 90-109; Hoffman, M. "Critical Theory and the Inter-Paradigm Debate". *Millennium: Jornal of International Studies*, v. 16, n. 2, p. 189-206, 1987.
17. Linklater, 1996, p. 295.
18. Linklater, 1998, p. 181.

Capítulo 6

O CONSTRUTIVISMO

O construtivismo surgiu pela primeira vez nos estudos das Relações Internacionais em 1989, na ocasião da publicação do livro de Nicholas Onuf intitulado *World of Our Making — Rules and Rule in Social Theory and International Relations*, assim como no artigo publicado em 1992 por Alexander Wendt "Anarchy Is What States O objetivo em trazerMake Of It" na revista *International Organization*.[1]os títulos dessas duas contribuições originais do construtivismo é destacar sua premissa básica: vivemos em um mundo que construímos, no qual somos os principais protagonistas, e que é produto das nossas escolhas. Este mundo em permanente *construção* é construído pelo que os construtivistas chamam de *agentes*. Vale dizer: não se trata de um mundo que nos é imposto, que é predeterminado, e que não podemos modificar. Podemos mudá-lo, transformá-lo, ainda que dentro de certos limites. Em outras palavras, o mundo é socialmente construído. De certa forma, o construtivismo acabou levando o debate acadêmico nas Relações Internacionais de volta ao que muitos consideram sua origem primeira: o chamado primeiro debate, que Edward Hallett Carr definiu como entre idealistas e realistas. A natureza do debate não é mais sobre metodologia, mas sim sobre ontologia, isto é, sobre a natureza daquilo que deveríamos estar estudando. O construtivismo reflete o debate agentes/ estrutura, próprio não somente às relações internacionais, mas a outras ciências sociais. Tanto na Sociologia quanto nas Relações Internacionais, o debate agentes/estrutura se refere a quem constrange e limita as opções do outro, os agentes ou a estrutura. Essa pergunta pode ser desmembrada em duas: em um primeiro momento, é preciso saber quem veio antes — os agentes ou a estrutura —, para depois saber quem influencia, constrange e/ou limita as opções e a evolução do outro. É o que se chama de antecedência ontológica: quem veio antes e quem veio depois, quem determina o outro, quem tem precedência sobre o outro.

Nas Relações Internacionais, muitas análises são feitas com uma ênfase nos agentes, nas suas escolhas e na sua racionalidade. Muitos realistas clássicos (ver Capítulo 2) possuem como premissa central um pessimismo pronunciado em relação à natureza humana, e transferem isso para a atuação dos indivíduos na esfera das relações internacionais. Para contrapor-se a isso, os realistas estruturais consideram a estrutura como determinadora e limitadora das opções e das ações que os agentes possam vir a tomar. Portanto, muitos realistas clássicos, assim como vários liberais, outorgam antecedência ontológica aos agentes, enquanto os realistas estruturais, assim como os marxistas, outorgam antecedência ontológica à estrutura. Os construtivistas negam a antecedência ontológica tanto aos agentes quanto à estrutura, e afirmam que ambos são coconstruídos. A negação da antecedência ontológica aos agentes e à estrutura por parte dos construtivistas nas Relações Internacionais pode ser apenas uma adaptação das ideias apresentadas e defendidas por Anthony Giddens na Sociologia, mas revela como os dilemas e os desafios para a disciplina podem ser resolvidos por meio do estabelecimento de um diálogo com outras ciências sociais.

Definindo o construtivismo

O desenvolvimento do construtivismo no final da década de 1980 e no decorrer da década de 1990 ocorreu em meio a um debate intenso nas Ciências Sociais em geral — e nas Relações Internacionais em particular — sobre o lugar das ideias e dos valores na análise dos eventos sociais. Um outro debate que estava dominando o estudo das Relações Internacionais no final da década de 1980 e no decorrer da década de 1990 era sobre a antecedência ontológica dos agentes ou da estrutura. O livro de Waltz, de 1979, não era estranho à importância desse debate. Em resposta ao que Richard Ashley chamou, em um artigo de grande impacto na disciplina, de pobreza do neorrealismo, começaram a se multiplicar contribuições teóricas até então pouco presentes nas Relações Internacionais. Assim, várias contribuições começaram a ser vinculadas à teoria crítica (ver Capítulo 5) e ao pós-modernismo (ver Capítulo 8). Apelos para construções teóricas que estabelecessem *pontes* ou *diálogos* entre o realismo e o liberalismo por um lado e essas críticas chamadas por alguns, como Lapid, de pós-positivistas, começaram a ser lançados.

No decorrer da década de 1990, o construtivismo — e principalmente a versão desenvolvida por Wendt em seu livro de 1999, *Social Theory of International Politics* — tornou-se parte do grande debate da disciplina de Relações Internacionais.[2] Mas essa incorporação do construtivismo ao grande debate da disciplina é recente. O construtivismo não foi mencionado no discurso de posse de Robert O. Keohane como presidente da International Studies Association (ISA) em 1988, que foi publicado em seguida na revista *International Studies Quarterly*, publicação da própria associação.[3] Mas Keohane defendeu a necessidade de se estabelecer uma via média, isto é, um compromisso entre o que chamou de racionalistas e reflexivistas. O construtivismo também não foi mencionado no artigo de Yossef Lapid de 1989, no qual ele cunhou o termo pós-positivismo no estudo das Relações Internacionais.

No entanto, alguns dos temas e dos desafios com os quais autores construtivistas da década seguinte acabaram lidando foram levantados por Lapid, em 1989, como sendo os temas com os quais o pós-positivismo deveria lidar para suprir as insuficiências do positivismo nas Relações Internacionais. O construtivismo sequer foi mencionado no número especial de 1990 da revista *International Studies Quarterly*, cujos editores foram Rob J. Walker e Richard Ashley, apesar de o livro de Onuf ter sido mencionado por alguns autores daquele número especial. No entanto, em meados da década de 1990, nenhuma revisão da bibliografia minimamente aceitável na área de Relações Internacionais, e nenhum curso — de graduação ou pós-graduação — sobre teoria das relações internacionais enquadrado nos padrões mínimos de qualidade podia se permitir deixar de fora o construtivismo. Nos encontros da ISA da segunda metade da década de 1990, o construtivismo passou a ocupar uma posição de destaque, com várias mesas e vários trabalhos sendo definidos ou se autodefinindo como construtivistas.

Foi nesse contexto, por exemplo, que Stephen J. Walt incluiu o construtivismo, ao lado do realismo e do liberalismo, como uma das três abordagens teóricas dominantes das Relações Internacionais.[4] No mesmo ano, em um número especial da revista *International Organization*, considerada a revista mais influente de Relações Internacionais, Peter Katzenstein, Robert Keohane e Stephen Krasner publicaram um artigo na forma de um balanço da área, mostrando o percurso da disciplina até então e debatendo suas principais teorias.[5] Os três autores dividiram a disciplina em dois grupos: os chamados racionalistas, na linha definida pelo próprio Keohane em seu anteriormente mencionado discurso-que-virou-artigo de 1988, e os construtivistas. Segundo Katzenstein, Keohane e Krasner, o construtivismo que havia conseguido, até então, se estabelecer como um interlocutor do racionalismo era o construtivismo positivista, constituído em bases científicas; em suma, o construtivismo apresentado e defendido por Wendt. O que queremos destacar aqui é o contraste entre a ausência de qualquer menção ao construtivismo em artigos e contribuições influentes do final da década de 1980 e sua presença imponente e indiscutível no final da década de 1990.

A este respeito, Knud Erik Jorgensen afirma que o construtivismo é mais uma metateoria do que propriamente uma teoria. Segundo ele, os construtivistas não têm se envolvido em desenvolver uma teoria das Relações Internacionais, mesmo que, no nível metateórico, sua contribuição tenha sido expressiva.[6] Assim, Jorgensen afirma que o construtivismo pode ser considerado uma metateoria, na medida em que contribuiu a lançar o chamado debate pós-positivista, na medida em que trouxe às Relações Internacionais conceitos importantes da Teoria Social e na medida em que questionou o próprio conceito de teoria e teorização nas Relações Internacionais. No entanto, o construtivismo não diz nada sobre eventos internacionais ou quaisquer outros fenômenos internacionais e peca, por isso, em se afirmar como uma teoria das Relações Internacionais. Jorgensen afirma, por outro lado, que o construtivismo pode ser entendido como uma filosofia, e faz uma distinção entre duas posições construtivistas: o realismo construtivo e o idealismo construtivo. Segundo o realismo construtivo, o conhecimento que temos em relação ao mundo é socialmente construído, mas o mundo existe independentemente desse conhecimento que formulamos em relação a ele. Segundo o idealismo construtivo, não apenas o conhecimento que temos sobre o mundo é socialmente construído, como o próprio mundo não independe do nosso conhecimento. Jorgensen acrescenta que existe um *continuum* de posturas possíveis entre esses dois limites.

Friedrich Von Kratochwil e Thomas Risse-Kappen definem, separadamente, as premissas centrais do construtivismo.[7] Ambos concordam que a premissa central e comum a todos os construtivistas é que o mundo não é predeterminado, mas sim construído à medida que os atores agem, ou seja, que o mundo é uma construção social. É a interação entre os atores, isto é, os processos de comunicação entre os agentes, que constrói os interesses e as preferências destes agentes. Mas, ao passo que Risse-Kappen define quatro outros pontos comuns aos construtivistas, Kratochwil define o que chama de corolários dessa premissa e que representam até potenciais pontos de discordância. Vamos aqui, então, definir duas outras premissas comuns a todos os construtivistas, tendo em vista as divergências e as limitações das diferentes vertentes do construtivismo. A segunda premissa que definimos é a negação de qualquer antecedência ontológica aos agentes e à estrutura. No debate agentesestrutura, os construtivistas negam simultaneamente que os agentes precedam a estrutura e a moldam para servir seus interesses e suas preferências, e que a estrutura tenha a capacidade de constranger e limitar as opções e, portanto, as ações dos agentes. Para eles, agentes e estrutura são coconstitutivos uns dos outros, e nenhum precede o outro nem no tempo, nem na capacidade de influenciar o outro.

Um exemplo ilustrativo da premissa de coconstituição é que não se pode falar em sociedade sem falar nos indivíduos que a compõem, nem se pode falar de indivíduos — no plural, ou seja, mais de um indivíduo — sem falar da sociedade que eles constituem. Nesse sentido, sociedade e indivíduos são coconstituídos, da mesma forma que agentes e estrutura são coconstituídos. A terceira premissa comum a todos os construtivistas refere-se à relação entre materialismo e idealismo. Se, por um lado, os construtivistas não descartam as causas materiais, por outro, consideram que as ideias e os valores que informam a relação do agente com o mundo material desempenham uma função central na formulação do conhecimento sobre este mesmo mundo. Isso significa que os construtivistas não ignoram que exista "um mundo lá fora", mas consideram que ele só faz sentido a partir do momento que nos referimos a ele, e mediante os meios que usamos para nos referirmos a ele.

Duas outras premissas são comuns a vários construtivistas, embora não todos. A primeira é a negação da anarquia como uma estrutura que define a disciplina de Relações Internacionais. Para esses construtivistas, existe um conjunto de normas e regras que organizam e norteiam as relações internacionais, tornando-as objeto de uma disciplina específica. A outra premissa, que decorre da anterior, é que a anarquia internacional é socialmente construída. Isso significa que definir as relações internacionais como um espaço de conflito e de competição permanentes é parcialmente correto, já que a natureza da anarquia não é predeterminada: sendo socialmente construído, o sistema internacional pode variar entre o conflito e a cooperação. Os processos de construção e reconstrução são permanentes e abrem espaço para a contínua possibilidade de mudança.

Por fim, um dos conceitos que mais chamam a atenção para o construtivismo é o conceito de identidade. No entanto, nem todos os construtivistas consideram o conceito importante e útil de um ponto de vista analítico. Onuf, por exemplo, sequer menciona o conceito em suas discussões, por considerar sua força analítica muito limitada para lidar com eventos sociais em geral, e as relações internacionais em particular. Para ele, não se ganha nenhum poder explicativo ao substituir o conceito de interesse pelo conceito de identidade. Quando Onuf lidou com o conceito de identidade, não seguiu uma definição relacional das identidades, e preferiu uma definição cognitiva.[8] No entanto, a incapacidade dos positivistas tradicionais em lidar com o conceito de identidade de maneira endógena representa uma de suas principais lacunas e um dos principais atrativos do construtivismo para eles. E é exatamente isso que Wendt providencia: instrumentos analíticos endógenos para explicar a construção das identidades, e não considerá-las mais como simplesmente predeterminadas. Wendt apresenta um conceito de identidade preciso, mas flexível o suficiente para permitir às identidades se transformarem e se adaptarem aos processos e às necessidades da política internacional. Para ele, as identidades precedem os interesses e se formam em processos relacionais entre a identidade e a diferença. Portanto, e mesmo não sendo uma característica comum a todos os construtivistas, o conceito de identidade não pode deixar de fazer parte da contribuição construtivista.

Por sua parte, Kratochwil afirma que um dos principais desafios que se impõem ao construtivismo é de natureza metodológica. Segundo ele, a questão que se impõe aos construtivistas é relativa à correspondência entre o mundo que se observa e o conhecimento que se constrói em torno dele. Para Kratochwil, essa questão não deveria impedir a elaboração de pesquisas empíricas, incluindo nisso pesquisas baseadas em programas de pesquisa e nos padrões do positivismo lógico. Kratochwil admite a possibilidade de a metodologia para elaborar esse programa poder ficar em aberto, com diferentes construtivistas seguindo caminhos diferentes. Isso significa que Kratochwil não descarta a possibilidade de existência de pesquisas construtivistas que sejam científicas. Por outro lado, Kratochwil afirma que todos os construtivistas admitem que a intersubjetividade da linguagem e o consequente partilhamento de discursos, significados e valores é uma premissa comum a todos os construtivistas. No entanto, é exatamente neste nível que os construtivistas começam a divergir: quanto à importância e centralidade da virada linguística, muito mais importante para um construtivista como Onuf, Fierke e o próprio Kratochwil que para Wendt.[9] A virada linguística operada por alguns construtivistas põe a análise do discurso — e mais especificamente das regras e normas que organizam e regem o discurso — como central na análise dos eventos sociais em geral, e das Relações Internacionais em particular. Desse ponto de vista, o que interessa aos construtivistas que aderiram à virada linguística são as normas e regras que constroem o discurso que acaba se referindo ao mundo social. É nesse sentido que esses construtivistas consideram que a realidade é socialmente construída.

Evolução do construtivismo nas duas últimas décadas

Trazer o debate sobre normas ao centro do estudo das Relações Internacionais não foi uma inovação do construtivismo. Os acadêmicos da autointitulada escola inglesa em geral, e Hedley Bull em particular, já rejeitavam as heranças de Hobbes e Maquiavel, por um lado, e de Kant, por outro. Bull considerava que a tradição grotiana, que põe o direito e as normas internacionais no centro da análise das Relações Internacionais, respondia de maneira completa e abrangente aos desafios que se colocam aos analistas da política internacional. Desse ponto de vista, quando Bull discutiu a ordem internacional e destacou as instituições que dão sustento a esta ordem internacional, ele nada mais fez que destacar a importância das normas nas relações internacionais. Por isso, vários analistas contemporâneos, entre os quais Tim Dunne e Barry Buzan, consideram Bull e a escola inglesa como precursores do construtivismo nas Relações Internacionais, ou até como uma forma de construtivismo.

Essa afirmação é apenas parcialmente correta, dado que os construtivistas que consideram o conceito de normas como central nas Relações Internacionais fazem parte da chamada virada linguística. No caso de Bull, as normas resultam, sim, da interação entre os Estados-membros da sociedade internacional, mas a análise do discurso não tem o destaque que tem em construtivistas como Kratochwil e Onuf. Para os construtivistas, as normas informam o discurso, e o discurso não é apenas um instrumento para a ação política, mas sim a própria ação política. Quanto ao fato de as Relações Internacionais serem uma construção social, o que representaria um elemento comum à escola inglesa e ao construtivismo, e como deixamos claro na discussão da contribuição de Bull no Capítulo 2, o poder ocupa um lugar central na construção social proposta pelos autores da escola inglesa, lugar que não ocupa no construtivismo. A construção social à qual a escola inglesa se refere é estadocentrada, eurocentrada — o que fica claro no pensamento de Adam Watson, por exemplo — e privilegia a manutenção do *status quo* em detrimento da mudança.[10] Em todos esses pontos, a escola inglesa difere do construtivismo. Talvez a perspectiva de Reus-Smit, que encara o construtivismo e a escola inglesa como duas tradições separadas, ricas e diversificadas, entre as quais se podem estabelecer algumas pontes de diálogo, mas que não podem ser nem confundidas nem reduzidas uma à outra, seja mais correta.[11]

Kratochwil

Com a publicação do livro *Rules, Norms and Decisions*, em 1989, Friedrich V. Kratochwil contribuiu de maneira expressiva para afirmar o construtivismo como uma das principais tradições teóricas das Relações Internacionais.[12] Kratochwil, que não se identificou com o construtivismo de maneira imediata, teve uma avaliação crítica da evolução do estudo das Relações Internacionais e procurou, em outras disciplinas, vias para remediar o que considerava serem as falhas epistemológicas e ontológicas da disciplina. Foi nos estudos de linguística e de direito, assim como na teoria crítica — mais precisamente em Habermas —, que ele buscou suas principais respostas. Kratochwil encontrou, em Wittgenstein e no conceito de *ato de fala*, uma de suas principais fontes de inspiração. Foi isso que fez dele um dos principais proponentes da chamada virada linguística nas Relações Internacionais. Ele procurou identificar nos discursos —mais particularmente nas regras que regem e organizam estes discursos — as regras que nos permitem apreender a realidade em que vivemos. O argumento de Kratochwil é que, ao entendermos as regras que regem o discurso, podemos entender as regras que regem a própria realidade, já que *o mundo ao qual nos referimos é produto dos discursos que nos permitem nos referir a ele*. Segundo esse argumento, não importa como "a realidade lá fora" é, já que é a linguagem que usamos para nos referir a ela que vai motivar nossos entendimentos e nossas ações. Isso significa que a linguagem não reflete apenas a ação, mas é o fundamento da ação e, portanto, é a própria ação.

Dessa forma, Kratochwil afirma que as normas são fundamentais nos processos de tomada de decisão na medida em que existem premissas comuns aos agentes tomadores de decisão que reduzem a complexidade dos contextos dentro dos quais eles fazem suas escolhas. É por isso que afirma que os atores tendem sempre a recorrer às normas. Para Kratochwil, as normas representam a principal influência nas ações humanas, mesmo que de forma indeterminada: quando se trata de atos sociais, não se pode esperar regularidades e repetições, nem que da mesma norma resulte sempre o mesmo ato. Por ser um mundo socialmente construído, não se pode utilizar, para entendê-lo, os mesmos métodos das ciências exatas. Nesse sentido, por resultar de um discurso, ele mesmo intersubjetivo, a ação humana é moldada e regida por regras. Por isso, a análise das ações dos agentes deveria consistir não na análise dessas ações, mas sim na análise das regras e normas que orientaram suas escolhas. Para Kratochwil, os processos de comunicação social e de intersubjetividade são centrais para o entendimento do processo por meio do qual as decisões e as ações dos atores são analisadas. Decorre disso a necessidade de analisar e entender as normas que organizam o discurso da tomada de decisão.

Desse ponto de vista, normas não são apenas instrumentos de organização e restrição. *Normas justificam, legitimam e tornam certos atos possíveis.* Isso permite a Kratochwil afirmar que a função das normas na vida social é estabelecer a relação entre a linguagem que usamos para nos referir ao "mundo lá fora" e este mesmo "mundo lá fora". As normas são, precisamente, o que torna algumas ações e decisões possíveis e "naturalmente" aceitáveis ou não. Ou seja, não é possível entender as decisões tomadas pelos atores como fruto de algum tipo de racionalidade e, em consequência disso, reduzir nossa análise à racionalidade. É necessário analisar as regras que regem os discursos que tornaram algumas escolhas impossíveis e algumas decisões como se fossem as únicas possíveis. Kratochwil propõe, então, uma teoria da análise da tomada de decisão centrada na análise das regras que regem o discurso mediante o qual se tomam essas decisões. Essa teoria proposta por ele se afirma como diferente da abordagem da teoria liberal na análise da tomada de decisão.

Onuf

A contribuição de Nicholas Onuf se aproxima da contribuição de Kratochwil. Onuf também tem em Wittgenstein, Habermas e o direito suas principais fontes de inspiração. Mas ele acrescenta Anthony Giddens à lista de influências de Kratochwil. De fato, Onuf considera o mundo uma construção social e situa as Relações Internacionais no conjunto das ciências que lidam com fenômenos sociais. Para ele, as relações internacionais não são nada mais que eventos sociais que obedecem às mesmas lógicas e às mesmas regras que os demais eventos sociais. Onuf considera que tudo está em permanente evolução, e que a mudança é permanentemente possível. Com isso, Onuf discorda das perspectivas realista e liberal que consideram a anarquia o principal atributo que caracteriza as relações internacionais. Segundo ele, a anarquia não passa de uma construção social, fruto de regras, e que pode ser mudada e transformada em processos de interação entre agentes e estrutura. Para Onuf, a sociedade da qual fazem parte os Estados é mais corretamente descrita como uma sociedade heterônoma que uma sociedade anárquica. Essa é uma distinção fundamental entre as tímidas explorações iniciadas por Bull — que foi, de fato, o primeiro a falar dessa sociedade anárquica — e o argumento construtivista de Onuf.

Começando pela influência da teoria de estruturação de Giddens, é razoável afirmar que Onuf nega antecedência ontológica aos agentes e à estrutura.[13] Para ele, agentes e estrutura são coconstituídos, e não se pode falar em um sem a existência do outro. O processo de coconstituição é contínuo e permanente. Onuf, à imagem de Giddens, situa as regras em algum lugar entre os agentes e a estrutura. A diferença entre os dois autores é que Onuf situa as regras *exatamente no meio* dos agentes e da estrutura; para ele, as regras possuem uma posição ontológica equivalente que lhes permite desempenhar funções simultâneas perante os agentes e a estrutura. Como o próprio Onuf observa, Giddens vê as regras como uma propriedade da estrutura, enquanto ele, Onuf, vê as regras como uma propriedade material. O construtivismo de Onuf é tido, por isso, como um construtivismo centrado nas regras.

Regras apresentam escolhas aos agentes e informam-lhes o que deveriam fazer. Os agentes devem se conformar ao que elas mandam. Quando não são respeitadas, há sempre consequências que decorrem disso. Dessa forma, as regras fazem os agentes: são elas que indicam quais atores são agentes de uma certa estrutura. Dito em outras palavras, não é qualquer ator que pode ser considerado o agente de uma estrutura, e a função das regras é estabelecer a agência. No entanto, não se trata de uma relação unilateral: as regras fazem os agentes da mesma forma que os agentes fazem as regras. Onuf distingue entre três tipos de regras: de instrução, de direção e de compromisso (o que ele chama de *commitment*, em inglês). Esses três tipos de regras decorrem de três categorias de atos de fala que Onuf define como assertivo, diretivo e de compromisso (*commissive*). De fato, Onuf afirma ser necessário analisar as regras que regem o discurso particular que leva alguém a agir de uma determinada maneira, e que é conhecido justamente como ato de fala, para entender os atos dos agentes. Desse ponto de vista, discurso e ato são total e solidamente ligados: os atos são a expressão dos discursos e dos significados, e não podem ser entendidos fora ou independente deles. Para Onuf, então, na origem está o ato, mas o ato é a expressão do discurso. É por isso que se pode afirmar que ele considera que *dizer é fazer*. É nisso que reside a influência da teoria linguística em geral, e o conceito de ato de fala em particular. Mas é também neste nível que reside a influência de Habermas: um discurso tem de ser proferido e tem de ser aceito. A relação é intersubjetiva *e* racional.

Quais são esses três tipos de regras? Eles decorrem diretamente das três categorias de atos de fala. Atos de fala assertivos podem ser genéricos e ter a forma de um princípio, ou específicos e serem regras de instrução. Portanto, as regras de instrução informam como as coisas são. Elas dizem como as coisas são organizadas, e como se adequar a essa organização. É o caso dos pais que dizem aos filhos: "tem de lavar as mãos antes de jantar". As regras de direção são mais categóricas. Implícito nelas estão os comandos e as ordens, de onde decorrem a obediência e a aceitação das regras. Voltando ao exemplo dos pais e dos filhos, uma regra de direção seria a seguinte: "se você não lavar as mãos antes de jantar, não terá direito à sobremesa". As regras de compromisso são regras mediante as quais se propõe uma recompensa. Os agentes devem agir de acordo com esses compromissos. Contratos são regras de compromisso: "se você lavar as mãos antes de jantar, terá direito à sobremesa". Nas três regras, a não aceitação implica consequências. Ou seja, estabelece-se um fato social e espera-se uma ação em resposta a esse fato social. O que difere é a explicitação da consequência por meio do discurso. Observamos, também, que nem todo ato de fala leva necessariamente a uma regra, já que existem muito mais atos de fala que os três destacados por Onuf e que ele relaciona aos três tipos de regras. Com o conceito de regras, Onuf não admite nada como previamente determinado e providencia instrumentos endógenos à sua própria contribuição teórica para analisar a diversidade dos eventos sociais. Nesse sentido, a permanente construção e reconstrução da vida social em geral — e das relações internacionais em particular — abre a porta, de maneira indeterminada, para a transformação, a mudança ou a continuidade. O mundo é verdadeiramente um "mundo que nós fazemos".

Desses três tipos de regras decorrem três tipos de "domínio" diferentes, sendo "domínio" o conceito ao qual Onuf se refere, em inglês, como sendo *rule*: racional, tradicional e carismático. De fato, Onuf usa o conceito de regras para definir a política. A política, para Onuf, trata de assimetrias distributivas e suas consequências. A partir do momento em que as regras produzem distribuições desiguais, elas levam a formas de domínio diferentes: as relações sociais são baseadas em regras, que geram assimetrias de poder, criando, com isso, condições de domínio. Tratando-se de eventos sociais, a distribuição desigual de poder leva a domínios políticos diferentes. Por isso, a cada um desses três tipos de domínio, Onuf faz corresponder três tipos de organização distintas: hegemonia, heteronomia e hierarquia. Nisso, ele produz uma releitura e uma reinterpretação de Max Weber, pois questiona a tradução tradicional, do alemão ao inglês, do segundo tipo de domínio, e propõe defini-lo como heteronomia. Assim, Onuf afirma que a hegemonia corresponde ao que ele, Onuf, chama de regras de instrução. À heteronomia — conceito que Onuf adota a partir de Immanuel Kant para questionar a trilogia weberiana e que ele define como o oposto da autonomia, ou seja, aquilo que não tem autonomia — correspondem as regras de compromisso. Com isso, em vez de falar de anarquia, Onuf prefere falar de heteronomia, e enquadra esta na sua definição dos três tipos de regras. Finalmente, à hierarquia correspondem as regras de direção. Onuf consegue, então, enquadrar todas as situações sociais dentre seus três tipos de regras e afirma que, por meio do conceito de regras, é possível estudar todas as relações sociais, incluindo entre elas as relações internacionais.

Onuf põe o discurso como a categoria essencial de sua análise, mas não nega nem a racionalidade, nem menos ainda a materialidade de um "mundo lá fora" ao qual nos referimos com nosso discurso. Para Onuf, não se trata tanto de negar o "mundo lá fora" quanto se trata de dar precedência ao social, isto é, àquilo que entendemos e definimos como a realidade. É desse ponto de vista que o conhecimento que produzimos em relação ao mundo é fundamental para o construtivismo de Onuf. Isto é, Onuf situa-se nitidamente na modernidade e na herança do Iluminismo, o que o distingue, por exemplo, dos pós-modernos dos quais tratamos no Capítulo 7 deste livro.

Wendt

A contribuição de Alexander Wendt é contemporânea da contribuição dos dois autores anteriormente citados e se estende do final da década de 1980 ao final da década de 1990. Ao oposto de Kratochwil e de Onuf na época da publicação de suas contribuições acadêmicas, Wendt era um novo e jovem acadêmico que sequer havia defendido sua tese de doutorado quando publicou seu primeiro artigo, em 1988. Ao discutir o debate agente-estrutura e ao adotar a teoria de estruturação de Giddens, Wendt seguiu os mesmos passos que Onuf, embora de maneira totalmente autônoma e sem consulta prévia entre os dois. No entanto, em seu artigo de 1987, Wendt situa claramente sua contribuição no seio do debate das Relações Internacionais, que era, então, dominado pelo debate em torno do livro do Waltz.[14] Por intermédio de Giddens, Wendt procurou questionar a posição de Waltz, que privilegiava o nível da estrutura em detrimento do nível dos agentes, e passou a falar de coconstituição de agentes e estrutura. A contribuição inicial de Wendt se encaixava, então, perfeitamente no debate entre os neorrealistas e seus críticos, e sua originalidade residia no uso do apoio da Teoria Social, algo não tão comum naquele momento nos debates teóricos de RI.

O segundo artigo de Wendt, publicado em 1992, que certamente faz parte da lista dos artigos mais citados na teoria de RI, é o já citado "Anarchy Is What States Make Of It". Nesse artigo, Wendt se afirmou como construtivista, criticou as teorias tradicionais e dominantes na disciplina, questionou o conceito de anarquia e apresentou uma visão alternativa das Relações Internacionais. No que pode ser considerado sua principal contribuição no artigo, Wendt afirmou que a anarquia não possui apenas uma lógica única de conflito e competição. Pelo contrário, a anarquia pode reverter tanto lógicas de conflito quanto de cooperação, *dependendo* do que os Estados querem fazer dela. Ao mesmo tempo em que Wendt apresentou uma crítica forte e articulada contra o realismo — e, de certa forma, contra o liberalismo também —, ele procurou estabelecer pontes com aqueles que Keohane chamou, em seu artigo "Two Approaches", de racionalistas. Mais precisamente, mesmo negando antecedência ontológica aos agentes e à estrutura, Wendt acabou reconhecendo um papel mais preponderante aos Estados, já que, segundo ele, a *anarquia* — isto é, a estrutura — é o que *os Estados* — isto é, os agentes — fazem dela. É com base nisso que muitos críticos se referem ao construtivismo de Wendt como um construtivismo centrado nos Estados.

Por fim, no artigo de 1994, Wendt criticou as teorias dominantes por considerarem as identidades como predeterminadas e apresentou uma proposta para explicar, de maneira endógena, o processo de construção de identidades coletivas.[15] Discutindo a formação dessas identidades coletivas, Wendt definiu-as como o produto de processos relacionais, sujeitas a mudanças. Com esse argumento, Wendt acabou fechando um ciclo: processos relacionais podem levar a mudanças nas identidades coletivas, que, por sua vez, podem modificar a lógica de funcionamento da anarquia. Com isso, uma das premissas centrais do realismo — a ação dos Estados em prol da *defesa do interesse nacional* — pôde ser modificada: antes de defender o interesse nacional como algo previamente determinado, é preciso definir esse interesse nacional e, para defini-lo, é preciso definir as identidades que estão em sua origem.[16]

Nos meados da década de 1990, muito se falava do construtivismo, mas pouco se falava de Onuf e Kratochwil. Acadêmicos como Emanuel Adler e John Gerard Ruggie acabaram aderindo ao construtivismo pelo fato de representar uma via para resolver os problemas impostos pelas limitações do realismo e do liberalismo, sem que fosse preciso cair na crítica radical dos pós-modernos. No entanto, Onuf, que foi o primeiro a usar o conceito de construtivismo e que elaborou sua versão sofisticada, acabou sendo ignorado pela academia norte-americana. Foi nesse contexto que Vendulka Kubalkova, uma estudiosa até então conhecida por seus trabalhos sobre a contribuição marxista ao estudo das relações internacionais, criou um grupo de estudo que passou a liderar junto com o próprio Onuf, com o objetivo explícito de defender uma divulgação mais ampla da versão de Onuf do construtivismo. Foram, então, os primeiros passos para a publicação de uma coleção de livros pela editora M.E. Sharpe sobre visões construtivistas das relações internacionais, e que deu um destaque à contribuição de Onuf em detrimento da de Wendt.

De fato, Wendt foi criticado por ignorar a virada linguística e por insistir demais em estabelecer pontes com as correntes dominantes e, principalmente, com sua cientificidade. O estadocentrismo de Wendt também estava em xeque, já que também se trata de uma concessão às correntes dominantes, de maneira a poder ser incluído nos debates que definem e determinam a disciplina de Relações Internacionais. No entanto, o estadocentrismo, que era considerado uma fraqueza por parte dos críticos pós-positivistas, representava a força da contribuição de Wendt para a teoria das Relações Internacionais, do ponto de vista das correntes dominantes. A inclusão da vertente wendtiana de construtivismo no já mencionado artigo de Katzenstein, Keohane e Krasner na *IO* em 1998 acabou confirmando a postura de Wendt de construtor de pontes na disciplina: sua contribuição teórica passou a ser considerada uma ponte entre positivistas e pós-positivistas. Pelo fato de se identificar claramente como positivista, Wendt acabou sendo considerado o autor que consegue lidar com a crítica pós-positivista, que a entende e pode criticá-la, mas que não abre mão do caráter científico do saber a ser produzido. Ou seja, Wendt fazia a concessão maior, a saber, à necessidade de produzir um conhecimento científico, ao passo que providencia uma explicação endógena do processo de formação de identidades coletivas. Foi nesse contexto que Wendt preparou e publicou seu livro de 1999.

No livro, Wendt declara-se aberta e inequivocamente positivista e moderno. Situando sua contribuição mais uma vez no centro dos estudos das relações internacionais, ele afirma aceitar a contribuição de Kenneth Waltz, sem abrir mão de poder criticá-la para poder ir além dela. Wendt situa claramente a produção do conhecimento dentro de uma perspectiva científica. O único conhecimento que se pode comprovar de maneira empírica é o conhecimento científico. Com isso, sem chegar a desmerecer — como outros o fazem — qualquer outro tipo de conhecimento não científico como mera literatura, ele não abre mão do caráter científico de sua própria produção. Reside nisso a ponte que estabelece com as correntes dominantes.

Wendt estabelece uma outra ponte com os pós-positivistas: sem negar o mundo material, afirma a centralidade das ideias em sua teoria. Para ele, existe um "mundo lá fora", mas este mundo é socialmente construído e, por isso, é produto das ideias e dos valores dos agentes que o constroem. Portanto, qualquer teoria que ignore — ou que não incorpore de maneira endógena — instrumentos para analisar os processos de construção das ideias e dos valores dos agentes é uma teoria incompleta. Para Wendt, ideias e valores são centrais para qualquer análise e deveriam ser explicadas endogenamente. Sendo as teorias tradicionais incapazes de providenciar explicações endógenas para a formação dessas ideias e desses valores, a teoria de Wendt vem completá-las e paliar suas deficiências. Observamos, aqui, que o fato de Wendt dar um destaque central ao mundo das ideias não significa que tenha "operado a virada linguística". Wendt insistiu em manter-se distante de construtivistas como Kratochwil e Onuf ao não lidar com o discurso como uma categoria central de sua análise. Maja Zehfuss afirma, a este respeito, que, no caso de Wendt, os agentes permanecem mudos, e suas comunicações são atos unilaterais de agentes que são seguidos por outros atos unilaterais de outros agentes, sem que isso represente uma comunicação intersubjetiva como apresentada por Habermas.[17]

Uma outra ponte que Wendt procura estabelecer entre positivistas e pós-positivistas é quando tenta responder à crítica segundo a qual seu construtivismo é centrado no Estado. Por um lado, ele não apenas reafirmou a negação da antecedência ontológica aos agentes e à estrutura e, com isso, a coconstituição de ambos, mas também o fato de se tratar de um processo contínuo e permanente. Com isso, Wendt garantiu suas credenciais críticas ao abrir a possibilidade permanente de mudança nas relações internacionais. Por outro lado, defendeu o conceito de agência como central ao entendimento dos fenômenos sociais, de onde decorre a centralidade dos Estados nas relações internacionais. Segundo Wendt, vivemos em um mundo de Estados, mesmo que isso não signifique que os Estados sejam os únicos agentes das relações internacionais. Wendt afirma, a esse respeito, que os Estados são atores reais aos quais se podem atribuir qualidades antropomórficas reais.[18] Ignorar esse fato central seria produzir uma teoria sobre outra coisa, e não sobre as relações internacionais. Com isso, ele garantiu poder debater com as teorias dominantes. Em seguida, afirma Wendt que a definição das identidades precede a definição dos interesses e que, antes de definir o interesse nacional, faz-se necessário definir a identidade que vai informar a formação deste interesse. A partir do momento em que as identidades não são previamente determinadas, os interesses também não podem ser predeterminados. De qualquer maneira, com isso, Wendt oferece os instrumentos de análise para entender a formação de identidades coletivas próprias à sua teoria. Com isso, ele lida com a carência das teorias dominantes, que, segundo ele, padecem de uma explicação endógena da construção de identidades.

Por fim, Wendt afirma a existência de três culturas de anarquia: a hobbesiana, a lockeana e a kantiana. A anarquia hobbesiana é caracterizada pela cultura da inimizade. Os Estados estão embutidos de uma dinâmica de competição e desconfiança permanentes, e a lógica que prevalece é a lógica da autoajuda. A cultura lockeana é uma cultura de rivalidade. Os Estados competem uns com os outros sobre recursos, posses e até poder, mas essa rivalidade não é uma dinâmica marcada pelos imperativos de vida ou morte. A dinâmica da rivalidade é, então, uma dinâmica caracterizada pela centralidade da soberania. A cultura kantiana é uma cultura de amizade. Os Estados têm uma predisposição positiva em relação uns aos outros. Disputas não são resolvidas mediante o recurso às armas, nem a ameaça ao uso das armas, e ameaças contra um amigo de um Estado são consideradas por esse Estado ameaças contra ele mesmo.

Cada uma dessas três culturas de anarquia pode ser internalizada em três níveis diferentes. O primeiro nível de internalização é pela força; o segundo é pelos interesses; e o terceiro é o resultado da legitimidade. A internalização pela força significa que os atores internos se conformam com a existência de uma cultura de anarquia por existirem motivos de poder e sobrevivência para levar os atores a aderirem a essa cultura de anarquia. A internalização por interesses significa que há um preço a ser pago por aderir — ou não — a essa cultura de anarquia, e que um cálculo de custos e benefícios levará à internalização — ou não — de uma cultura de anarquia. A internalização por legitimidade demonstra um profundo convencimento de que a cultura de anarquia não revela apenas uma questão de interesses, mas sim de normalidade: sequer cogitam-se outras alternativas a não ser a amizade entre os agentes. Wendt afirma que, nas três culturas de anarquia, os três níveis de internalização são possíveis, e fala de uma matriz de três culturas por três níveis de internalização. No entanto, é possível questionar a congruência de uma cultura kantiana baseada na força, da mesma forma que é possível questionar — mesmo que em grau menor — uma cultura hobbesiana baseada na legitimidade. O fato é que Wendt considera todas as nove possibilidades plausíveis. De qualquer modo, com a discussão sobre culturas de anarquia e sua internalização, Wendt deixa claro que as relações internacionais revelam tanto a importância dos agentes quanto a importância da estrutura na qual esses agentes estão embutidos.

Entre esses três pensadores construtivistas, Kratochwil e Onuf partilham a ênfase no discurso e nas normas, revelando a influência da linguística em geral, e de Wittgenstein em particular. Wendt e Onuf partilham a insistência na coconstituição de agentes e estrutura, revelando, com isso, a influência da teoria social em geral, e de Giddens em particular. O distanciamento do positivismo fica claramente por conta de Kratochwil, enquanto a sólida amarra ao caráter científico do conhecimento é uma característica da contribuição de Wendt. Na próxima seção, veremos como essas distinções têm influenciado o debate mais atual sobre o construtivismo nas Relações Internacionais.

O construtivismo depois de 1999

A expansão do estudo das relações internacionais fora da América do Norte — e em particular na Europa Ocidental, junto com o debate que cercou a publicação do livro de Wendt — resultou em novas dinâmicas na disciplina de Relações Internacionais. O cientificismo considerado exacerbado na obra de Wendt acabou sendo rejeitado por vários autores europeus depois de 1999. Em vez de construir pontes com os pós-positivistas, Wendt acabou sendo duramente criticado por eles. Os críticos mais benevolentes diziam que ele havia sido cooptado pelas teorias dominantes, enquanto críticas mais duras falavam em traição. O caso é que o livro de Wendt acabou ocupando um lugar central nos debates da teoria das relações internacionais na atual década. Destacamos, aqui, duas orientações: a reflexão construtivista sobre instituições internacionais; e as contribuições de outros autores ao debate construtivista.

No início da presente década, tanto Onuf quanto Wendt debruçaram-se sobre o debate em relação à importância das instituições nas relações internacionais. Até então tido como uma área forte do institucionalismo neoliberal, o debate sobre instituições internacionais representava desafios e oportunidades importantes para o construtivismo. Não era de surpreender, então, que dois dos pilares do construtivismo procurassem apresentar sua perspectiva sobre o papel das instituições nas relações internacionais.[19]

Onuf elaborou seu pensamento em relação ao debate sobre instituições internacionais a partir da discussão sobre o desenho destas. Segundo ele, o debate tradicional sobre instituições nas relações internacionais as considera espontâneas — como é o caso da escola inglesa — ou construídas pelos atores — como é o caso dos institucionalistas norte-americanos. Onuf sugere uma terceira opção: as instituições são construídas pelos agentes, sim, mas o processo de construção é limitado pelas limitações estruturais. Isto é, os agentes não podem construir a instituição que querem, mas sim a instituição que podem. Ou seja, nada surpreendente para quem nega antecedência ontológica aos agentes e à estrutura. Para Onuf, ao passo que os atos dos agentes são intencionais, as consequências desses atos não o são.

Wendt, por seu lado, concorda com Onuf sobre a importância de analisar e entender o desenho institucional e questiona as teorias tradicionais sobre instituições — principalmente a escola da escolha racional — por sua falta de perspectiva futura quanto a esse desenho. De acordo com ele, para discutir o desenho institucional, o pensamento dos liberais se baseia no conhecimento do funcionamento passado das instituições, enquanto é preciso olhar para o futuro e suas necessidades para desenhar instituições capazes de lidar com esses desafios. Em outros termos, Wendt aproveita-se do debate sobre instituições para afirmar a validade do pensamento normativo: é a eficiência futura das instituições que deve governar seu desenho institucional, e não seu passado. Portanto, a questão dos valores que liderarão esse desenho é central para Wendt: quais instituições — e para que propósitos definidos — os agentes querem construir? Essa deveria ser a pergunta central para Wendt. Observa-se, portanto, que tanto Onuf permanece consistente com sua premissa sobre a intencionalidade dos atos, mas não das consequências, quanto Wendt permanece consistente com a importância da agência em seu pensamento.

Além de Onuf e Wendt, outras contribuições construtivistas foram se firmando. Daremos destaque, aqui, a duas construtivistas críticas: Karin M. Fierke e Maja Zehfuss.[20] Ambas as autoras possuem uma preocupação com a pesquisa empírica e com a aplicabilidade do construtivismo para acadêmicos interessados em pesquisas empíricas mais que em debates teóricos — ou até metateóricos. Ambas compartilham, também, uma postura crítica em relação à contribuição de Wendt.

Fierke, mais declaradamente construtivista, define o construtivismo como um método para se estudar as relações internacionais. Ao mesmo tempo, Fierke critica Wendt por ele procurar apresentar uma postura intermediária entre positivistas e pós-positivistas. Ela reivindica um lugar diferente para o construtivismo: entre Wendt e os pós-modernos. Fierke procura afirmar o construtivismo como uma abordagem que se adapta às necessidades da pesquisa empírica sem abrir mão da postura crítica. A partir da premissa central de que o mundo é cambiável e que as interações são o que muda este mundo, Fierke apresenta uma agenda em quatro pontos em forma de lições para uma pesquisa crítica das relações internacionais. A primeira lição é a necessidade de se considerar o contexto político mais amplo em vez das motivações dos atores políticos engajados em tal ou tal interação. A segunda lição é sobre a necessidade de identificar padrões dentro de um contexto que é, em si, socialmente construído. Daí a importância da linguagem que usamos para nos referirmos a esse contexto. A terceira lição é sobre o fato de que, nas relações internacionais, o discurso é importante, mas há elementos materiais que vão além do discurso. Por fim, há a necessidade de se apresentar "histórias melhores" sobre os eventos. Isso não quer dizer que versões alternativas sobre os fatos deveriam ser silenciadas, mas sim que é necessário construir uma narrativa única capaz de relatar as diferentes versões da história. A narrativa da metodologia crítica deveria poder relatar as diferentes versões da mesma história de maneira inteligível e organizada. Esse é o desafio do construtivismo, com o qual a própria Fierke procurou lidar em vários estudos empíricos.

Zehfuss, por sua vez, tem uma postura muito mais crítica em relação ao construtivismo. Ela se posiciona nitidamente como mais próxima de Onuf e Kratochwil que de Wendt. Para ela, a força de Onuf e Kratochwil está justamente no fato de eles terem partilhado a virada linguística. Assumindo uma postura mais próxima do pós-modernismo que propriamente do construtivismo, Zehfuss argumenta que o construtivismo sem a análise do discurso não tem força. Da mesma forma que Fierke, ela está preocupada com a pesquisa empírica de caráter crítico, e vê o mesmo duplo desafio se colocando aos construtivistas: produzir pesquisa empírica sem perder a postura crítica. Nesse sentido, Zehfuss afirma que a tímida virada linguística de alguns construtivistas torna o construtivismo de pouca utilidade para a análise crítica. Segundo ela, o risco para o construtivismo é que, ao adotar a virada linguística, ele não consiga se diferenciar do pós-modernismo, mas sem adotá-la, corre o risco de ser apenas mais uma teoria positivista sem capacidade crítica nenhuma. É nesse sentido que Zehfuss acaba sendo vista por vários como crítica do construtivismo.

Conclusão

Uma primeira conclusão é que é difícil — para não dizer impossível — falar de um construtivismo só. Existem vários construtivismos, desde o mais declaradamente positivista até o pós-moderno. De Wendt a Zehfuss, de Adler a Kratochwil, passando por Ruggie, Onuf e Fierke, todos são construtivistas, mas todos exibem relações diferentes com as práticas discursivas, a ciência e o conhecimento. O que não significa que existam tantos construtivismos quanto há autores construtivistas.

Uma segunda conclusão deste capítulo é que o construtivismo representou um refúgio para vários órfãos na disciplina de Relações Internacionais. Os teóricos que acreditavam que o debate agentes-estrutura poderia apresentar respostas úteis para a disciplina de Relações Internacionais foram atraídos pela resposta original, inspirada em Giddens, que é usada por alguns construtivistas. Os teóricos que ficavam insatisfeitos com as respostas tradicionais das Relações Internacionais e frustrados pela ausência de debates sobre assuntos como a identidade e a cultura nas Relações Internacionais encontraram no construtivismo — principalmente na versão de Wendt — também uma via para não abrir mão de suas convicções científicas sem deixar de lidar com os desafios aqui mencionados. Os teóricos que tinham uma postura crítica em relação aos estudos das Relações Internacionais, mas que estavam insatisfeitos com as respostas apresentadas pelos pensadores da chamada esquerda clássica, também encontraram uma resposta satisfatória no construtivismo.

A satisfação de tantos teóricos e a resposta a tantas expectativas só foram possíveis devido à diversidade dentro do construtivismo. A definição do construtivismo como baseado no fato de que a realidade — e o conhecimento que formulamos em relação a essa realidade — é socialmente construída é tão ampla que pode incluir até pós-modernos e pós-estruturalistas. Ao mesmo tempo, uma definição que situa o construtivismo exclusivamente dentro do debate agentes-estrutura limita o leque de construtivistas e deixa, ainda, de incluir um dos três nomes mais citados aqui: Kratochwil.

Daí a concluir que o construtivismo é uma via média — um meio termo — entre o realismo e o liberalismo, por um lado, e algumas contribuições pós-positivistas, por outro lado, pode ser uma conclusão precipitada demais, e que muitos construtivistas estudados aqui não aceitam.

Notas

1. Onuf, Nicholas. *World of Our Making — Rules and Rule in Social Theory and International Relations*. Columbia: University of South Carolina Press, 1989; e Wendt, Alexander. "Anarchy Is What States Make of It". *International Organization*, v. 46, p. 391-425.
2. Wendt, Alexander. *Social Theory of International Relations*. Cambridge: Cambridge University Press, 1999.
3. Keohane, Robert O. "International Institutions: Two Approaches". *International Studies Quarterly*, v. 32, n. 4, p. 379-396, 1988.
4. Walt, Stephen J. "International Relations: One World, Many Theories". *Foreign Policy*, n. 110, primavera de 1998.
5. Katzenstein, Peter; Keohane, Robert; Krasner, Stephen. "International Organization and the Study of World Politics". *International Organization*, v. 52, outono de 1998.
6. Jorgensen, Knud Erik. "Four Levels and a Discipline". In: *Constructing International Relations — The Next Generation*. Nova York: M.E. Sharpe, 2001, p. 36-53.
7. Kratochwil, Friedrich V. "Constructivism as an Approach". In: *Constructing... op. cit.*, p. 13-35; e Risse-Kappen, Thomas. "Between a New World Order and None: Explaining the Reemergence of the United Nations in World Politics". In: Krause, Keith; Williams, Michael. (Orgs.). *Critical Security Studies*. Minneapolis: Minnesota University Press, p. 255-298, 1997 (aqui, p. 267). Ver também, em português, o artigo de Adler: Adler, Emmanuel. "O construtivismo no estudo das relações internacionais". *Lua Nova*, n. 47, p. 201-246.
8. Onuf, Nicholas. "Parsing Personal Identity: Self, Other, Agent". In: Debrix, François. (Org.). *Language, Agency, and Politics in a Constructed World*. Nova York: M.E. Sharpe, 2003.

9. Kratochwil, Friedrich Von. "Constructivism as an Approach to Interdisciplinary Study". In: *Constructing... op. cit*, p. 17-19.
10. Watson, Adam. *The Evolution of International Society: A Comparative Historical Analysis*. Londres: Routledge, 1992.
11. Reus-Smit, Christian. "Imagining Society: Constructivism and the English School". *British Journal of Politics and International Relations*, v. 4, n. 3, p. 487-509, outubro de 2002.
12. Kratochwil, Friedrich V. *Rules, Norms and Decisions. On the Conditions of Practical and Legal Reasoning in International Relations and Domestic Affairs*. Cambridge: Cambridge University Press, 1989.
13. Giddens, Anthony. *The Constitution of Society: Outline of the Theory of Structuration*. Cambridge: Polity Press, 1984.
14. Wendt, Alexander. "The Agent-Structure Problem in International Relations Theory". *International Organization*, v. 41, n. 3, p. 335-370, 1987.
15. Wendt, Alexander. "Collective Identity Formation and the International State". *American Political Science Review*, v. 88, n. 2, p. 384-396, 1994.
16. Jepperson, Ronald L.; Katzenstein, Peter J.; Wendt, Alexander. "Norms, Identity, and Culture in National Security". In: Katzenstein, Peter J. (Org.). *The Culture of National Security: Norms and Identity in World Politics*. Nova York: Columbia University Press, 1996.
17. Zehfuss, Maja. "Constructivisms in International Relations: Wendt, Onuf, and Kratochwil". In: *Constructing International Relations, op. cit.*, p. 54-75.
18. Wendt, *op. cit.*, p. 197.
19. Onuf, Nicholas G. "Institutions, Intentions and International Relations". *Review of International Studies*, v. 28, n. 2, p. 211-228, abril de 2002; e Wendt, Alexander. "Driving with the Rearview Mirror — On the Rational Science of Institutional Design". *International Organization*, v. 55, n. 4, p. 1019-1049, 2001.
20. Ver, por exemplo: Fierke, Karin M. "Critical Methodology and Constructivism". In: *Constructing International Relations, op. cit.*, p. 115-135; e Zehfuss, Maja. *Constructivism in International Relations — The Politics of Reality*. Cambridge: Cambridge University Press, 2002.

Capítulo 7

OS PÓS-MODERNOS/PÓS-ESTRUTURALISTAS

A virada pós-moderna

Os debates dos anos 1980 e 1990 trouxeram para as Relações Internacionais um conjunto de autores e perspectivas até então estranhos à área.[1] A introdução de temas, conceitos e métodos da filosofia e da teoria social por meio da obra de pensadores como Giddens, Habermas, Foucault, Derrida, Rorty, entre outros, veio ao encontro da necessidade de superar as limitações que as teorias dominantes impunham à compreensão das transformações na política mundial e a sua visão ortodoxa sobre o que é conhecimento e como ele deve ser produzido.

A busca por uma renovação dos paradigmas despertou o interesse da nova geração de estudiosos críticos pelas contribuições já reconhecidas daqueles autores ao debate em torno da crise das ciências humanas. Nessa crise mais ampla do pensamento, destaca-se a dimensão ética e normativa já desenvolvida pelos teóricos críticos em seu ataque à razão instrumental e ao predomínio da técnica como base das teorias positivistas. O esvaziamento do conteúdo moral da reflexão sobre a ação humana estava associado às atrocidades dos regimes totalitários e à opressão e alienação das sociedades industriais modernas. Os herdeiros da Escola de Frankfurt, como Habermas, acreditavam que, apesar de o mundo social ter sido dominado pela racionalidade técnico-instrumental, a razão não havia perdido seu potencial emancipatório. Nesse sentido, Habermas propõe uma reavaliação das formas de racionalidade desenvolvidas ao longo da história para reafirmar a possibilidade de alcançar, por meio da ação comunicativa, padrões éticos universais que possibilitassem a formação de comunidades políticas mais solidárias.

Os pensadores pós-modernos se caracterizam pela desconfiança e pela descrença na possibilidade de reformar o projeto iluminista e recuperar seu compromisso com a autonomia e a liberdade humanas. Esse ceticismo se baseia na convicção de que não podemos separar a razão das relações de poder que possibilitam falar em "verdades" científicas. Para os pós-modernos, toda verdade é a afirmação de uma posição de poder e reflete estruturas de dominação que pretendem, por meio do discurso científico, apresentar-se como neutras e naturais. Por isso, como veremos ao longo deste capítulo, os autores desse movimento intelectual acabam se distanciando de seus parceiros de combate ao positivismo — os teóricos críticos — na medida em que rejeitam a busca de novas fundações para o conhecimento sobre as quais basear nossas análises do real e nossos julgamentos sobre o que é justo e o que não é.

Este é um ponto importante que caracteriza o movimento pós-positivista, pois está na base da crítica à *epistemologia positivista*, que afirma podermos conhecer a realidade objetivamente, de maneira semelhante a como conhecemos o mundo natural. Se a razão não tem um fundamento universal e estável sobre o qual assentar o processo de produção de conhecimento, não podemos afirmar que, em sua relação com o objeto observado, o sujeito (o teórico ou analista) possa apreender as características fundamentais que definem aquilo que é estudado, como algo externo, dotado de uma existência independente e, portanto, passível de uma descrição objetiva, precisa e neutra.

A separação entre sujeito e objeto pressupõe que a existência, os traços e o comportamento de ambos precedam o momento do processo de observação e conhecimento e não sofram alterações decorrentes desse mesmo processo. Na epistemologia positivista, o sujeito deve estar firmemente ancorado em uma fundação racional sólida que lhe garanta a estabilidade dessa separação que, por sua vez, torna possível formular afirmações verdadeiras (porque logicamente objetivas) sobre a realidade. Se sujeito e objeto se confundissem, toda afirmação estaria sujeita a questionamento, uma vez que os fundamentos do processo racional que gerou o conhecimento verdadeiro também seria contingente à relação, no tempo e espaço, das partes envolvidas nesse processo. A crítica à noção de um fundamento universal para a razão, que está na base da definição iluminista do homem como ser racional, gera enormes incertezas quanto à possibilidade de acumularmos conhecimento e progressivamente ampliarmos nossa compreensão do mundo que nos cerca. Por isso, a crítica mais radical ao positivismo desperta profunda rejeição e até mesmo desdém por todos aqueles que nutrem sua fé na ciência.

A postura antiessencialista dos pós-modernos representa uma resposta e, ao mesmo tempo, um ataque à *ansiedade cartesiana* que move a busca por certezas e requer um ponto fixo (como na geometria de Descartes), a partir do qual se possa conhecer o real em todas as suas facetas e perspectivas. Para eles, todo processo de análise da realidade social envolve alguma forma de interpretação. Por sua vez, as diferentes interpretações sobre a natureza e o significado do que vemos estão fundamentadas em pressupostos que devem estar sempre sujeitos à discussão.

O problema com as teorias positivistas é que partem de pressupostos (por exemplo, sobre a natureza humana) que são colocados fora de qualquer debate e tratados como dados. Os pós-modernos denunciam essa naturalização dos pressupostos da atividade científica como um movimento para silenciar e excluir formas alternativas de produção de conhecimento e reproduzir relações de dominação. Essa abordagem é conhecida como perspectivista ou relativista, pois argumenta que toda afirmação sobre a verdade é feita a partir de uma perspectiva que não é única (como a cartesiana) e, portanto, é sempre relativa ao lugar a partir do qual é formulada. Essa subversão do estatuto objetivo da verdade coloca em questão a própria legitimidade da ciência, uma vez que lhe retira a condição de saber superior a todas as demais formas de saber encontradas nas sociedades humanas.[2]

O questionamento dos pressupostos das teorias de Relações Internacionais é uma das principais contribuições do pós-modernismo para a redefinição da área a partir dos anos 1980. Se, por exemplo, o pressuposto da anarquia como estado de natureza for colocado em dúvida a partir de uma análise das origens e dos contextos intelectuais em que é produzido, a força que adquiriu enquanto "realidade" que condiciona inexoravelmente a qualidade da política mundial se verá bastante reduzida.

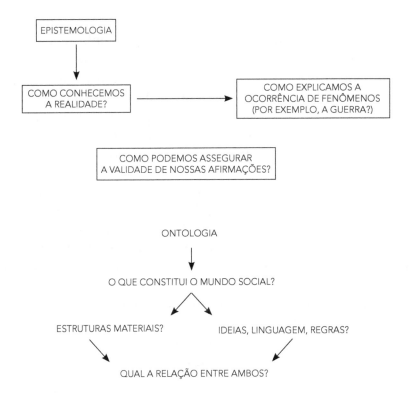

Outra implicação importante do ataque à concepção moderna de ciência é a crítica aos métodos empiricistas importados das ciências naturais. Para os pós-modernos, como vimos, os dados como tais não nos dizem nada interessante sobre a realidade que queremos conhecer. Os dados em si mesmos não possuem significado além daquele que os sujeitos que o estudam lhe atribuem. Nesse sentido, em uma abordagem perspectivista, a interpretação se torna mais importante que o dado empírico, e o esforço teórico se volta para a análise das próprias teorias, seus temas, metodologias e pressupostos.

A ambição das teorias dominantes de RI é alcançar o mesmo rigor das ciências naturais, tratando os fatos como fenômenos objetivos passíveis de um tratamento análogo aos objetos encontrados na natureza. Uma vez que a epistemologia positivista viabiliza esse tratamento, justifica-se a defesa de uma unidade metodológica que se manifesta no emprego de métodos quantitativos cada vez mais formais pelas teorias convencionais. Uma consulta rápida a uma das mais importantes publicações da área — a revista *International Studies Quarterly* — mostrará como prevalecem, de forma quase absoluta, artigos cujo tratamento dos temas de relações internacionais é quantitativo. A teoria crítica de inspiração pós-moderna nega que possamos tratar a política de maneira semelhante a fenômenos naturais e, consequentemente, que seja aceitável adotar uma metodologia comum. Ao contrário, à medida que encontramos diferentes perspectivas epistemológicas, devemos abrir a disciplina para uma pluralidade de métodos, abandonando a velha pretensão de alcançar o status de ciência e de formular uma única teoria de RI que refletisse o consenso da área em torno de uma metodologia única. A tendência ao pluralismo fez com que os teóricos convencionais levantassem sinais de alarme diante do risco de fragmentação e perda de coerência que, segundo eles, estaria corroendo a disciplina devido à proliferação de visões alternativas.

Não devemos subestimar a importância e o alcance dessas críticas sobre a atividade acadêmica em RI. Como dissemos, as reações aos ventos pós-positivistas foram violentas porque se dirigiram contra os elementos que, durante décadas, conferiram legitimidade e crescente prestígio ao campo diante das demais ciências sociais, bem como diante de tomadores de decisão operando em ministérios de relações exteriores. O descrédito da teoria e das pesquisas tradicionais representaria um custo enorme para um número muito grande de internacionalistas. De fato, mesmo com o desenvolvimento notável das correntes críticas ao longo dos últimos anos, o positivismo continua servindo de ferramenta teórico-metodológica para a maior parte das pesquisas de RI.

Uma das razões para a persistência dessa visão está em seu sucesso na definição de um conjunto de temáticas consideradas definidoras dos estudos internacionais, como a guerra, a segurança do Estado, a balança de poder, a cooperação na anarquia, a interdependência etc. Essas temáticas, por sua vez, estão intimamente relacionadas às escolhas epistemológicas do positivismo. Elas se consolidaram e adquiriram permanência, dirão os críticos, porque estudadas a partir de uma perspectiva que privilegia a constância, a recorrência e a estabilidade dos fenômenos que compõem a vida internacional.

Em outras palavras, para que uma teoria seja capaz de gerar enunciados e generalizações similares às leis que regulam o funcionamento da natureza, por exemplo, é preciso que o objeto dessa teoria seja bem descrito e definido por meio de conceitos que perdurem no tempo. A afirmação de Waltz, por exemplo, de que "um Estado, é um Estado, é um Estado", é um indicador claro de que sua teoria conceitua o Estado como uma unidade analítica estável e não sujeita a discussões sobre o que seria, *de fato*, o Estado, como querem os críticos. Da mesma forma, concepções acerca da natureza humana também são resultado da opção por uma epistemologia positiva.

O veio da crítica pós-positivista está na acusação de que teorias como o neorrealismo não refletem o real, mas sim o produzem por meio de representações do real baseadas no discurso científico. Na verdade, é a obsessão pela cientificidade e a lealdade a sua metodologia que conduz os pressupostos sobre o que é real e o que merece ser estudado nas relações internacionais. É a partir das observações empíricas cientificamente controladas do comportamento dos seres humanos em certas situações que são formuladas as concepções egoístas e racionalistas sobre a natureza humana. Uma vez definida essa natureza, forma-se um senso comum sobre o que somos e cristaliza-se uma determinada forma de conhecer e estudar o que fazemos. Em outras palavras, no positivismo, o que um ser humano é (sua ontologia) acaba sendo definido pela maneira como organizamos a produção do conhecimento sobre nós mesmos (epistemologia e metodologia). Ora, dirão os pós-modernos, a experiência humana é rica e diversa demais para que sua existência seja delimitada e limitada por um discurso científico que se quer universal, mas que, na verdade, é apenas mais um discurso entre tantos.

Nesse sentido, a corrente pós-positivista coloca em evidência a questão da identidade, ou seja, aquilo que nos define como indivíduos e como membros de um grupo ou comunidade, como um pressuposto indispensável para compreender como os interesses se formam e orientam a ação política. Veremos como esses autores propõem tratar identidades como construções sociais, e não como um traço deduzido do comportamento racional.

Finalmente, as considerações feitas até aqui nos ajudam a entender por que os pós-modernos afirmam que toda teoria é normativa, ou seja, formulada a partir de uma visão de mundo baseada em valores. Não existe um lugar que esteja "acima" de todo outro lugar e que nos permita uma perspectiva ampla e total da realidade. Todo olhar é situado, toda teoria é uma perspectiva entre tantas. Não há neutralidade possível, não há um sujeito que, destacado do objeto que observa, seja capaz de produzir um conhecimento que "reflita", sem distorções, esse mesmo objeto. Os autores pós-modernos, portanto, entram no debate teórico das Relações Internacionais dispostos a desconstruir o discurso dominante, mostrando seu comprometimento com estruturas de poder, e a minar as bases de sua pretensão científica, afirmando que sua metodologia carece de fundamentos. O positivismo teria transformado as Relações Internacionais em uma disciplina estagnada, desinteressante e desconectada das mudanças na política mundial. Os novos críticos querem mudar isso, renovando o debate e promovendo uma circulação mais livre de ideias.

Poder e conhecimento nas Relações Internacionais

Os teóricos pós-modernos — ou pós-estruturalistas — veem nas Relações Internacionais um espaço privilegiado de produção de uma visão da política essencialmente moderna. Quando falamos de uma visão moderna da política, nos referimos a uma concepção centrada no sujeito autônomo e racional, capaz de orientar sua ação livremente segundo seus interesses. A teoria política clássica é, por tradição, o lugar em que se dá a reflexão sobre como os homens (*sic*), na era moderna, assumem a tarefa de, coletivamente, organizar politicamente suas vidas.[3] Estamos habituados, por outro lado, a ouvir que as teorias de Relações Internacionais pouco ou nada têm a dizer sobre essas questões.

O inglês Martin Wight escreveu um ensaio, hoje clássico, argumentando que não poderíamos sequer falar em uma teoria internacional porque a política é uma atividade circunscrita ao espaço doméstico, havendo, no espaço internacional, apenas relações de poder entre Estados. Toda especulação teórica sobre a natureza e o propósito do Estado precede qualquer consideração sobre seus negócios com outros Estados.[4] O que, então, a disciplina de Relações Internacionais teria a ver com a constituição do espaço político moderno e do Estado propriamente dito?

Destacamos três pontos centrais do argumento pós-moderno sobre o lugar das RI na política moderna:

- As Relações Internacionais contribuem para a construção da visão de mundo que separa o espaço doméstico do internacional que está na base de toda reflexão moderna sobre a política.
- As Relações Internacionais têm um papel fundamental na produção do discurso da soberania, que é constitutivo da concepção moderna do sujeito e do Estado.
- As Relações Internacionais são responsáveis pela formulação do discurso da anarquia como uma esfera de incerteza, violência e repetição, que se contrapõe ao discurso do sentido, da cooperação e do progresso na esfera doméstica do Estado.

Uma das principais fontes que inspiram o trabalho dos pós-modernos é Michel Foucault. Para esse filósofo francês, toda forma de dominação depende de uma articulação entre conhecimento e poder. A pretensão de separar os processos de produção de saber dos mecanismos de dominação é ilusória, apenas um estratagema para dar legitimidade ao discurso científico e à autoridade política. Para Foucault, o poder precisa do conhecimento para operar, e o conhecimento é produzido no âmbito de redes de poder. Dizer que a ciência é neutra serve à necessidade do poder de esconder suas origens, ocultar a ilegitimidade que ronda sua fundação.

Para Foucault, não podemos separar o mundo das ideias da realidade material, as teorias das práticas que as confirmam, o império da razão do reino da violência. Em outras palavras, o conhecimento não é mera abstração, tentativa de refletir a realidade de maneira simplificada para melhor entendê-la. Também não é produzido nas mentes dos cientistas e filósofos. O conhecimento é, desde logo, objeto, operacionalização, mecanismo de produção de verdade em um determinado regime de poder.[5] Por outro lado, Foucault também rejeita a noção de um saber capaz de abranger a totalidade das relações sociais, produzindo uma verdade única e unificada. Pelo contrário, o nexo poder/conhecimento se manifesta em uma multiplicidade de locais e requer um esforço constante de institucionalização, disciplina e disseminação em redes que produzam efeitos que adquiram a aparência de um grande regime de verdade, de uma sociedade organizada de acordo com uma racionalidade e um sentido. É por isso que Foucault se dedica à investigação da *genealogia* do saber/poder, ou seja, à identificação das práticas que deram origem a representações dominantes da sociedade, bem como às formas de produção de um sujeito obediente, disciplinado e racional como o protótipo do indivíduo livre.

Trata-se, portanto, de evidenciar os processos que permitiram a constante reprodução de formas de dominação ao longo da história moderna, sob a aparência oposta, narrada pela história do conhecimento, de uma trajetória de descoberta progressiva da verdade e de ampliação constante da autonomia e da liberdade individuais. Foucault, em suma, condena a modernidade como um tempo em que a dominação passa a ser exercida por meio de mecanismos de disciplina e vigilância muito mais sofisticados e eficazes, uma vez que o nexo poder/conhecimento produz sujeitos que internalizam as normas e os códigos morais que os tornam indivíduos socialmente funcionais. Nesse regime, o conhecimento não liberta; submete.

A filosofia política de Foucault inspirou autores como Richard K. Ashley e R.B.J. Walker a problematizar a relação entre o saber teórico das Relações Internacionais e o exercício do poder por um certo tipo de sujeito, julgado competente e racional — o Estado.

Em que medida podemos dizer que as representações da política mundial formuladas pelos mais conhecidos pensadores das RI criam as condições para que a prática da *power politics* seja possível? Por outro lado, podemos dizer que as teorias convencionais conquistam uma posição dominante na medida em que articulam, discursivamente, as estratégias de operação do poder nas relações internacionais. O que esses autores querem dizer é que devemos avaliar as teorias de RI como discursos de poder ou modos de interpretação sem os quais o poder não pode ser exercido, e não como representações de um mundo real, externo a esses discursos. Nesse sentido, podemos interpretar a definição de Ashley do neorrealismo como um realismo técnico sob um prisma pós-moderno, no qual o conhecimento sobre as relações internacionais se apresenta como técnica inerente à própria existência do Estado como o ator central do sistema.[6] Essa técnica, por sua vez, conduz à prática do poder sem as restrições jurídicas e morais presentes nas sociedades domésticas.

Ao delimitar o mundo em suas esferas — o internacional e o doméstico — separadas no espaço e diferenciadas em natureza, a disciplina de Relações Internacionais desempenha um papel crucial na constituição da política moderna em torno do eixo soberania/anarquia. A partir dessa diferenciação, organizam-se e legitimam-se as práticas da guerra, da diplomacia, da balança de poder, da hegemonia, bem como, no plano interno, do governo pela representação, da competição política pacífica, da construção da identidade nacional etc. Não podemos entender a modernidade senão por meio dessa construção de um espaço soberano no qual sua promessa possa ser realizada. A busca da liberdade e da autonomia individuais no contexto de uma comunidade que compartilha valores e propósitos comuns se torna possível no universo fechado do Estado territorial, onde os perigos da anarquia são afastados por meio da constituição de um poder acima do qual não paira nenhum outro.

A consequência dessa manobra que funda o mundo moderno é afastar, definitivamente, toda consideração acerca de uma possível comunidade internacional.[7] Em outras palavras, a existência de uma comunidade dentro do Estado se contrapõe à ausência dela fora, e é sobre essa contraposição que se sustenta a organização da vida política em torno do princípio da soberania. O realismo ocupa um lugar central ao formular uma representação poderosa do sistema internacional como o espaço da ausência de comunidade, no qual o poder nu e cru cumpre a função de gerar um mínimo de ordem para assegurar a sobrevivência dos Estados. Nesse contexto, é natural que os operadores competentes da política internacional sejam homens de Estado "realistas", ou seja, plenamente conscientes da necessidade de atuar de acordo com a racionalidade do poder, sob pena de sucumbir sob as duras penalidades impostas pelo mundo "real" àqueles que, ingenuamente, seguem valores restritos à vida em comunidade.

A proposta de Ashley é desconstruir o discurso tradicional das Relações Internacionais, tendo como alvo principal a soberania.[8] A desconstrução é uma modalidade de crítica característica de autores pós-modernos. Seu intuito é questionar as dicotomias nas quais as teorias dominantes se baseiam para construir sua representação da política mundial, por exemplo, anarquia/soberania; guerra/ paz; cidadão/estrangeiro; identidade/diferença; ideias/interesses etc. Essas dicotomias contrapõem polos opostos cujo sentido só pode ser interpretado quando ambos estão justapostos. Na verdade, o pensamento moderno apresenta tais dicotomias sob uma ordem hierarquizada (um polo é sempre superior ao outro) de acordo com pressupostos da razão: a soberania sobrepõe-se à anarquia, a identidade à diferença, e assim por diante. O ponto de referência para julgarmos o valor da ação política torna-se, nesse discurso, necessariamente o polo positivo da equação, ao mesmo tempo em que se torna o fundamento da subjetividade moderna, que requer um ponto fixo (arquimediano) a partir do qual afirmar sua identidade e seus valores.

O problema está na apresentação dessas dualidades como ditames racionais inquestionáveis, lógicos, naturais. As teorias modernas conseguem, por meio dessa estrutura narrativa, transformar esse ordenamento dos valores em verdades autoevidentes, fundamentos de toda ação política razoável, responsável, prudente. Ashley chama essa representação das relações internacionais a partir da dicotomia fundamental da anarquia/soberania de "prática heroica", porque a sobrevivência e a afirmação do Estado no mundo perigoso e irracional da anarquia só podem ser alcançadas por intermédio de um verdadeiro ato de heroísmo. A prática heroica precisa, contudo, ser repetida continuamente, uma vez que na anarquia não existe a possibilidade de evolução rumo a uma comunidade política, impondo a todos os Estados, como afirma o realismo, a adoção recorrente de políticas de poder. A prática heroica, por sua vez, nos coloca diante de uma chantagem: ou agimos racionalmente a partir de uma identidade soberana ou estamos sujeitos à violência e à morte na anarquia.[9]

A partir dessa lógica, o realismo concebe o Estado soberano como um ator que se afirma, heroicamente, no mundo anárquico, agindo com base nos princípios ditados pela necessidade de defender os valores (positivos) realizados no interior da comunidade política (cultura, nação, história, progresso, cidadania) diante dos perigos do mundo lá fora (fanatismo, traição, terrorismo, ausência de propósito comum, estrangeiros, imigrantes ilegais etc.). A chantagem a que se refere Ashley é a que podemos reconhecer no clássico "Primeiro Grande Debate", no qual o realismo se apresenta como o único capaz de defender os interesses do Estado e da nação diante da irresponsabilidade de um idealismo utópico e cosmopolita.

Podemos perceber, até aqui, que os pós-modernos tratam as teorias de Relações Internacionais como *discursos* sobre a política mundial que visam a construir uma certa representação do mundo a partir do princípio da soberania. A crítica a esses discursos passa, em primeiro lugar, pela rejeição de sua qualidade objetiva de verdade autoevidente, mostrando que são apenas discursos, feitos a partir de uma perspectiva particular, e não de uma posição racional universal. Ashley se propõe, assim, a desconstruir esse discurso por meio de uma estratégia inspirada em Foucault, que desvenda como os conceitos são produzidos ao longo de sucessivos momentos de dominação. Em outras palavras, a verdade que os conceitos realistas expressam não contém nenhuma essência objetiva que a coloque acima de qualquer questionamento. Ao contrário, o que parece natural e objetivo é o efeito de um discurso que busca, na soberania, o chão sobre o qual sustentar um ordenamento hierárquico de valores e a construção de um sujeito cuja identidade seja estável e racional. A desconstrução busca desestabilizar conceitos cuja força reside nas oposições discursivas que buscam fixar o sentido de termos como anarquia e soberania, evidenciando as práticas que os forjaram e sugerindo outras leituras possíveis. Uma vez demonstrado que as dicotomias do discurso soberano não são fixas, mas sujeitas à relativização a partir de uma perspectiva alternativa, abrem-se múltiplas possibilidades de crítica e de novas interpretações da política mundial.

Como mencionamos anteriormente, o alvo privilegiado da crítica de Ashley é o Estado soberano, o sujeito principal do discurso da anarquia. Ao desconstruir esse discurso, portanto, Ashley despe o Estado de sua subjetividade estável, homogênea e unitária, questionando o próprio fundamento sobre o qual estão sustentadas essas qualidades. Na verdade, o discurso dominante transfere, por intermédio da dicotomia anarquia/soberania, as contradições presentes no interior das sociedades domésticas para a esfera internacional, ou melhor, para a esfera das relações internacionais, na qual as diferenças que dividem a sociedade se transformam em diferenças *entre* Estados nacionais. A exclusão da diferença do interior das comunidades políticas permite legitimar a presença de um poder estatal unificado — soberano — que passe a ser a expressão da identidade alcançada pela sociedade em torno de valores e propósitos comuns. Ainda que tais valores e propósitos sejam definidos por meio do discurso da anarquia, a solução proporcionada pelo Estado aparece como resultante de um processo natural de sociabilidade fomentada pelo medo, por uma história comum ou mesmo por uma identidade étnica. Ashley oferece uma contribuição importante para a crítica ao estadocentrismo nas Relações Internacionais ao evidenciar que tanto a unidade quanto os fundamentos do Estado são instáveis, que "não há significados fixos, terreno seguro, interpretação profunda" e que "as interpretações devem ser compreendidas como práticas de dominação que têm lugar na superfície da história".[10]

O resultado da releitura crítica possibilitada pela desconstrução do discurso da anarquia é colocar em evidência alguns paradoxos interessantes que, aparentemente, subvertem o próprio discurso. Mencionaremos dois deles. O primeiro paradoxo diz respeito à ausência de origem do Estado soberano. Ele está, desde o início, no centro do processo de formação do sistema internacional, pois nele não seria possível explicar como esse processo pôde levar à expansão de Estados soberanos por todo o globo, tornando-os a forma universal de organização política. No entanto, sabemos que todo conceito e toda estrutura têm uma história, são resultados de práticas culturais, do emprego da violência etc. As origens do Estado precisam ser esquecidas, nas teorias de Relações Internacionais, porque, uma vez questionadas, ele deixa de ser a presença que serve de fonte primária para o discurso da anarquia. Esse é o primeiro paradoxo.[11]

O segundo paradoxo que gostaríamos de mencionar faz referência ao que Ashley define como a "problemática da anarquia", quer seja, aos problemas enfrentados pelos Estados para realizar seus interesses em um mundo de competidores egoístas. Uma vez definido o espaço soberano como o da presença de um poder legítimo e unificador, a ação do Estado, como único sujeito competente para atuar no mundo exterior anárquico, é levada a cabo por "estadistas" orientados pela racionalidade realista. Ora, esses estadistas, por meio de suas práticas, de sua linguagem diplomática sofisticada e do investimento na construção de instituições internacionais, constituem, eles mesmos, uma comunidade internacional, exatamente aquilo que o discurso da anarquia coloca como impossibilidade.

A criação dessa comunidade sem um centro (sem um soberano) é um paradoxo, ao mesmo tempo em que é uma necessidade. Sem ela, como bem demonstram os teóricos da interdependência e da cooperação na anarquia, os Estados arriscam seu próprio bem-estar e prosperidade, para não dizer sua segurança em áreas sensíveis como a proliferação nuclear.[12] O Estado continua a desempenhar suas funções eficazmente, mesmo que seja preciso ajustar-se a uma variação em seu grau de autonomia, dada a crescente complexidade das relações internacionais. Tanto os neorrealistas como os neoliberais reafirmam a centralidade do Estado ao mesmo tempo em que reconhecem a presença de novos atores e questões transnacionais que requerem novas modalidades de "prática heroica", ou seja, de ação estatal racional com vistas a melhor estruturar o sistema internacional, resolvendo problemas de cooperação e promovendo alguma sorte de "governança" global. O paradoxo está, é claro, na contraposição entre uma reafirmação do sujeito soberano como o único competente para lidar com as incertezas da anarquia e no reconhecimento de que as fronteiras entre as esferas doméstica e internacional são mais permeáveis do que o discurso original sempre supôs. Nesse quadro, perguntas sobre como podemos conceber o Estado como "presença" soberana sem investigar suas origens começam a surgir e a colocar em xeque o pressuposto indispensável da ordem internacional. Diante desse paradoxo, a estabilidade essencial do Estado como ponto de referência e fonte indispensável da "prática heroica" se desfaz e leva a uma progressiva dissolução da coerência do paradigma dominante.

A crítica às teorias de Relações Internacionais como estratégias discursivas associadas a regimes dominantes de poder/conhecimento permitiu, por outro lado, questionar a solidez de suas tradições intelectuais. Rob Walker, em um livro que já se tornou um clássico da literatura crítica pós-moderna, argumenta que a leitura realista de clássicos da teoria política como Tucídides, Maquiavel e Hobbes é uma tentativa de estabelecer uma linhagem intelectual que dê credibilidade à ideia de que o pensamento e a prática da *realpolitik* estão enraizados na tradição ocidental.[13] Ao mesmo tempo, a apropriação de figuras canônicas da filosofia política confere status e autoridade à disciplina de RI, cuja juventude é frequentemente apontada como indicador de fragilidade acadêmica e institucional.

Maquiavel, por exemplo, é citado em quase todos os manuais de teoria de RI como um dos fundadores do realismo. A ele se atribui a concepção moderna de política, segundo a qual os estadistas devem submeter princípios éticos e morais aos interesses primordiais do Estado. Maquiavel foi, assim, transformado em um pensador do necessário relativismo moral que envolve a ação política entre Estados, uma vez que a possibilidade de fixar valores universais que orientem a conduta humana se restringe às comunidades políticas. A negação do universalismo da cristandade medieval, a cujos valores estavam submetidos todos os príncipes cristãos, torna-se a pedra de toque do pensamento realista, a verdadeira virada "heroica" de um Maquiavel sensível aos perigos que rondam a segurança das cidades-Estado italianas no final do século XV. Para Walker, contudo, Maquiavel era, antes de tudo, um pensador do seu tempo, e não um formulador de conceitos atemporais sobre a operação do poder em um universo político amoral. Diante do colapso da ordem medieval, Maquiavel se vê diante do desafio de formular uma nova visão da política que fosse capaz de orientar, significativamente, as cidades italianas de acordo com princípios e virtudes republicanas.

Ao contrário do que afirmam os realistas, Maquiavel não estava preocupado em descobrir os segredos perenes da política internacional, pois sequer problematizou a separação entre duas esferas distintas — interna e externa. Para ele, o problema mais importante era repensar a política em um tempo de incertezas e de colapso dos parâmetros da consciência política medieval. Para Walker, as tradições dominantes das RI trataram Maquiavel como o pensador de uma comunidade política estática — o Estado — que passa a ser um ponto de referência fixo em um mundo em que os valores são fluidos (o mundo das relações internacionais onde nenhum padrão ético e moral pode adquirir validade universal). Para esse autor, ao contrário, o pensamento de Maquiavel está voltado para as vicissitudes da política diante da contingência e da mudança, ou seja, em descobrir as virtudes necessárias para enfrentar esse novo mundo em que tudo é fluxo e temporalidade, e nada pode ser considerado eterno ou perene.[14]

A mesma lógica pode ser encontrada na transformação do historiador grego Tucídides (460-404 a.C.) em um "realista" da Antiguidade clássica. A extraordinária obra de Tucídides, *A Guerra do Peloponeso*, além de ser um relato histórico dos primeiros 23 anos da guerra entre Atenas e Esparta, é uma reflexão sobre a corrupção do Império Ateniense pela ambição da conquista e também sobre como a guerra destruiu as melhores virtudes da democracia grega. Uma das características marcantes da História são os diálogos que têm lugar em momentos dramáticos, quando os protagonistas discutem a justiça e a propriedade de decisões acerca da entrada na guerra, a punição a cidades rebeldes ou o destino de populações inteiras que se recusam a se aliar a Atenas. Esses diálogos envolvem considerações sobre a natureza do domínio ateniense, sobre as diferenças na forma de governar, sobre justiça, alianças e tantos outros temas cruciais à teoria política.

Os autores realistas, contudo, preferiram apropriar-se da obra de Tucídides para demonstrar como ela antecipa uma teoria sobre as causas da guerra hegemônica em moldes realistas estruturais. Robert Gilpin afirma que Tucídides mostra como a guerra foi causada por uma mudança na distribuição do poder no sistema bipolar formado por Atenas e Esparta, em função do crescimento desproporcional do poder da primeira e do medo que Esparta sentiu da possível hegemonia ateniense. Por outro lado, o realismo interpretou o famoso diálogo de Melos, no qual enviados de Atenas negociam a rendição daquela cidade, como um conjunto de máximas sobre como o poder na política internacional se exerce sem restrições morais e como os valores refletem a vontade dos mais poderosos.[15] Não cabe, aqui, uma discussão detalhada sobre a História. Queremos apenas salientar como um texto que levanta questões profundas sobre as dificuldades de decidir, justamente, sobre as questões da justiça entre povos diferentes, passa a ser interpretado, a partir da narrativa realista, em um tratado sobre validade atemporal e anistórica da política de poder. Para Walker, o emprego dessa estratégia discursiva serve a uma preocupação com o presente: reafirmar a anarquia como o fundamento do verdadeiro sentido das relações internacionais e confirmar como a ação humana é, em última instância, determinada pelas forças objetivas das estruturas de poder.[16] Os textos que passam a fazer parte dessa tradição confirmam caráter inquestionável de sua lógica e tornam-se, eles mesmos, prisioneiros da interpretação dominante. A estratégia da desconstrução quer, justamente, propor uma leitura alternativa desses textos, ao mesmo tempo em que subverte a ortodoxia realista.

Realidade e discurso na política mundial

Para o positivismo, a teoria deve refletir uma realidade objetiva, que existe "lá fora", independente do sujeito que a observa. A partir dessa concepção, qualquer teoria que não esteja fundamentada em um método empírico de observação do real corre o risco de cair no idealismo ou, simplesmente, tornar-se irrelevante por falta de rigor científico. Como vimos no início deste capítulo, os pós-modernos rejeitam essa visão da relação entre teoria e realidade, entre sujeito e objeto. Para eles, não somos capazes de observar uma realidade social a não ser por meio das ferramentas que empregamos para sua interpretação. Em outras palavras, a realidade objetiva não é acessível aos seres humanos e, nesse sentido, não existe. O que existe são *representações* do real que aspiram ao status de verdade, mobilizando símbolos e discursos para produzir um efeito de realidade que, no mundo moderno, se legitima por meio do poder/conhecimento.

O problema é que o positivismo afirma que a interpretação do real proporcionada pelo método científico *é, de fato, real*. Ou melhor, é uma aproximação suficientemente fiel da realidade objetiva, a ponto de podermos chamá-la de uma proposição verdadeira. A noção de representação pressupõe uma correspondência entre o que é representado e sua representação, que, no pensamento ocidental, se caracteriza pela unidade, pela identidade e pela presença, em contraposição à fragmentação, à diferença e à ausência. Uma representação verdadeira, portanto, não comporta uma diversidade de significados, sua dispersão no tempo e no espaço ou sua ausência eventual em um determinado contexto. Ao mesmo tempo, o valor atribuído a uma representação — seu caráter de verdade — depende de seu oposto, a quem se contrapõe em uma relação hierárquica (como na dicotomia anarquia/soberania). Em outras palavras, apesar de a representação assumir, necessariamente, um caráter absoluto e unívoco, continua dependente e, portanto, "contaminada" pelo seu oposto, sem o qual não adquire um significado estável. Ao desvendar a estratégia discursiva das representações modernas, os críticos pós-positivistas procuram mostrar como, na teoria de Relações Internacionais, a representação da anarquia como uma esfera de perigo, violência e morte assume um papel fundamental na preservação do valor e do significado do Estado soberano como esfera de preservação da vida e produção de sentido.

Os pós-modernos afirmam, portanto, que toda representação se refere apenas a outras representações, e não a uma realidade empírica objetiva à qual alegam corresponder. Nesse sentido, nenhuma descrição ou análise da realidade pode reivindicar um selo de autenticidade ou um caráter inquestionável e absoluto. Na medida em que descrevem nada mais do que representações da realidade, são, de fato, cópias de uma cópia, uma vez que não há "original" que lhe tenha servido como origem.[17] A distinção entre o "dado" original e sua "cópia", tal como é descrita pelos conceitos formulados pela teoria, tende a desaparecer. O mundo que as teorias dizem representar é, na verdade, uma construção discursiva e simbólica que, manipulada retoricamente, confere legitimidade e eficácia ao regime de poder/conhecimento. Podemos perceber, assim, por que os críticos pós-positivistas afirmam que toda teoria é normativa, interessada em reproduzir formas de dominação. Para eles, as formas de conhecimento modernas buscam "fixar" o significado das representações e produzir verdades que, efetivamente, excluem e subjugam interpretações, visões de mundo e subjetividades alternativas que colocam em risco as relações de poder vigentes. Em contraste, esses autores propõem renunciar à ambição científica da verdade, porque é impossível e autoritária, e abrir nossa atividade acadêmica para uma multiplicidade de interpretações que não aspirem a uma representação única ou dominante do mundo social. Essa rejeição do estatuto científico das teorias sociais é duramente condenada por um grande número de estudiosos das ciências sociais, inclusive das RI, como uma atitude obscurantista e conservadora, uma vez que prevalece, entre eles, a perspectiva de que os avanços em suas respectivas áreas de conhecimento são capazes de promover melhores condições de vida para a humanidade.

    Uma vez que os pós-modernos rejeitam a epistemologia positivista, coloca-se a questão de como podemos estudar a realidade social e, mais ainda, o que constitui essa realidade, uma vez que não podemos supor sua materialidade objetiva. O foco recai sobre a linguagem, que é o principal meio de representação da realidade empregado pelas ciências humanas. Os pós-modernos atacam a noção de que as palavras podem ter um significado fixo que reflitam os objetos aos quais fazem referência. A linguagem, portanto, não pode ser considerada um sistema de significados estável que permite que uma dada interpretação da realidade seja apreendida da mesma maneira pelo conjunto da sociedade ou por uma comunidade acadêmica. Esse é o pressuposto das ciências modernas. Entretanto, para os pós-modernos, essa possibilidade de intercâmbio universal de representações é ilusória porque as palavras podem assumir uma diversidade de significados. Nesse sentido, a maneira como interpretamos a realidade é dependente da linguagem ou das práticas discursivas empregadas para descrevê-la. Cai por terra, então, a própria ideia de representação, de correspondência entre palavras e o real (pois esta será sempre indeterminada), para dar lugar apenas a *discursos* sobre o real.

Segundo Jacques Derrida, um filósofo francês muito influente entre os pós-estruturalistas nas RI, "não há nada fora do texto", ou seja, a realidade deve ser entendida como um texto produzido por meio de práticas textuais e discursivas interessadas em criar sistemas de significados e valores que orientem a ação política.[18] Como dissemos antes, são os *modos de representação* que adquirem valor estratégico na realidade social da pós-modernidade, uma vez que são eles que realizam toda *mediação* entre os atores sociais e o real, determinando o que é possível e legítimo, e o que é irracional e fantasioso. Ora, o "material" de que são feitos esses modos de representação é a linguagem, que permite a geração de textos e de narrativas que pretendam descrever, da forma mais transparente possível, o mundo lá fora. Por isso, os críticos pós-estruturalistas se concentram nas práticas discursivas empregadas na produção nas grandes narrativas sobre as relações internacionais, pois são elas que conferem certo significado, por exemplo, à anarquia.

Nesse sentido, o esforço de análise volta-se para a interpretação de textos, uma vez que é por intermédio deles que o mundo é descrito, discursivamente, pelas teorias dominantes. Da mesma forma, é importante submeter a própria linguagem utilizada por tais teorias a uma crítica, considerá-la, como diz Shapiro, "opaca" e não transparente, inserida em contextos sociais mais amplos e comprometida com a produção de uma ordem ou forma de dominação. Hoje em dia, por exemplo, percebemos como os discursos sobre os perigos da política mundial — uma especialidade dos estudiosos de Relações Internacionais — se mobilizam para incluir o terrorismo no rol das ameaças globais mais importantes. O discurso clássico das RI, contudo, sempre privilegiou ameaças oriundas de outros Estados e minimizou as que provinham de atores não estatais como grupos terroristas. Como esse movimento gera tensões difíceis de resolver nos moldes analíticos disponíveis na disciplina, uma das estratégias adotadas tem sido a de associar o terrorismo a uma outra narrativa, mais desenvolvida pela teoria: a dos Estados falidos.

Cynthia Weber, por exemplo, argumenta que a interpretação dos atentados do 11 de setembro de 2001 foi feita com base no resgate da narrativa bem estabelecida nos relatos históricos sobre o ataque a Pearl Harbour. Ao encaixar o ataque terrorista naquele modo de interpretação, foi possível empregar práticas discursivas que condenam, categoricamente, o caráter traiçoeiro e covarde da ofensiva japonesa, ao mesmo tempo em que se legitimava a reação materializada no "contra-ataque" dirigido ao Afeganistão. A autora constrói seu argumento a partir da análise dos textos e discursos de autoridades governamentais norte-americanas, da imprensa e dos especialistas em relações internacionais.[19] A análise dos acontecimentos da política mundial nos últimos anos com base nas práticas discursivas permite compreender, por exemplo, como a guerra contra o Iraque pôde ser levada adiante com uma sustentação mínima nos "fatos". Na verdade, o governo norte-americano construiu seu discurso sobre a ameaça iraquiana a partir da interpretação de textos — resoluções do Conselho de Segurança das Nações Unidas, relatórios de inteligência e imagens de satélite — todos muito pouco precisos quanto aos fatos, mas suficientemente suscetíveis à retórica do perigo iminente.

Como uma das autoras mais representativas do movimento pós-moderno nas Relações Internacionais, Cynthia Weber produziu um estudo original sobre a relação entre soberania e intervenção. A premissa do livro afirma que o significado da soberania estatal é constantemente questionado na política mundial e que as teorias de Relações Internacionais e as práticas de intervenção política desempenham um papel indispensável na fixação desse significado, de modo a estabilizar a ordem mundial. Na medida em que os pós-modernos contestam os modos de representação modernos, suas críticas ao Estado como ator central no sistema internacional se voltam contra a pretensão de o conceito de Estado, de fato, representar uma comunidade política homogênea, governada por uma autoridade legítima e circunscrita em um território bem delimitado.

Como vimos, as representações são nada mais do que cópias de outras representações e, assim, sempre sujeitas à desestabilização por práticas discursivas alternativas. No caso do Estado, dirá Weber, a soberania estatal não pode ser inferida a partir da existência objetiva de seus atributos, mas sim das práticas empregadas para "fixar" os significados que pretende representar. O problema é que, na política mundial contemporânea, tais significados são cada vez mais contestados em função da proliferação de práticas que obrigam a reinterpretar a soberania de modo a legitimar processos transnacionais de integração e de intervenção cada vez mais frequentes nos assuntos internos dos Estados. O desafio de "estabilizar" o significado da soberania e, portanto, a própria integridade do Estado como ator político significativo torna-se, assim, o objeto maior da prática diplomática, das políticas externas e da atuação das organizações internacionais.

O ponto interessante dessa análise está na identificação da cada vez mais frequente prática da intervenção como essencial para redefinir e, ao mesmo tempo, reafirmar o significado da soberania na política mundial. Ao intervir, diz Weber, o Estado hegemônico — ou a comunidade internacional — está dizendo que as fronteiras do Estado que sofre a intervenção podem ser transgredidas e que sua soberania está, efetivamente, fragilizada. O objetivo da intervenção não é, contudo, destruir o Estado e eliminar sua condição soberana, mas sim reconstruí-lo e reconstituir a soberania em novas bases, estas sim legítimas e duradouras. Para Weber, isso só se torna possível por meio de práticas de simulação, ou seja, da mobilização de discursos e símbolos que produzam uma nova comunidade de significado que seja, esta sim, o fundamento antes ausente do Estado. A questão central, obviamente, é a crise de fundamento da representação do Estado que essas ações evidenciam. O discurso da soberania encontra cada vez maiores dificuldades para estabelecer, com segurança, seu referente, ou seja, o objeto a que corresponde, efetivamente. Cynthia Weber fala em simulação porque, em intervenções como a dos Estados Unidos no Panamá, em 1989, e em Granada, em 1983, as comunidades que os americanos queriam colocar no poder como verdadeiros representantes daqueles Estados eram apenas construções discursivas, meras representações sem nenhum referente real. Quando uma representação substitui a realidade, temos uma simulação, e a política internacional torna-se uma sequência de manipulações retóricas de símbolos e discursos.[20]

É importante notar que, para os pós-modernos, os modos de representação tradicionais das teorias de Relações Internacionais estão em descompasso com as transformações da política mundial. Torna-se cada vez mais difícil fixar o sentido de práticas políticas heterogêneas e instáveis por meio de conceitos como Estado, soberania, território, guerra etc. Para James Der Derian, a heterogeneidade das práticas discursivas não deve ser evitada, mas sim estimulada.[21] É preciso resistir à tentação de submeter a complexidade dos processos em curso na pós-modernidade a uma lógica dominante, unívoca (como a "unipolaridade" ou a "guerra contra o terror"). A operação do poder na política mundial atual se dá, cada vez mais, por meio da aceleração de processos no tempo, superando as barreiras fixas do espaço territorial. São as trocas simbólicas, e não as materiais, que sustentam os diferentes regimes de dominação, constituindo novas articulações de poder/conhecimento. Nesse contexto, as teorias convencionais de RI se esforçam para se convencer de que o mundo continua a ser governando pela lógica da geopolítica e do geopoder, ou seja, a resgatar a dimensão de realidade de seus objetos privilegiados de estudo: o Estado e o sistema internacional.

Para Der Derian, o mundo está sendo refeito pela velocidade das novas tecnologias, produzindo representações hiper-realistas das relações internacionais. Em tempos pós-modernos, as inovações tecnológicas aumentaram o alcance das técnicas de vigilância e a velocidade de deslocamento das capacidades estratégicas — a violência e a guerra. Essas novas forças se movem em tempo real, reduzindo o espaço a uma mera abstração, a um hiperespaço ou a um espaço virtual. Der Derian define essa situação como o predomínio da *cronopolítica* sobre a geopolítica, em que o espaço virtual assume, cada vez mais, o lugar dos espaços reais, sem guardar qualquer correspondência com a realidade. O avanço da cronopolítica se dá no vácuo do esvaziamento das teorias convencionais que, em seu discurso, insistiam em reafirmar a permanência da velha ordem geopolítica que, como diz Cynthia Weber, é substituída, progressivamente, por práticas de simulação. Essas simulações, segundo Der Derian, "conseguem deslocar a 'realidade' das relações internacionais que pretendem representar. As simulações criaram um novo espaço no qual os atores agem, coisas acontecem e as consequências não têm origem exceto o ciberespaço artificial das próprias simulações".[22]

Der Derian quer chamar a atenção para o fato de que as novas tecnologias, ao reduzirem distâncias e expandirem a comunicação global, não reduzem as possibilidades de conflito internacional nem proporcionam mais oportunidades de cooperação e solidariedade.. Ao contrário, o ciberespaço viabiliza a redefinição das estratégias de dominação e violência, proporcionando uma nova esfera de poder que substitui os espaços modernos de soberania e legitimidade, ora em dissolução. No espaço virtual, o poder pode disciplinar, vigiar e punir sem se preocupar com os fundamentos de sua legitimidade ou com os limites impostos pelas relações jurídicas da soberania territorial. Trata-se, segundo o autor, de "um novo regime de poder nas relações internacionais".

Identidade, exclusão e soberania

Talvez o veio principal da crítica pós-postivista às teorias convencionais de Relações Internacionais seja a de não ser capaz de refletir sobre as novas realidades da política mundial, mostrando uma enorme distância entre experiência e conhecimento. Paradoxalmente, esses autores são atacados por formularem abordagens teóricas consideradas pouco "empíricas", incapazes de gerar pesquisas com base nos "fatos" concretos que ocorrem no mundo "lá fora". Todavia, como vimos anteriormente, o mundo concreto a que se referem os positivistas é formado por representações e, nesse sentido, pode ser considerado uma abstração ou mesmo uma simulação do real.

Os pós-modernos consideram as teorias de Relações Internacionais discursos poderosos sobre o lugar da violência e do poder na política moderna. Por isso, levam a sério a capacidade de as práticas discursivas produzirem modos de representação cujos efeitos sobre a vida e a morte de um grande número de seres humanos são bastante reais. Essa atitude faz com que a teoria de Relações Internacionais seja tomada como um objeto de análise importante na formação do discurso moderno sobre a política, e não apenas como um saber residual sobre relações de poder pouco sofisticadas entre Estados. Na verdade, as teorias internacionais desempenham um papel fundamental na constituição da imaginação soberana e, consequentemente, na identificação do Estado como referente central da atividade política e como fundamento da subjetividade e da identidade modernas. Nesta seção, discutimos, a partir da obra de Rob Walker e David Campbell, em que medida podemos considerar as teorias de Relações Internacionais uma *teoria política*.

Michael Shapiro se pergunta como as teorias de Relações Internacionais de orientação positivista conseguiram se consolidar como o principal — ou único — meio de interpretar e compreender os acontecimentos da política internacional, distinguindo-a das demais categorias de fenômenos políticos. É a capacidade de separar o mundo em dois tipos diferentes de espaços que, segundo Shapiro, confere a essas práticas discursivas o caráter de principal meio de compreensão da política mundial.[23] Não se trata de uma manobra trivial. Waltz, por exemplo, emprega grande energia para delimitar analiticamente o espaço doméstico do sistema anárquico. Sem essa distinção, diz ele, não há teoria da política internacional. Mais interessante, porém, é o argumento que nos diz que, sem tal separação, não poderíamos, tampouco, falar em uma teoria da política nas sociedades nacionais.

Rob Walker se propõe, justamente, a refletir sobre as teorias de RI como teorias políticas. Escrevendo no início dos anos 1990, Walker aponta para o paradoxo de uma disciplina que insiste na recorrência da política de poder como traço marcante das relações internacionais, em um contexto cuja característica principal é a velocidade dos processos que compõem o que chamamos de globalização e a fluidez territorial resultante das mudanças na relação espaço-tempo. Está claro, para Walker, que a ordem espacial moderna, com base na qual se constituiu o sistema de Estados, está sob a tensão permanente da aceleração dos fluxos globais, tornando-se cada vez mais frágil. O que precisa ser explicado, nesse contexto, é como as teorias de RI continuam a representar o discurso, por excelência, do Estado moderno e das ameaças à sua integridade. O que mais espanta é que essas teorias continuem a assumir como dado aquilo que é mais problemático: o caráter absoluto da soberania territorial.[24]

O foco da análise de Walker, portanto, se volta para a separação entre as duas esferas da política — a nacional e a internacional, o *dentro* e o *fora* — como um traço constitutivo do pensamento político moderno. Ao contrário do que estamos acostumados a pensar, a política moderna não se trata, essencialmente, do movimento dos atores e processos políticos no tempo, ou seja, da sucessão de formas de organização do Estado e tipos de ordenamento constitucional, ao longo da história, com vistas a uma evolução futura. O que caracteriza a política moderna é ser, fundamentalmente, voltada para a organização do *espaço*, em particular do espaço em que se fundam e se desenvolvem as comunidades de destino, que constroem uma identidade comum a partir de uma experiência histórica coletiva e de uma concepção compartilhada de seu projeto de nação.

Para Walker, as teorias de Relações Internacionais adquirem sua importância porque expressam com clareza o lugar em que a vida política deve ocorrer: no interior das fronteiras do Estado territorial. O discurso da anarquia constitui um espaço em que a ausência de valores e o risco permanente da morte violenta representam uma proibição, uma inviabilidade patente de qualquer atividade política. A política, como ensina Aristóteles, trata da busca, em sociedade, do bem comum. Ora, no espaço internacional não há sociedade e não há princípios comuns que possam orientar uma tal busca. A trajetória do sujeito, seja ele o indivíduo seja uma coletividade, é deslocada e circunscrita ao espaço bem definido do Estado. É interessante que a divisão espacial do universo político tenha sido obra das teorias preocupadas com o internacional, e não, propriamente, daqueles filósofos clássicos que dedicaram esforços para compreender como se formam e se desenvolvem as sociedades modernas, como Maquiavel, Hobbes, Locke, Rousseau ou Hegel. Para estes, o internacional é residual, pouco importante. São as teorias internacionais que mobilizam práticas discursivas para que a esfera da anarquia possa ser compreendida como o lugar onde a guerra é permanente.

Se, por um lado, essa narrativa confere à esfera doméstica a importância de ser o lugar onde as aspirações de liberdade e justiça das comunidades políticas podem se desenvolver, por outro, as teorias de relações internacionais também estabelecem limites claros ao desenvolvimento de formas alternativas de organização política. Segundo Walker, nossa imaginação está irremediavelmente circunscrita pelas fronteiras territoriais do Estado, já que qualquer projeto de transformação que implique a articulação com grupos ou povos para além dessas fronteiras está, *a priori*, inviabilizado. Nesse sentido, o caráter utópico das aspirações cosmopolitas confirma a visão de mundo realista que coloca o Estado como princípio e fim da vida social. Pois somente no Estado somos sujeitos e cidadãos, e somente como cidadãos nos tornamos, de fato, seres humanos. Em outras palavras, nosso pertencimento a um Estado, nossa localização em um certo território, define nossa própria existência e nossa identidade, aquilo que nos define. Walker chama a atenção para o poder de uma prática eminentemente espacial — traçar fronteiras — de determinar o estatuto ontológico do sujeito moderno.[25] A partir dessa constatação, podemos compreender por que as teorias internacionais são, na visão de Walker, teorias políticas, uma vez que a partir da oposição dentro/fora definem-se categorias como cidadão/estrangeiro; amigo/inimigo; identidade/ diferença; eu/outro; entre outras que determinam a maneira como pensamos na qualidade de membros de uma comunidade nacional e da humanidade como um todo.

Resumindo de maneira mais esquemática, Walker indica como a soberania resolve três questões ontológicas da tradição ocidental:

a) a relação entre o universal e o plural (o Estado entre uma pluralidade de Estados no sistema internacional).
b) a relação entre o eu e o outro (identidade/não identidade, amigo/inimigo).
c) a relação entre espaço e tempo (história no espaço domesticado do Estado, contingência e repetição no espaço selvagem da anarquia).[26]

O argumento de Walker nos esclarece por que a centralidade do Estado é crucial para pensar a política, pois é por meio da demarcação espacial clara da divisão entre "dentro" e "fora" que se torna possível operar a solução dos dilemas ontológicos criados pelo declínio da ordem medieval. Ao "conter" os homens no interior de suas fronteiras, o Estado dá uma resposta temporal eficaz à crise na relação entre a humanidade e o universal (o cosmos, o divino), provocada pela afirmação da autonomia do indivíduo racional no mundo. Como cidadãos de um Estado, os homens podem realizar suas aspirações universais (liberdade, justiça) e assumir o controle do *tempo*, já não mais comandado pela ordem divina, tornando-se senhores de sua própria história. Em outras palavras, o Estado proporciona uma nova articulação entre espaço e tempo. Por meio da manipulação do território e de sua transformação em um espaço político autorreferente, o tempo transforma-se em história e os homens em seus agentes — ou senhores.

A elegância dessa solução é extraordinária. Sua contrapartida é estabelecer que a realização da aspiração humana de tornar-se senhor de si e do tempo requer que sua relação com outras comunidades nacionais seja expressa em termos de particularidade, ou seja, é facultado a cada coletividade humana o controle sobre seu destino, mas a nenhuma delas é dado determinar o destino da humanidade como um todo. No plano internacional, portanto, temos uma pluralidade de histórias, ideais, propósitos e valores, irreconciliáveis entre si e apenas passíveis de uma convivência potencialmente conflituosa na anarquia. Em resumo, a soberania proporciona soluções para dilemas cruciais da modernidade, abrindo um leque de possibilidades de experimentação política quase ilimitado no âmbito nacional, ao mesmo tempo em que restringe ao mínimo as alternativas de ação política em escala global. As teorias de Relações Internacionais vêm sistematizar essa representação poderosa da vida política, consolidando a concepção de um mundo dividido espacialmente e assumindo um lugar decisivo na construção de um regime de poder/conhecimento que perdura até os dias de hoje.

Diante da crise enfrentada pelas teorias convencionais de RI no contexto das transformações no eixo espaço-tempo produzidas pela globalização, Walker propõe uma crítica que se dirige a três suposições básicas:

1) à historicidade da concepção das teorias de Relações Internacionais acerca da organização espacial da vida internacional.
2)ao caráter normativo de todas as teorias de RI, na medida em que afirmam o que e onde a política deve ser, por meio do discurso da anarquia/soberania.
3) ao tratamento problemático das questões da temporalidade e da mudança nas relações internacionais.[27]

A partir dessa crítica, Walker quer construir as bases para uma perspectiva alternativa da política mundial que consiga superar os limites à imaginação política estabelecidos, secularmente, pela ordem soberana e reproduzidos pelas teorias de Relações Internacionais. Mais uma vez, o movimento pós-estruturalista coloca em evidência a importância de refletir criticamente sobre a própria teoria como instância de resistência a regimes de poder.

Finalmente, gostaríamos de discutir a contribuição de outro expoente central do movimento da teoria crítica pós-moderna: David Campbell. Esse autor trouxe para o campo da política externa a crítica às dicotomias do discurso da anarquia. Em um importante livro sobre a política externa norte-americana, Campbell propôs a interpretação polêmica dessa política como uma prática voltada, fundamentalmente, para a reprodução da identidade americana.[28] Campbell argumenta que as identidades dos Estados modernos são asseguradas por meio de "discursos de perigo" e de uma "evangelização do medo", uma vez que, em um mundo secularizado, não há uma sustentação absoluta — ou transcendental — para as relações entre o indivíduo, o Estado e o mundo exterior. A produção da *diferença* e do *outro* se torna essencial para a afirmação do *self*.

Nesse sentido, a política externa não é expressão das relações de um Estado preexistente com o mundo externo ou com outros Estados. O Estado e a produção da diferença por meio de "políticas externas" são mutuamente constitutivos. A identidade do homem-cidadão, portanto, é um efeito dos discursos de perigo, normalmente identificados na pessoa coletiva do "outro", do estrangeiro, do migrante, do inimigo, do terrorista. Para Campbell, a política externa, mais do que uma atividade para estabelecer pontes entre Estados, é uma prática voltada à produção de fronteiras, principalmente para reforçá-las em momentos nos quais a identidade nacional esteja em dúvida (como no caso dos Estados Unidos depois do fim da Guerra Fria, por exemplo).

Pensar a política externa como "produção de fronteiras" permite desconstruir a ideia de um sistema internacional preexistente ao qual os Estados devem se adaptar por meio de políticas externas competentes, e olhar para a esfera internacional como constituída por múltiplas práticas de diferenciação e delimitação de fronteiras. Nesse sentido, a interpretação de um ator ou espaço como "externo" nada tem a ver com as suposições ontológicas que dividem o mundo em "dentro" e "fora". Ao contrário, essa interpretação tem a ver com a produção de dicotomias eu/outro que assegurem a estabilidade da identidade coletiva do Estado. Em suma, a política externa é o mecanismo operacional por meio do qual a resolução espacial do problema da política e da identidade é resolvida, uma vez que é por meio da demarcação de fronteiras que o meio para disciplinar a incerteza por intermédio do controle do espaço — o Estado — passa a existir.

A localização de perigos no mundo externo é importante na medida em que o espaço soberano, apesar da solidez de sua ordem institucional-racional, é também atravessado por incertezas e ambiguidades acerca de seus fundamentos e sua identidade. Tais incertezas são agravadas pela presença, cada vez mais frequente, de novos elementos "estranhos" ou "estrangeiros" que se incorporam ao sistema social e produtivo (imigrantes, intelectuais globais/cosmopolitas, corporações globais de alta tecnologia, grupos étnicos, religiões organizadas, seitas etc.). A resposta é um esforço mais intenso de identificação do "outro" na figura de pessoas "diferentes" étnica ou culturalmente como representantes dessa perigosa "internalização" da anarquia selvagem.

Nesses contextos, surgem discursos que ressaltam ameaças à segurança nacional, em particular à vulnerabilidade das fronteiras como porta de entrada desses novos e múltiplos perigos. Se as fronteiras não puderem ser preservadas, a disciplina do "eu" torna-se problemática na medida em que o sujeito soberano (o Estado) encontra dificuldades para preservar sua coesão. É importante lembrar como Foucault aponta que os regimes de poder/

conhecimento voltam-se, principalmente, para a produção de sujeitos dotados de identidades passíveis de disciplina e controle. A organização dos espaços institucional e territorial é um elemento central para a eficácia das formas de vigilância, controle e punição. Se a lógica da identidade/diferença, do eu/outro for desestabilizada por fluxos globais fora de controle, as práticas sociais, as lealdades e as economias de responsabilidade individual tornam-se menos previsíveis. Nesse contexto, a mobilização constante da política externa como prática de produção de perigo e diferença assume um lugar central na reprodução do Estado soberano como o local de realização da identidade política e de legitimação da exclusão de subjetividades alternativas que não se ajustem ao regime dominante de poder/conhecimento.

O que autores como Walker e Campbell argumentam é que as transformações contemporâneas estão minando a articulação espaço-temporal que deu origem ao moderno Estado territorial, criando possibilidades de imaginar novas formas de organização de comunidades políticas. Ao mesmo tempo, a crise da forma soberana-territorial tem desencadeado mecanismos de defesa da identidade nacional cada vez mais violentos e erráticos. Nesse sentido, o período de transição em que vivemos provavelmente assistirá a uma intensificação de respostas violentas às ameaças à coesão das identidades nacionais, seja sob a forma de um retorno à lógica étnica ou religiosa de identificação, seja por meio da reafirmação das práticas soberanas por meio de guerras estatais expansionistas. De qualquer modo, a desconstrução dos conceitos de soberania, Estado, identidade abre novos caminhos para a compreensão e o questionamento do lugar das teorias de Relações Internacionais na política mundial contemporânea. Torna-se cada vez mais difícil sustentar a neutralidade científica e o desinteresse de tais teorias no ordenamento hegemônico das relações internacionais.

Recomendações de leitura

Ashley, R. K. "Untying the Sovereign State: A Double Reading of the Anarchy Problematique". *Millennium: Journal of International Studies*, v. 17, n. 2, p. 227262, 1988.

Campbell, D. *Writing Security: United States Foreign Policy and the Politics of Identity*. Minneapolis: University of Minnesota Press, 1992. Der Derian, J.; Shapiro, M. J. (Eds.) *International/Intertextual Relations: Postmodern Readings of World Politics*. Nova York: Lexington Books, 1989. Rosenau, P. M. *Post-Modernism and the Social Sciences: Insights, Inroads, and Intrusions*. Princeton, New Jersey: Princeton University Press, 1992. Walker, R. B. J. *Inside/Outside: International Relations as Political Theory*. Cambridge: Cambridge University Press, 1993.

Notas

1. Convencionalmente, esses debates são englobados sob a classificação de "Terceiro Debate". Nossas objeções ao uso da terminologia dos grandes debates foram expostas na Introdução. Neste caso, registramos o agravante do emprego indeterminado do rótulo de Terceiro Debate, que abriga: o debate entre neorrealistas de neoliberais; o debate interparadigmático, o debate entre as teorias positivistas e as pós-positivistas ou críticas e até mesmo o debate entre racionalistas e construtivistas. O entendimento que orienta este capítulo é que o debate mais importante da área nesse período é o que contrapõe teorias positivistas ao pós-positivismo, colocando este último na posição de principal vertente crítica da área. Para uma discussão deste tema que corrobora nosso ponto de vista, ver Lapid, Y. "The Third Debate: On the Prospects of International Theory in a Post-Positivist Era". *International Studies Quarterly*, v. 33, n. 3, p. 235-254, 1989; e Jarvis, D. S. L., (Ed.). *International Relations and the "Third Debate": Postmodernism and Its Critics*. Westport, Connecticut: Praeger, 2002.
2. Lapid, *op. cit.*, p. 243.
3. Referimo-nos, obviamente, às teorias contratualistas que têm em Hobbes, Locke e Rousseau seus representantes mais importantes.
4. Wight, M. "Why is there no International Theory?" In: Butterfield, H.; Wight, M. *Diplomatic Investigations*. Londres: George Allen & Unwin, 1966, p. 17-34.
5. Foucault, M. *Power/Knowledge: Selected Interviews & Other Writings*. Nova York: Pantheon Books, 1980; Foucault, M. *Vigiar e punir: história da violência nas prisões*. Petrópolis: Vozes, 2000.
6. Ashley, R. "The Poverty of Neorealism". In: Keohane, R. O. *Neorealism and Its Critics*. Nova York: Columbia University Press, 1986.
7. Ashley, R. "The Geopolitics of Geopolitical Space: Toward a Critical Social Theory of International Politics". *Alternatives* XII, 1987, p. 403-434.

8. Ashley, R. K. "Untying the Sovereign State: A Double Reading of the Anarchy Problematique". *Millennium: Journal of International Studies*, v. 17, n. 2, p. 227-262, 1988.
9. Ashley, 1988, p. 230.
10. Ashley, 1987, p. 408.
11. Ashley, 1988, p. 231.
12. Ver Capítulo 2 para a discussão sobre interdependência e cooperação na anarquia.
13. Walker, R. B. J. *Inside/Outside: International Relations as Political Theory*. Cambridge: Cambridge University Press, 1993.
14. *Ibid.*, p. 44-45.
15. Gilpin, R. "The Theory of Hegemonic War". In: Rotberg, R. I.; Rabb, T. K. *The Origin and Prevention of Major Wars*. Cambridge: Cambridge University Press, 1989, p. 15-38.
16. George, J. *Discourses of Global Politics: A Critical (Re)Introduction to International Relations*. Boulder, Colorado: Lynne Rienner Publishers, 1994, p. 203.
17. Rosenau, P. M. *Post-Modernism and the Social Sciences: Insights, Inroads, and Intrusions*. Princeton, New Jersey: Princeton University Press, 1992, p. 95.
18. Shapiro, M. J. "Textualizing Global Politics." In: Der Derian, J.; Shapiro, M. J. *International/Intertextual Relations: Postmodern Readings of World Politics*. Nova York: Lexington Books, 1989, p. 11-22.
19. Weber, C. "'Flying Planes Can be Dangerous'". *Millennium: Journal of International Studies*, v. 31, n. 1, p. 129-148, 2002.
20. Weber, C. *Simulating Sovereignty: Intervention, the State and Symbolic Exchange*. Cambridge: Cambridge University Press, 1995.
21. Der Derian, J. "The (S)pace of International Relations: Simulation, Surveillance and Speed". *International Studies Quarterly*, n. 34, p. 295-310, 1990.
22. *Ibid.*, p. 301.
23. Shapiro, 1989, p. 12.
24. Walker, 1993, p. 3-4.
25. Walker, R. B. J. "International Relations and the Concept of the Political." In: B., K.; Smith, S. *International Relations Theory Today*. University Park: Pennsylvania State University Press, 1995, p. 306-327.
26. *Ibid.*, p. 28.
27. Walker, R. B. J. "State Sovereignty and the Articulation of Political Space/Time". *Millennium: Journal of International Studies*, v. 20, n. 3, p. 445-461, 1991.
28. Campbell, D. *Writing Security: United States Foreign Policy and the Politics of Identity*. Minneapolis: University of Minnesota Press, 1992.

Capítulo 8

PERSPECTIVAS ALTERNATIVAS: FEMINISMO E PÓS-COLONIALISMO

Por que este capítulo?

Christine Sylvester brinca, em um de seus textos, de classificar os teóricos de Relações Internacionais em relação ao feminismo.[1] Segundo ela, há um grupo de estudiosos das Relações Internacionais que nega a relevância da abordagem feminista e afirma que a categoria de gênero não apresenta nenhuma utilidade para seu estudo. Um segundo grupo de autores cita a existência de alguma contribuição feminista em conclusões e notas de pé de página, como se estivessem envergonhados de não reconhecer a luta feminista por igualdade de direitos, mas sem lhe reconhecer grande importância no debate contemporâneo de Relações Internacionais. Um terceiro grupo reconhece, usa e cita trabalhos feministas, mesmo não sendo feminista. O leitor deve emitir seu julgamento sobre os autores do presente livro: ao juntar feminismo e pós-colonialismo no mesmo capítulo — simbolicamente, o último —, eles podem fazer parte da segunda categoria. Ao mesmo tempo, ao reservarem meio capítulo ao feminismo, eles lhe deram mais destaque do que deram às teorias ditas normativas das relações internacionais ou às teorias que lidam com questões ambientais.

A sorte reservada ao pós-colonialismo é a mesma: divide um capítulo com o feminismo, mas, pelo menos, é debatido e apresentado. No presente capítulo, nossa intenção, então, é apresentar e discutir duas abordagens teóricas de extrema relevância na disciplina, mas que não têm tido grande impacto em seus grandes debates. Enquanto o feminismo é citado em algumas revisões da literatura relevante de Relações Internacionais, nem isso o pós-colonialismo tem conseguido.[2]

Por que incluímos estas abordagens teóricas e não outras? Por motivos diversos. Optamos por incluir o debate sobre o pós-colonialismo neste livro devido ao lugar a partir do qual escrevemos. Desde a contribuição da teoria da dependência, o pós-colonialismo vem a ser a principal contribuição de acadêmicos que não são norte-americanos ou da Europa ocidental, apesar de muitos autores pós-colonialistas residirem e ensinarem em universidades norte-americanas ou europeias. Desse ponto de vista, trata-se de uma contribuição teórica que levanta assuntos relevantes para um estudante de Relações Internacionais que vive e estuda no Brasil. Quanto ao feminismo, trata-se de uma abordagem teórica muito diversa e muito ampla, que teve o mérito de impor a questão da identidade aos debates da disciplina de Relações Internacionais. Pelo simples fato de existirem, as feministas já chamam a atenção à importância da identificação de quem escreve, de quem lê e sobre o que se escreve. A disciplina de Relações Internacionais simplesmente não possuía instrumentos para fazer esse tipo de discussão. Com a contribuição do feminismo, isso passou a ser possível.

Dividimos este capítulo em duas seções, a primeira sobre o feminismo e a segunda sobre o pós-colonialismo. Na seção sobre o feminismo, apresentamos suas principais contribuições, sua evolução e sua diversidade, procurando ser abrangentes e não exclusivos. Na seção sobre pós-colonialismo, apresentamos o argumento geral do movimento pós-colonialista para, em seguida, abordarmos alguns dos temas que esses autores debatem. Nossa preocupação com os pós-colonialistas é a mesma que com o feminismo: sermos abrangentes e inclusivos.

A contribuição feminista ao estudo das Relações Internacionais

A contribuição feminista era pouco reconhecida nas Relações Internacionais até a década passada. O impacto dos estudos feministas na disciplina de Relações Internacionais foi muito tardio e ocorreu muito mais tarde que em todas as demais ciências humanas. Contudo, com o estupro de mulheres se tornando uma arma para a limpeza étnica em algumas das guerras de caráter étnico da década de 1990, a disciplina de Relações Internacionais não teve mais como não lidar com a relevância da categoria de gênero na política internacional. Ou seja, uma vez que as mulheres se tornaram alvo de limpeza étnica não por serem de um grupo étnico ou tribal diferente, mas sim por serem o que são, isto é, *mulheres*, a disciplina teve de descer — quase literalmente — de seu pedestal e precisou lidar com questões de gênero. A ocorrência simultânea do debate provocado por iniciativa do governo Clinton sobre a participação aberta dos homossexuais nas forças armadas dos Estados Unidos e as consequências políticas e acadêmicas daquele debate não deixou dúvidas quanto à relevância das questões de gênero na nossa disciplina.

A disciplina de Relações Internacionais era tão profundamente ancorada em debates sobre a alta e a baixa política, e sobre a distinção entre questões de poder de outras questões, que não havia espaço para o feminismo participar do debate. Quando falamos em pedestal no parágrafo anterior, estávamos nos referindo justamente às primeiras definições da disciplina de Relações Internacionais, como sendo o estudo da alta política, da política de poder e de sobrevivência. Tal estudo dizia-se neutro e objetivo e, portanto, não havia lugar para questões de identidade em geral e questões de gênero em particular. Segundo esse argumento, quando se trata da segurança, se trata da segurança de todos, independente de serem homens ou mulheres, crianças ou velhos. A questão é que quem, na academia e na política, tratava dessas questões de segurança eram homens e quem defendia a sobrevivência de todos eram homens. Segundo Zalewski e Enloe, a masculinidade e a sexualidade ocidentais são permanentemente invocadas nos treinamentos militares, nas estratégias de defesa nacional e nos discursos dos dirigentes políticos, tornando-os um importante elo de ligação entre como se pensa e como se age.[3] Em outros termos, apesar das aparências, a disciplina de Relações Internacionais é uma disciplina marcada pelo gênero.

Para estudar o feminismo nas Relações Internacionais, é necessário levar em consideração as diferenças internas entre as próprias feministas. De fato, é possível perguntar se o movimento como um todo pode ser considerado um movimento de dissidência mais por questionar a dominação masculina no decorrer da história do que devido a algum questionamento, por parte do movimento como um todo, sobre metodologia, epistemologia ou ontologia. Algumas feministas certamente se posicionam de maneira epistemológica e ontológica oposta às correntes dominantes na disciplina de Relações Internacionais. Esse é precisamente o argumento do agora famoso artigo publicado por Ann Tickner na revista da International Studies Association em 1997.[4] É por isso que o debate implícito em relação ao feminismo passa, primeiro, por definir o alcance de sua contribuição. Quando Keohane põe todas as feministas juntas e junto com autores da teoria crítica, autores pós-modernos e autores pós-estruturalistas, procura dizer que todos esses argumentos têm algo parecido. No entanto, as feministas são tão diversas que existem feministas liberais, feministas socialistas, feministas marxistas, feministas pós-modernas e feministas críticas. Nesse sentido, a resposta indireta de Tickner a Keohane é que as teorias tradicionais sequer conseguem entender o tipo de desafio que o feminismo lhes lança. Segundo Tickner, as teorias tradicionais não têm instrumentos analíticos nem teóricos para lidar com a questão de gênero tal como é posta pelas feministas.

    O movimento feminista havia passado por duas etapas, ambas internas ao Estado, antes de chegar ao estudo das relações internacionais.[5] A primeira geração de feministas lutou pelo sufrágio universal e pela inclusão das mulheres no espaço político, enquanto a segunda geração de feministas surgiu no decorrer da década de 1970, com uma agenda de inclusão social e cidadania. Essas duas primeiras gerações eram enraizadas no Ocidente e sua agenda refletia a agenda do movimento feminista ocidental. Isso não significa nem que mulheres de fora do Ocidente não defendiam a mesma agenda nem que não existia um movimento feminista fora do Ocidente. Isso significa, sim, que o feminismo era dominado por uma agenda ocidental. A terceira geração, que passou a abarcar feministas na disciplina de Relações Internacionais, também tem sido menos centrada no Ocidente e mais inclusiva na sua agenda. As conferências das Nações Unidas de meados da década de 1990 são reveladoras da mudança a esse respeito: tanto em Pequim quanto no Cairo, as feministas do mundo não ocidental tiveram papéis importantes no desenho institucional e nas resoluções adotadas.

O argumento de Sylvester é relevante a esse respeito. De acordo com ela, apesar da ampla dominação masculina, seja em termos de presença seja em termos de temas, a disciplina de Relações Internacionais nega ter algo a ver com a questão do gênero.[6] Decorre disso, então, que o conceito de dissidência é mais apropriado para se referir ao feminismo do que o conceito de pós-positivismo, por exemplo. Da mesma forma, se a resistência à soberania é uma característica do feminismo, a recusa de providenciar alternativas soberanas certamente não representa o movimento como um todo. Tal dicotomia é representada pela distinção que a própria Sylvester estabelece entre "o ponto de vista feminista" e "o feminismo pós-moderno" nas Relações Internacionais. O ponto de vista feminista é uma forma mais tradicional de feminismo, que procura incluir questões de gênero em questões de poder nas Relações Internacionais e que chega até a apresentar uma forma alternativa de realismo. O feminismo pós-moderno atravessa fronteiras e usa e abusa da ambiguidade e da indefinição para questionar permanentemente o conceito de identidade. Trata-se de uma abordagem mais cética que a anterior, que parte do pressuposto de que o gênero é raramente uma categoria óbvia e bem definida, separada de outras questões políticas e culturais. Para o feminismo pós-moderno, é tão complicado um homem definir sua identidade quanto o é para as próprias mulheres. É por isso que essa abordagem abarca as contradições e os paradoxos de definição da identidade e de gênero na política internacional.

Uma das principais distinções entre as duas formas de feminismo é sua postura em relação ao estabelecimento de formas alternativas de soberania. Enquanto o chamado ponto de vista feminista sustenta a posição segundo a qual as mulheres de forma geral — e as feministas em particular — podem produzir políticas diferentes e, por isso mesmo, podem providenciar um soberano diferente, as feministas pós-modernas rejeitam essa posição. Assim, de acordo com o ponto de vista feminista, a identidade de gênero desempenha uma função determinante no pensamento militar e na ideologia de uma sociedade. Segundo o ponto de vista feminista, então, a inclusão de questões de gênero como uma categoria de análise, assim como a inclusão das próprias mulheres nas forças armadas, tem o potencial de transformar os resultados políticos de uma atividade hoje dominada por um único gênero. Uma consequência extrema resultaria na substituição da atual dominação masculina por uma dominação feminina de forma a constituir vias alternativas para lidar com questões de segurança.[7] Segundo as feministas pós-modernas, isso equivale apenas a estabelecer um novo soberano, uma nova barreira à liberdade de pensamento com resultados incertos. Desse ponto de vista, as feministas pós-modernas rejeitam a posição do ponto de vista feminista da mesma maneira que rejeitam as posições dominantes na disciplina de Relações Internacionais. Para elas, ambas são equivalentes em excluir o outro sexo em vez de incluí-lo, o que reduz o alcance da crítica feminista. O exemplo da solidariedade de gênero é revelador a esse respeito. Ao mesmo tempo em que a identidade de gênero permite o desenvolvimento da solidariedade intragênero, isso significa que membros do outro gênero são excluídos dessa solidariedade por não compartilharem a identidade do outro grupo. A diferença vem, então, com a identidade, e diferença e identidade são definidas em termos uma da outra.

    Uma terceira forma de feminismo existe e se caracteriza por uma grande influência da teoria crítica. As feministas que adotam essa forma de feminismo o fazem por ser uma forma de emancipação que serve os interesses "subversivos" do movimento como um todo, ao mesmo tempo em que oferece uma maneira alternativa de pensar, algo que não faz parte da agenda das feministas pós-modernas.[8] Essa forma parece uma combinação das vantagens analíticas das duas abordagens mencionadas (o ponto de vista feminista e o feminismo pós-moderno), por permitir, ao mesmo tempo, formular críticas teóricas e alternativas políticas, o que reforça as características desafiantes do movimento. Por fim, algumas feministas passaram a estabelecer pontes com o construtivismo. Segundo elas, o construtivismo providencia instrumentos analíticos úteis ao feminismo, como os debates sobre identidades e instituições. As pontes são mais do que disponíveis; são naturais, já que, no centro do feminismo, existe o conceito da construção social:[9] para as feministas, o gênero não é natural nem predeterminado, mas sim socialmente construído. Por isso, é de se estranhar a ausência mais forte de feministas construtivistas.

Dentro da ampla diversidade de feministas, há uma preocupação comum em relação à construção do gênero. Todas as feministas desafiam as teorias de Relações Internacionais no que se refere a sua suposta natureza neutra em relação ao gênero. Fazem isso mostrando como premissas sobre papéis e conhecimento são marcadas pela questão de gênero e insistem no fato de que a disciplina é mais "cega" em relação ao gênero que "neutra" em relação a ele. Aliás, a própria questão do gênero vem a ser relevante aqui. Quando as feministas começaram a falar de gênero em vez de sexo, operaram duas transformações. Por um lado, questionaram a naturalidade biológica do sexo. Quando se fala em sexo, se fala em biologia, e não em relações sociais e de poder. Quando se fala em gênero, se fala de uma construção social que define a masculinidade e a feminidade. É nessa construção que reside a segunda transformação ocasionada pelo uso do conceito de gênero: o que significa ser masculino e o que significa ser feminino? Ser masculino exclui os homens homossexuais, como o debate norte-americano anteriormente mencionado deixou claro? E ser feminina exclui quem?

Uma das áreas de maior atuação do movimento feminista tem sido o estudo da globalização. A condição feminista encontrou na globalização uma área de atuação para exercer seu projeto de resistência. De fato, se prévias gerações do movimento feminista eram centrados na agenda e nas prioridades das feministas ocidentais, a globalização apresentou às vertentes feministas críticas a oportunidade de articular movimentos de resistência e de solidariedade no nível global. Disso resultou a diversificação da agenda feminista e sua "desocidentalização". O reordenamento das múltiplas prioridades que constituem a agenda feminista e seu reflexo na produção de conhecimento teórico têm sido um claro indício disso.

A contribuição do pós-colonialismo ao estudo das Relações Internacionais

O pós-colonialismo representa uma nova contribuição à disciplina de Relações Internacionais, que se desenvolveu no decorrer da década de 1990 e que enfatiza a interface da disciplina com outras áreas de conhecimento. Originalmente vindo de estudos de literatura, os estudos pós-colonialistas passaram a existir em várias disciplinas das ciências humanas e sociais.

Os acadêmicos que fazem parte do movimento pós-colonialista se preocupam com a própria condição criada no momento pós-colonial. De fato, o estabelecimento de novos atores nas relações internacionais, que aparentemente tinham a mesma condição de soberania que os demais Estados, mas que apresentavam grandes carências na sua organização e nos seus desempenhos, passou a representar um problema nas relações internacionais. As relações entre colonos e colonizados, as relações entre ex-colônias e ex-metrópoles e as relações entre imigrantes e hóspedes, seja na imigração interna seja na externa, impuseram novos desafios a uma disciplina ancorada na distinção entre o interno e o externo, o doméstico e o internacional. Dessa forma, os estudos pós-coloniais são estudos de fronteiras: entre disciplinas; entre grupos nacionais e étnicos; entre os incluídos e os excluídos. O movimento pós-colonial transgride as fronteiras e as questiona para poder estabelecer novos espaços e novas relações. Não surpreende, então, o lugar central que as questões de imigração e de comunidades imigrantes, sejam nacionais ou internacionais, ocupam.

Os estudos pós-coloniais se caracterizam, também, por uma preocupação com a ética.[10] Autores como Siba N'Zatioula Grovogui e Kate Manzo identificam falhas no pensamento humanista que se quer universal, mas preferem reformá-lo a rejeitá-lo. Dessa forma, tanto Manzo quanto Grovogui procuram meios para resgatar o humanismo. Manzo refere-se a sua estratégia como um humanismo crítico, enquanto Grovogui usa o que chama de etnografia invertida para fazer o mesmo. Quanto ao humanismo crítico, Manzo procura no pós-colonialismo (e no pós-modernismo) corrigir o eurocentrismo do humanismo. Para ela, o humanismo possui forças que não são desprezíveis, mas privilegia uma perspectiva em detrimento de muitas outras e acaba não servindo a objetivos verdadeiramente universais. Por isso, Manzo propõe a estratégia pós-colonial como uma via para alcançar uma proposta universal e afirma que, nisso, há afinidades entre pós-colonialismo e o humanismo crítico. Para ela, pós-modernismo e pós-colonialismo podem dialogar e possuem afinidades que devem ser exploradas.

Grovogui explora a etnografia reversa para criticar o humanismo europeu. Para ele, é necessário questionar o universalismo do humanismo, não para negá-lo ou rejeitá-lo, mas para resgatá-lo e corrigi-lo. De acordo com ele, o pós-colonialismo não é tanto uma crítica ao humanismo quanto uma tentativa de torná-lo universal. É nesse sentido que ele usa a etnografia reversa: são os ex-colonizados que passam a usar estratégias das ex-metrópoles para estudar e "consertar" os desacertos das antigas metrópoles. Ou seja, a etnografia reversa é o estudo etnográfico do Ocidente nos moldes que o Ocidente usou para estudar suas ex-colônias. Para ele, esse é o melhor caminho para estabelecer um humanismo verdadeiramente universal.

O movimento pós-colonial se define, também, por meio de uma crítica à análise pós-moderna. Essa crítica enfatiza cinco elementos. Para os pós-colonialistas, o pós-modernismo apresenta uma perspectiva que contempla de maneira exclusiva e autorreferencial o Ocidente. Isso acaba privando os outros de uma narrativa própria. O pós-modernismo é tão preocupado com as práticas de representação e significado que acaba negligenciando as experiências físicas, como os sofrimentos que decorrem das guerras, por exemplo. Além disso, segundo os pós-colonialistas, as escolhas dos pós-modernos são dicotômicas e, por isso, impossibilitam a ação, já que essas dicotomias impõem os mesmos limites que as dicotomias impõem ao pensamento positivista. Uma outra crítica é relativa às fortes suspeitas de subjetividade demonstrada pelos pós-modernos e que põem o Ocidente na posição exclusiva do ator, do narrador, enquanto o resto do mundo apenas reage a essas ações. Apesar das suas declaradas posições, os outros podem ser meras derivações do Ocidente, privados de complexidade e de narrativa própria. Por fim, o fato de o pós-modernismo não oferecer alternativas concretas impossibilita a ação política, do ponto de vista pós-colonialista.[11] Com isso, o pós-modernismo parece fazer um voto de ser eternamente dissidente, de não impulsionar mudanças nem provocar transformações por medo de apresentar alternativas soberanas.

Conclusão

Pós-colonialistas e feministas têm tido um impacto reduzido nas Relações Internacionais. Suas críticas e perspectivas não têm tido muitos ouvidos na disciplina. Uma das explicações dessa marginalização é que eles levantam assuntos que são irrelevantes. Uma outra explicação é que sugerem discussões que incomodam e às quais as correntes dominantes não têm respostas. Preferimos esta segunda explicação por vários motivos. Por um lado, as feministas estiveram na vanguarda da volta das questões de cultura e identidade no estudo das relações internacionais, o que, por si só, já representa uma contribuição de peso à disciplina. Os pós-colonialistas, por seu lado, têm sugerido e mostrado que, apesar de um discurso ao contrário, o Ocidente tem sido autocentrado e pouco universalista, o que representa uma outra contribuição de peso à disciplina. Feministas e pós-colonialistas têm, também, questionado conceitos centrais e de amplo uso nas relações internacionais, para mostrar suas carências e suas insuficiências. As críticas que ambas contribuições fazem ao pós-modernismo são relevantes e são levadas a sério muito mais do que as críticas dos racionalistas, por exemplo. Por fim, o fato de ambos questionarem e problematizarem a soberania, mesmo que a partir de perspectivas distintas, revela o quanto ambos estão antenados e compatíveis aos debates que têm dominado a disciplina como um todo.

Notas

1. Sylvester, Christine "The Contributions of Feminist Theory to International Relations". In: Smith, Steve Booth, Ken e Zalewski, Marysia (Orgs.). *International Theory: Positivism and Beyond*. Cambridge: Cambridge University Press, 1996, p. 254-278.
2. Keohane, Robert. "International Institutions: Two approaches". *International Studies Quarterly*, v. 32, n.4, p. 379-391, 1988 e Ashley, Richard K.; Walker, R.B.J. "Reading Dissidence/Writing the Discipline:

Crisis and the Question of Sovereignty In International Studies". *International Studies Quarterly*, v. 34, n.3, p. 367-416, 1989.
3. Zalewski, Marisa; Enloe, Cynthia. "Questions about Identity in International Relations". In: Booth, Ken; Smith, Steve (Orgs.). *International Relations Theory Today*. University Park: The Pennsylvania State University Press, 1995, p. 289-291.
4. Tickner, J. Ann "You Just Don't Understand — Troubled Engagements Between Feminists and IR Theorists". *International Studies Quarterly*, v. 41, n. 4, p. 611-632, dez. de 1997.
5. Sylvester, C. *Feminist Theory and International Relations in a Postmodern Era*. Cambridge: Cambridge University Press, 1994.
6. Cf. Sylvester, C. *Ibid*, p. 260.
7. Esta posição parece implícita nas contribuições de Ann Tickner. Para mais detalhes, ver, por exemplo: Tickner, J. Ann. "Re-visioning Security". In: *International Relations Theory Today, op. cit.*, p. 175-197.
8. Para mais detalhes sobre esta discussão, ler: Zalewski, M. "Feminist Theory and International Relations". In: Bowker, Mike; Brown, Robin (Orgs.). *From Cold War to Collapse: Theory and World Politics in the 1980's*. Cambridge: Cambridge University Press, 1993, p. 136-137, e Whitworth. "Gender in the Inter-Paradigm Debate". *Millenium — Journal of International Studies*, v. 18, n. 2, p. 265-272, 1989.
9. Ver por exemplo Locher, Birgit e Prügl, Elisabeth. "Feminism: Constructivism's Other Pedigree". In: Fierke, K.M.; Jorgensen, Knud Eric (Orgs.). *Constructing International Relations, The Next Generation*. Nova York: M.E. Sharpe, p. 76-92, 2001.
10. Manzo, Kate "Critical Humanism: Postcolonialism and Postmodern Ethics". In: Campbell, David; Shapiro, Michael (Orgs.). *Moral Spaces — Rethinking Ethics and World Politics*. Minneapolis: University of Minnesota Press, 1999, p. 154-183, e Grovogui, Siba N'Zatioula. "Criticism and Form: Speech Acts, Normativity, and the Post-colonial Gaze". In: Debrix, François (Org.). *Language, Agency and Politics in a Constructed World*. Nova York: M.E. Sharpe, 2003, p. 121-142.
11. Krishna, S. "The Importance of Being Ironic: A Postcolonial View on Critical International Relations Theory". *Alternatives*, v. 18, n. 3, p. 385-417. Para uma crítica do movimento pós-colonial, ler: Dirlik, Arif. "The Postcolonial Aura: Third World Criticism in the Global Capitalism". *Critical Inquiry*, v. 20, p. 328-356, 1994.

Capítulo 9

CONCLUSÃO

Nos capítulos apresentados neste livro, discutimos sete abordagens teóricas diferentes. Historicamente, duas delas foram dominantes por muito tempo: o realismo e o liberalismo. Entretanto, já a partir da década de 1970, começaram a surgir desafios cada vez mais consistentes, principalmente a partir da esquerda do espectro político. Quando, na década de 1990, estabeleceu-se o construtivismo nas Relações Internacionais, passamos a lidar com um debate tripartite entre teorias convencionais (realismo e liberalismo), teorias contestatórias (marxismo, Teoria Crítica, pós-modernismo, pós-estruturalismo, feminismo, pós-colonialismo) e teorias fronteiriças ou de terceira via (construtivismo). Nas três tabelas a seguir, procuramos balizar as semelhanças, as diferenças e os debates entre seis correntes apresentadas no livro de maneira a caracterizar o debate teórico contemporâneo em suas três dimensões. Na Tabela 9.1, comparamos o realismo com o liberalismo e o marxismo. Na Tabela 9.2, comparamos a Teoria Crítica com o construtivismo e o pós-modernismo. Na Tabela 9.3, comparamos as teorias positivistas com as teorias pós-positivistas.

Quando, em 1990, Rob Walker e Richard Ashley se autodenominaram os teóricos da "dissidência", referiam-se não apenas à orientação de seu trabalho intelectual, mas também a sua posição dentro da academia. Hoje, a situação é bastante diferente. Vários críticos das teorias convencionais já ocuparam a presidência

Tabela 9.1: As três correntes clássicas: realismo, liberalismo e marxismos

	Realismo	Liberalismo	Marxismos
Atores	O Estado	O Estado é um dos atores mais importantes Organizações internacionais Empresas multinacionais Neoliberalismo: o Estado é o ator mais importante	Classes sociais Estados Empresas multinacionais
Interesse Dominante dos Atores	Clássico: o poder Neorrealismo: sobrevivência ou dominação	Variável, dependendo do ator e das circunstâncias	Acumulação (burguesia) Revolução/luta anti-imperialista (proletariado/estados periféricos)
Nível de Análise	Realismo: Estado e/ou sistema Neorrealismo: sistema	Sociedade doméstica/sociedade internacional	Sistêmico
Dinâmica	Conflito	Cooperação e conflito	Exploração
Lógica de Produção do Ordenamento	Balança de poder	Institucionalização	Desenvolvimento desigual/crises cíclicas/imperialismo
Temas mais Importantes	Guerra	Economia	Estratégias de acumulação do capitalismo

Tabela 9.2: As três correntes pós-positivistas

	Teoria Crítica	Construtivismo	Pós-Modernismo
Lógica de Produção do Conhecimento	Situada histórica e socialmente	Intersubjetividade	Poder/verdade
Objeto de Análise	Ordens mundiais/hegemonia	Anarquia/domínio	Práticas discursivas
Dinâmica	Dominação/exclusão	Coconstrução	Dominação/exclusão
Materialismo/Idealismo	Dialética	Idealismo (para Wendt)	Idealismo
Visão do Estado	Complexo Estado/sociedade	Agente corporativo (Wendt)	Espaço arbitrário de exclusão
Fundacionismo/Racionalidade	Universal	Universal	Particular

Tabela 9.3: Elementos do debate positivismo versus pós-positivismo

	Positivistas	Pós-positivistas
Unidade do Método Científico	Sim	Não
Saber como Ciência	Sim	Não
Teoria Normativa	Não	Sim
Sujeito/Objeto	Separados/dados	Coconstituídos
Identidades	Exógenas	Endógenas
Soberania	Dada	Construída

da International Studies Association (ISA), a mais importante associação de Relações Internacionais no mundo: Susan Strange, John Vasquez, Steve Smith, Ann Tickner — os dois primeiros importantes expoentes da crítica ao realismo, e os últimos, representantes do feminismo e do pós-positivismo.[1] A revista da ISA, *International Studies Quarterly*, uma referência indispensável a todos os estudiosos da área, tem aberto suas páginas, tradicionalmente restritas à ortodoxia, a antigas ovelhas negras como Rob Walker, Jens Bartelson, Yosef Lapid e outros construtivistas e feministas menos famosos. Isso indica uma abertura da disciplina? Talvez não, já que no mesmo ano em que Steve Smith foi presidente da ISA, Robert O. Keohane, autointitulado guardião da ortodoxia na disciplina de Relações Internacionais, tornou-se presidente da muito mais conservadora American Political Science Association (APSA). Mas isso indica uma maior pluralidade na disciplina. O espaço reservado aos pós-positivistas ampliou-se, em detrimento do espaço ocupado pelos positivistas, e a disciplina tornou-se mais plural e mais aberta às divergências internas, como se pode notar na composição mais diversa e eclética das mesas e painéis que compõem a reunião anual da Associação.

Apesar das novas aberturas, as teorias convencionais permanecem as mais influentes entre teóricos situados nos centros acadêmicos norte-americanos de maior prestígio na área, como se pode perceber pelos programas, pesquisas e publicações tradicionais da disciplina. Também entre os tomadores de decisão percebe-se, em seus pronunciamentos, a influência de assessores e centros de pesquisa de orientação realista e liberal na formulação das políticas externas.

As pesadas críticas recebidas pela obra de Waltz no imediato pós-Guerra Fria levaram a uma tentativa de revisão do neorrealismo a partir do final da década de 1990. John Mearsheimer, por exemplo, radicalizou os pressupostos do realismo estrutural em sua formulação de um *realismo ofensivo*, no qual substitui a lógica da sobrevivência do realismo defensivo de Waltz por uma lógica de hegemonia.[2] Outros realistas escolheram um retorno às origens clássicas dessa tradição, defendendo análises mais sofisticadas do comportamento dos Estados, distanciando-se do estruturalismo mais abstrato e quase determinista da vertente waltziana. Stephen Walt, que questiona o conceito de balança de poder e propõe substituí-lo por um modelo de balança de ameaças, é um representante de peso desse grupo.[3] Apesar de todas essas tentativas, o realismo não tem conseguido se apresentar como uma perspectiva analítica capaz de lidar com a complexidade da política mundial contemporânea.

No campo liberal, a letargia que estava atingindo seus principais proponentes no início da década de 1990 deu lugar a uma resposta mais vigorosa por parte dos chamados institucionalistas. Os novos liberais, autodenominados institucionalistas, procuraram sair do atoleiro que o consenso neo-neo havia representado e tentaram afirmar-se como uma alternativa mais próxima do construtivismo que do próprio realismo. Um dos nomes representativos desse movimento, Andrew Moravcsik, apresenta a formação das preferências como uma variável antes ausente dos modelos institucionalistas nas Relações Internacionais.[4] Finalmente, entre os tomadores de decisão, a teoria da paz democrática adquiriu uma grande influência, principalmente a partir da onda de democratização do Leste Europeu, da mudança na agenda das Nações Unidas e da orientação da política externa do governo Clinton.

Os pós-modernos consolidaram seu espaço como uma corrente de pensamento capaz de produzir pesquisas empíricas sobre temas relevantes para as Relações Internacionais, ao contrário do que pensava Robert Keohane em seu artigo "Two Approaches", de 1988. No entanto, os pós-modernos já não ocupam o mesmo lugar de destaque nos principais debates teóricos da disciplina, como nos anos em que representavam a mais vigorosa vertente crítica dos paradigmas dominantes. Isso não indica uma marginalização dos pós-modernos, mas reflete o estado atual da disciplina, que apresenta um debate mais descentralizado e fragmentado. Autores como R.B.J. Walker, Michael Shapiro e David Campbell têm desenvolvido pesquisas sobre temas como soberania, ética e violência que continuam a desafiar as visões convencionais da política convencional.[5]

São os construtivistas que, no campo pós-positivista, passam a ocupar a posição de interlocutor crítico das teorias das Relações Internacionais. O construtivismo de Wendt, com seu caráter científico, assume claramente a tarefa de construir um espaço comum, uma via média, que possibilite um diálogo e até mesmo uma síntese com o positivismo reformado.[6] Wendt apresenta uma análise sistêmica e estrutural, mas, ao mesmo tempo, consegue debater questões como identidade e cultura. Com isso, consegue dialogar simultaneamente com as teorias tradicionais e críticas, abrindo novas potencialidades para uma nova fase de desenvolvimento do campo teórico dominante das Relações Internacionais, que parecia estagnado. Talvez seja por isso que seu livro e sua contribuição tornaram-se o centro do debate teórico contemporâneo na disciplina.

Os construtivistas situados mais à esquerda, e que se recusam a assumir uma postura de via média, também têm contribuído a realçar os contornos do debate atual na teoria das Relações Internacionais. Autores como Karin M. Fierke, Friedrich Kratochwil e Nicholas Onuf insistem na chamada *virada linguística*, questionam o que consideram ser concessões feitas por Wendt para as correntes dominantes e defendem um construtivismo mais "valente" e menos inclinado a aceitar a cooptação pelas correntes positivistas. De certa forma, esse construtivismo mais radical é uma expressão da diferença da contribuição construtivista e da recusa de se ver submetida ao mesmo tratamento ao qual havia sido submetida a contribuição liberal ao longo da década de 1980.

O debate contemporâneo, como já mencionamos, não é um debate disciplinar, mas sim um debate descentralizado e fragmentado. As "tribos" debatem muito entre si, e pouco umas com as outras. Talvez por "Relações Internacionais" ser uma disciplina muito mais rica e plural que na década de 1980, a influência do livro de Wendt na reorganização do espaço de discussão — que certamente foi grande no conjunto da disciplina — não pode ser comparada ao impacto aglutinador que o livro de Waltz havia tido.

Simbolizando essa fragmentação e essa descentralização, podemos afirmar que o debate teórico na disciplina será de médio alcance, uma vez que, com exceção de Wendt, não percebemos movimentos ambiciosos no sentido de formular uma nova "grande síntese" da teoria de RI. Veremos, contudo, debates em torno de grandes temas contemporâneos, entre os quais destacamos os quatro seguintes: identidade, soberania, formações estatais e globalização.

O tema da identidade tem sido dominante, nos últimos anos, na teoria das Relações Internacionais. O livro de Lapid e Kratochwil, *The Return of Identity and Culture in International Relations Theory*, foi simbólico a esse respeito.[7] As questões ligadas ao gênero, os conflitos de natureza étnica, as questões religiosas e, em particular, a relação do Islã com o Ocidente, assim como a atuação cada vez mais afirmativa dos movimentos representando as populações indígenas na América Latina, têm imposto o tema da identidade aos teóricos da disciplina. As vias que os diferentes grupos adotam para discutir o conceito de identidade são diferentes. Alguns recorrem a definições cognitivas, procurando influências na psicologia. Outros recorrem a definições relacionais, inspirando-se em Foucault. Outros, ainda, preferem questionar a validade do debate em torno da identidade e afirmam que outros conceitos e outras análises permitem alcançar conclusões mais satisfatórias para a disciplina. Todavia, muitos teóricos têm lidado com o tema das identidades.

O debate sobre o tema da soberania tem mobilizado teóricos e tomadores de decisão nos últimos 15 anos. Fomentado pelo debate sobre intervenções humanitárias e sobre a existência ou não de limites à soberania dos Estados, o debate sobre a soberania pode ter consequências empíricas e teóricas muito amplas. Enquanto alguns defendem a soberania como intocável, total e não divisível, outros a consideram a causa — ou no melhor dos casos, a expressão — de grandes anomalias nas relações internacionais contemporâneas; as variações entre esses dois extremos são grandes. A multiplicação dos livros sobre o tema é um indicador de sua relevância e de sua importância.[8] O tema da soberania leva, também, a considerações e questionamentos sobre a existência ou não de comunidades políticas alternativas ao Estado, e sobre o próprio Estado e sua contínua relevância nas relações internacionais. Por fim, uma das consequências do intenso debate sobre soberania, e não das menores, é que a própria definição do que é interno e o que é externo, o que é doméstico e o que é internacional, pode vir a ser modificada.

Diretamente ligado ao tema da soberania, encontramos o debate sobre os dilemas colocados pelas crescentes variações e anomalias nas formações estatais. Esse tema ganhou notoriedade por meio da expressão "Estado-falido", cunhado por Robert Jackson.[9] Se, do ponto de vista teórico, a obra de Jackson representou um marco nesse debate, os ataques de 11 de setembro contra os Estados Unidos e a crescente preocupação com o desenvolvimento do terrorismo em territórios onde não existe autoridade legítima levaram a uma relevância crucial do debate em torno da capacidade dos Estados de controlarem seus territórios, implementarem suas leis, garantirem os direitos humanos e impedirem outros — Estados e não Estados — de exercer influências dentro de suas fronteiras. A importância desse tema é evidente e se reflete na grande quantidade de estudos sobre o futuro da formação estatal soberana e seu impacto sobre as perspectivas tradicionais das relações internacionais. Temas correlatos, como a atualidade de princípios como a não intervenção e a autodeterminação, também continuarão a ocupar maior espaço entre os estudiosos da política internacional.

A globalização, por fim, representa um tema central para as Relações Internacionais. Tema de interseção necessária com outras disciplinas, a discussão sobre a globalização é, também, relacionada aos três temas anteriormente mencionados: o resgate das identidades particulares em detrimento das identidades mais abrangentes e menos exclusivistas representa uma reação à globalização. Para vários grupos locais ou étnicos, a ameaça à soberania que a globalização pode representar e a direção oposta à globalização representada pela discussão sobre Estados-falidos mostram como todos esses temas são ligados ao debate sobre globalização. A existência e a multiplicação de atores não estatais, o lugar central ocupado pela economia, a possibilidade de constituição de comunidades políticas alternativas e até universais são todos temas que giram em torno do debate sobre a globalização. Finalmente, a definição do que é internacional, do que é interno e do que é externo pode vir a ser modificada com a evolução do debate sobre globalização.

Todos esses temas já ocupam um lugar central nas Relações Internacionais. A tendência é que cresçam e tenham consequências sobre a definição da disciplina e seus contornos teóricos e conceituais.

Notas

1. Strange, S. *States and Markets*. Londres: Pinter Publishers, 1988; Vasquez, J. A. *The power of power politics: from classical realism to neotraditionalism*. Cambridge: Cambridge University Press, 1983; Smith, S. "Positivism and Beyond." In: K. B. M. Z. Steve Smith. *International Theory: Positivism and Beyond*. Cambridge: Cambridge University Press, 1996, p. 11-44; Tickner, J. A. *Gender in International Relations*. Nova York: Columbia University Press, 1992.
2. Mearsheimer, J. J. *The Tragedy of Great Power Politics*. Nova York: W.W. Norton & Company, 2001.
3. Walt, S. J. *Revolution and War*. Ithaca, N.Y.: Cornell University Press, 1997.
4. Moravcsik, A. "Taking Preferences Seriously: A Liberal Theory of International Politics". *International Organization*, v. 51, n. 4, p. 513-53, 1997.
5. Ver, por exemplo: Walker, R. B. J. *Inside/Outside: International Relations as Political Theory*. Cambridge: Cambridge University Press, 1993. Shapiro, M. J. *Violent Cartographies: Mapping Cultures of War*. Minneapolis: University of Minnesota Press, 1997. Campbell, D. *National Deconstruction: Violence, Identity, and Justice in Bosnia*. Minneapolis: University of Minnesota Press, 1998.
6. Ver Wendt, A. *Social Theory of International Politics*. Cambridge: Cambridge University Press, 1999.
7. Kratochwil, Friedrich V.; Lapid, Yossef. *The Return of Identity and Culture in International Relations Theory*. Boulder: Lynne Rienner, 1996.
8. Krasner, S. *Sovereignty: Organized Hypocrisy*. Princeton: Princeton University Press, 1999. Krasner, S. (Ed.). *Problematic Sovereignty: Contested*

Rules and Political Possibilities. Nova York: Columbia University Press, 2001; e para uma perspectiva crítica Bartelson, J. *A Genealogy of Sovereignty*. Cambridge: Cambridge University Press, 1995.
9. Jackson, R. H. *Quasi-states: Sovereignty, International Relations and the Third World*. Cambridge: Cambridge University Press, 1990.

Referências bibliográficas

Adler, E. "O Construtivismo no Estudo das Relações Internacionais." *Lua Nova*, n. 47, p. 201-246, 1999.
Amin, S. *Imperialismo e Desenvolvimento Desigual*. São Paulo: Editora Vértice, 1987.
Angell, N. *A Grande Ilusão*. Brasília: UnB, 2002.
Aron, R. *Paz e Guerra entre as Nações*. São Paulo, Brasília: Imprensa Oficial do Estado, Editora da UnB, 2002.
Ashley, R. "The Poverty of Neorealism." In: R. O. Keohane. *Neorealism and Its Critics*. New York: Columbia University Press, 1986.
Ashley, R. "The Geopolitics of Geopolitical Space: Toward a Critical Social Theory of International Politics." *Alternatives*, n. XII, p. 403-434, 1987.
Ashley, R. K. "Untying the Sovereign State: A Double Reading of the Anarchy Problematique." *Millennium: Journal of International Studies*, v. 17, n. 2, p. 227262, 1988.
Ashley, R. K.; Walker, R. B. J. "Reading Dissidence/Writing the Discipline: Crisis and the Question of Sovereignty in International Studies." *International Studies Quarterly*, v. 34, n. 3, p. 367-416, 1989.
Avinieri, S. *The Social and Political Thought of Karl Marx*. Cambridge: Cambridge University Press, 1968.
Axelrod, R. *The Evolution of Cooperation*. Nova York: Basic Books, 1984.
Axelrod, R.; Keohane, R. O. "Achieving Cooperation Under Anarchy: Strategies and Institutions." *World Politics*, n. 38, p. 226-54, 1985.
Baldwin, D. A. (Ed.). *Neorealism and Neoliberalism: The Contemporary Debate*. New Directions in World Politics. Nova York: Columbia University Press, 1993.
Banks, M. "The inter-paradigm debate." In: Light, M.; Groom, A. J. R. *International Relations: A Handbook of Current Theory*. Londres: Frances Pinter, 1985.
Bartelson, J. *A Genealogy of Sovereignty*. Cambridge: Cambridge University Press, 1995.
Boucher, D. *Political Theories of International Relations: From Thucydidies to the Present*. Oxford: Oxford University Press, 1998.
Brewer, A. *Marxist Theories of Imperialism: A Critical Survey*. Nova York: Routledge, 1991.

Brown, C. "'Turtles All the Way Down': Anti-Foundationalism, Critical Theory and International Relations." *Millennium: Journal of International Studies*, v. 23, n. 2, p. 213-36, 1994.

Brown, C. "International Political Theory and the Idea of World Community." In: K. B. a. S. Smith. *International Relations Theory Today*. University Park: Pennsylvania State University Press, 1995, p. 90-109.

Brown, M. E.; Lynn-Jones, S. M. *et al.* (Eds.). *The Perils of Anarchy: Contemporary Realism and International Realism*. Cambridge: MIT Press, 1995.

Bull, H. *A Sociedade Anárquica*. Brasília: UnB, 2002.

Burchill, S.; Andrew, L. (Eds.). *Theories of International Relations*. Nova York: St. Martin's Press, 1996.

Buzan, B.; Jones, C. *et al. The Logic of Anarchy: Neorealism to Structural Realism*. Nova York: Columbia University Press, 1993.

Campbell, D. *Writing Security: United States Foreign Policy and the Politics of Identity*. Minneapolis: University of Minnesota Press, 1992.

Campbell, D. "Political Prosaics, Transversal Politics, and the Anarchical World." In: M. Shapiro; H. Alker. *Challenging Boundaries: Global Flows, Territorial Identities*. Minneapolis: University of Minnesota Press, 1996, p. 7-32.

Campbell, D. *National Deconstruction: Violence, Identity, and Justice in Bosnia*. Minneapolis: University of Minnesota Press, 1998.

Campbell, D.; Shapiro, M. (Eds.). *Moral Spaces: rethinking ethics and world politics*. Minneapolis: University of Minnesota Press, 1999.

Carnoy, M. *Estado e Teoria Política*. Campinas: Editora Papirus, 1984.

Carr, E. H. *Vinte Anos de Crise: 1919-1939*. Brasília: Editora da Universidade de Brasília, 1946.

Claude, I. L. *Swords into Plowshares: The Problems and Progress of International Organization*. Nova York: McGraw-Hill, 1984.

Connolly, W. E. *Indentity/Difference: Democratic Negotiations of Political Paradox*. Ithaca: Cornell University Press, 1991.

Cox, R. W. "Social Forces, States and World Orders: Beyond International Relations Theory." In: R. O. Keohane. *Neorealism and Its Critics*. Nova York: Columbia University Press, 1986, p. 204-254.

Cox, R. W. *Production, Power and World Order*. Nova York: Columbia University Press, 1987.

Cox, R. W. "Towards a Post-hegemonic Conceptualization of World Order: Reflections on the Relevancy of Ibn Khaldun." In: J. N. Rosenau; E.-O. Czempiel. *Governance Without Government: Order and Change in World Politics*. Cambridge: Cambridge University Press, n. 20, p. 132-159, 1992.

Cox, R. W. "Gramsci, hegemony and international relations: an essay in method." In: S. Gill. *Gramsci, historical materialism and international relations*. Cambridge: Cambridge University Press, 1993, p. 49-66.

Cox, R. W.; Sinclair, T. J. *Approaches to World Order*. Cambridge: Cambridge University Press, 1996. Czempiel, E.-O.; Rosenau, J. (Eds.). *Governança sem Governo: Ordem e Transformação na Política Mundial*. Brasília: UnB, 2000.

Debrix, F. (Ed.). *Language, Agency, and Politics in a Constructed World*. Armonk, Nova York: M.E. Sharpe, 2003.
Debrix, F. "Language, Nonfoundationalism, International Relations." In: F. Debrix. *Language, Agency, and Politics in a Constructed World*. Armonk, Nova York: M.E. Sharpe, p. 3-25, 2003.
Der Derian, J. "The (S)pace of International Relations: Simulation, Surveillance and Speed." *International Studies Quarterly*, n. 34, p. 295-310, 1990.
Der Derian, J.; Shapiro, M. J. (Eds.). *International/Intertextual Relations: Postmodern Readings of World Politics*. Nova York: Lexington Books,1989.
Deutsch, K. (Ed.). *Political Community and the North Atlantic Area*. Princeton, NJ: Princeton University Press, 1957.
Deutsch, K. *Análise das Relações Internacionais*. Brasília: Editora Universidade de Brasília, 1978.
Dirlik, A. "The Postcolonial Aura: Third World Criticism in the Global Capitalism." *Critical Inquiry*, v. 20, n. 2, p. 328-356, 1994.
Donnelly, J. "Para Além do Realismo e de seus Críticos: Novas Pesquisas Realistas e as Possibilidades para um Engajamento Construtivo." *Contexto Internacional*, v. 22, n. 1, p. 137-192, 2000.
Donnelly, J. *Realism and International Relations*. Cambridge: Cambridge University Press, 2000.
Doyle, M. "Kant, Liberal Legacies and Foreign Affairs." *Philosophy and Public Affairs*, n. 12, p. 205-235,1983. Fierke, K. M. "Links Across the Abyss: Language and Logic in International Relations." *International Studies Quarterly*, n. 46, p. 331-354, 2002.
Fierke, K. M.; Jorgensen, K. E. (Eds.). *Constructing International Relations: the next generation*. Londres: M.E. Sharpe, 2001.
Fonseca, G. *A Legitimidade e Outras Questões Internacionais*. Rio de Janeiro: Paz e Terra, 1998.
Foucault, M. *Power/Knowledge: Selected Interviews & Other Writings*. Nova York: Pantheon Books,1980.
Foucault, M. *Vigiar e Punir: História da Violência nas Prisões*. Petrópolis: Vozes, 2000.
George, J. *Discourses of Global Politics: A Critical (Re)Introduction to International Relations*. Boulder, Colorado: Lynne Rienner Publishers,1994.
Giddens, A. *The Constitution of Society*. Berkeley: University of California Press, 1984.
Gill, S. (Ed.). *Gramsci, historical materialism and international relations*. Cambridge: Cambridge University Press, 1993.
Gill, S. "The Global Panopticon? The Neoliberal State, Economic Life and Democratic Surveillance." *Alternatives*, n. 20, p. 1-49, 1995.
Gilpin, R. *War and Change in World Politics*. Princeton: Princeton University Press, 1981.
Gilpin, R. "The Theory of Hegemonic War." In: R. I. Rotberg; T. K. Rabb. *The Origin and Prevention of Major Wars*. Cambridge: Cambridge University Press, 1989, p. 15-38.

Gilpin, R. *Economia Política das Relações Internacionais*. Brasília: UnB, 2002.

Grieco, J. M. "Anarchy and the Limits of Cooperation: A Realist Critique of the Newest Liberal Institutionalism." In: D. A. Baldwin. *Neorealism and Neoliberalism: The Contemporary Debate*. Nova York: Columbia University Press, 1993, p. 116-142.

Grovogui, S. N. Z. "Criticism and Form: Speech Acts, Normativity, and the Postcolonial Gaze." In: F. Debrix. *Language, Agency, and Politics in a Constructed World*. Armonk, Nova York: M.E. Sharpe, 2003, p. 121-142.

Haas, E. *Beyond the Nation-State: Functionalism and International Organization*. Stanford: Stanford University Press, 1964.

Haas, E. *When Knowledge is Power: Three Models of Change in International Organizations*. Berkeley: University of California Press, 1990.

Herz, J. "Idealist Internationalism and the Security Dilemma." *World Politics*, v. 2, n. 2, p. 157-180, 1950.

Herz, J. *Political Realism and Political Idealism: A Study in Theories and Realities*. Chicago: The University of Chicago Press, 1951.

Herz, J. *The Nation-State and the Crisis of World Politics: Essays on International Politics in the Twentieth Century*. Nova York: David McKay Company, Inc., 1976.

Herz, M.;

Hoffmann, A. R. *Organizações Internacionais: História e Práticas*. Rio de Janeiro: Elsevier, 2004. Hobden, S.;

Hobson, J. (Eds.). *Historical Sociology of International Relations*. Cambridge: Cambridge University Press, 2002.

Hoffman, M. "Critical Theory and the Inter-Paradigm Debate." *Millennium: Jornal of International Studies*, v. 16, n. 2, p. 189-206, 1987.

Hoffman, S. *Jano y Minerva: Ensayos Sobre la Guerra y la Paz*. Buenos Aires: Grupo Editor Latinoamericano, 1987.

Hoffmann, S. "An American Social Science." *Daedalus*, v. 106, n. 3, p. 41-60, 1977.

Horkheimer, M. *Critical Theory: Selected Essays*. Nova York: Continuum, 1995.

Horkheimer, M.; Adorno, T. W. *Dialectic of Enlightenment*. Nova York: Continuum, 1995.

Ikenberry, G. J. *After Victory: Institutions, Strategic Restraint and the Rebuilding of Order After Major Wars*. Princeton: Princeton University Press, 2001.

Jackson, R. H. *Quasi-states: Sovereignty, International Relations and the Third World*. Cambridge: Cambridge University Press, 1990.

Jervis, R. "Cooperation Under the Security Dilemma." *World Politics*, v. 30, n. 2, p. 167-214, 1978.

Jervis, R. "Realism, Game Theory, and Cooperation." *World Politics*, n. 40, p. 317-49, abr. 1988.

Joll, J. *The Second International: 1889-1914*. Londres: Routledge & Keegan Paul, 1974.

Jorgensen, K. E. "Four Levels and a Discipline". In: K. M. Fierke; K. E. Jorgensen. *Constructing International Relations: the next generation*. Londres: M.E. Sharpe, 2001, p. 36-53.

Katzenstein, P. J. (Ed.). *The Culture of National Security: Norms and Identity in World Politics*. Nova York: Columbia University Press, 1996.
Katzenstein, P. J.; Keohane, R. O. et al. "International Organization and the Study of World Politics." *International Organization*, v. 52, n. 4, p. 645-685, 1998.
Kegley Jr., C. W. (Ed.). *Controversies in International Relations Theory: Realism and the Neoliberal Challenge*. Nova York: St. Martin's Press, 1995.
Keohane, R. O. *After Hegemony: Cooperation and Discord in the World Political Economy*. Princeton: Princeton University Press, 1984.
Keohane, R. O. (Ed.). *Neorealism and its Critics. New Directions in World Politics*. Nova York: Columbia University Press, 1986.
Keohane, R. O. "International Institutions: Two Approaches." *International Studies Quarterly*, v. 32, n. 4, p. 379-396, 1988.
Keohane, R. O. *Instituciones Internacionales y Poder Estatal*. Buenos Aires: Grupo Editor Latinoamericano, 1989.
Keohane, R. O. "Institutional Theory and the Realist Challenge After the Cold War." In: D. A. Baldwin. *Neorealism and Neoliberalism: The Contemporary Debate*. Nova York: Columbia University Press, 1993, p. 269-300.
Keohane, R. O. *Power and Governance in a Partially Globalized World*. Londres: Routledge, 2002.
Keohane, R. O.; Nye, J. *Power and Interdependence: World Politics in Transition*. Boston: Little, Brown and Company, 1977.
Knutsen, T. L. *A History of International Relations Theory*. Manchester: Manchester University Press, 1997.
Krasner, S. "Structural causes and regime consequences: regimes as intervening variables." *International Organization*, v. 36, n. 2, p. 1-21, 1982.
Krasner, S. (Ed.). *International Regimes*. Ithaca: Cornell University Press, 1983.
Krasner, S. *Sovereignty: Organized Hypocrisy*. Princeton: Princeton University Press, 1999.
Krasner, S. (Ed.). *Problematic Sovereignty: Contested Rules and Political Possibilities*. Nova York: Columbia University Press, 2001.
Kratochwil, F.; Ruggie, J. G. "International Organization: a state of the art on an art of the state." *International Organization*, v. 40, n. 4, p. 753-775, 1986.
Kratochwil, F. V. *Rules, Norms, and Decisions: On the Conditions of Practical and Legal Reasoning in International Relations and Domestic Affairs*. Cambridge: Cambridge University Press, 1989.
Kratochwil, F. V. "Constructivism as an Approach to Interdisciplinary Study." In: K. M. Fierke; K. E. Jorgensen. *Constructing International Relations: the next generation*. Londres: M.E. Sharpe, 2001, p. 13-35.
Krishna, S. "The Importance of Being Ironic: A Postcolonial View on Critical International Relations Theory." *Alternatives: Social Transformation and Humane Governance*, v. 18, n. 3, p. 385-417, 1993.
Kubálková, V.; Cruickshank, A. *Marxism and International Relations*. Oxford: Oxford University Press, 1989.

Kubalkova, V.; Onuf, N. *et al.* (Eds.). *International Relations in a Constructed World.* Armonk, Nova York: M. E. Sharpe, 1998.

Lapid, Y. "The Third Debate: On the Prospects of International Theory in a Post-Positivist Era." *International Studies Quarterly*, v. 33, n. 3, p. 235-254, 1989.

Lapid, Y.; Kratochwil, F. V. (Eds.). *The Return of Culture and Identity in IR Theory.* Boulder: Lynne Rienner, 1996.

Lebow, R. N. *The Tragic Visions of Politics — Ethics, Interests and Orders.* Cambridge: Cambridge University Press, 2003.

Lênin, V. I. *O imperialismo: fase superior do capitalismo.* São Paulo: Global, 1985.

Linklater, A. *Beyond Realism and Marxism: Critical Theory and International Relations.* Londres: Macmillan, 1990.

Linklater, A. "The achievements of critical theory." In: S. Smith; K. Booth; M. Zalewski. *International theory: positivism and beyond.* Cambridge: Cambridge University Press, 1996, p. 279-300.

Linklater, A. *The Transformation of Political Community: Ethical Foundations of the Post-Westphalian Era.* Columbia: University of South Carolina Press, 1998.

Locher, B.; Prügl, E. "Feminism: Constructivism's Other Pedigree." In: K. M. Fierke; K. E. Jorgensen. *Constructing International Relations: the next generation.* Londres: M.E. Sharpe, 2001, p. 76-92.

Manzo, K. "Critical Humanism: Postcolonialism and Postmodern Ethics." In: D. Campbell; M. Shapiro. *Moral Spaces: rethinking ethics and world politics.* Minneapolis: University of Minnesota Press, 1999, p. 154-183.

Marcuse, H. *One-Dimensional Man.* Boston: Bacon Press, 1964.

Marcuse, H. "Philosophy and Critical Theory." In: S. Bronner; D. Kellner. *Critical Theory and Society: A Reader.* Nova York: Routledge, 1989, p. 58-76.

Marx, K. *Civil War in France: The Paris Commune.* Nova York: International Publishers, 1985.

Marx, K. *The First International and After.* Londres: Pinguin Books, 1992.

Marx, K. *O 18 Brumário; e Cartas a Kugelmann.* Rio de Janeiro: Paz e Terra, 1997.

Mearsheimer, J. "Back to the Future: Instability in Europe after the Cold War." *International Security*, v. 15, n. 1, p. 5-56, 1990.

Mearsheimer, J. J. "The False Promise of International Institutions." *International Security*, v. 19, n. 3, p. 5-49, 1995.

Mearsheimer, J. J. *The Tragedy of Great Power Politics.* Nova York: W.W. Norton & Company, 2001.

Mitrany, D. *A Working Peace System.* Chicago: Quadrangle, 1966.

Moravcsik, A. "Taking Preferences Seriously: A Liberal Theory of International Politics." *International Organization*, v. 51, n. 4, p. 513-53, 1997.

Morgenthau, H. J. *Scientific Man vs. Power Politics.* Chicago: The University of Chicago Press, 1946.

Morgenthau, H. J. *A Política entre as Nações: a luta pelo poder e pela paz.* Brasília: UnB, 2003.

Neufeld, M. *The Restructuring of International Relations Theory.* Cambridge: Cambridge University Press, 1995.
Olson, W. C.; Groom, A. J. R. *International Relations Then and Now: Origins and Trends in Interpretation.* Londres: HarperCollins Academic, 1991.
Onuf, N. "Constructivism: A User's Manual." In: N. Onuf; P. Kowert. *International Relations in a Constructed World.* V. Kubalkova; Armonk, Nova York: M. E. Sharpe, 1998, p. 58-78.
Onuf, N. "Uma Reflexão sobre a Idade de Ouro do Direito Internacional." *Contexto Internacional,* v. 23, n. 2, p. 7-21, 2001.
Onuf, N. "Institutions, intentions and international relations." *Review of International Studies,* v. 28, n. 2, p. 211-228, 2002.
Onuf, N. "The Strange Career of Constructivism in International Relations." In: D. J. Puchala. *Visions of International Relations: Assessing an Academic Field.* Columbia, South Carolina: University of South Carolina Press, 2002, p. 119-141.
Onuf, N. G. *World of Our Making: Rules and Rule in Social Theory and International Relations.* Columbia, South Carolina: University of South Carolina Press, 1989.
Onuf, N. G. "Parsing Personal Identity: Self, Other, Agent." In: F. Debrix. *Language, Agency, and Politics in a Constructed World.* Armonk, Nova York: M.E. Sharpe, 2003.
Oye, K. A. "Explaining Cooperation Under Anarchy: Hypotheses and Strategies." *World Politics,* n. 38, p. 1-24, 1985.
Price, R.; Reus-Smit, C. "Dangerous Liaisons? Critical International Theory and Constructivism." *European Journal of International Relations,* v. 4, n. 3, p. 259-294, 1998.
Reus-Smit, C. The Constructivist Turn: Critical Theory After the Cold War. Canberra, Department of International Relations — Australian National University. Working Paper, 1996.
Reus-Smit, C. "Imagining Society: Constructivism and the English School." *British Journal of Politics and International Relations,* v. 4, n. 3, p. 487-509, 2002.
Richardson, J. L. *Contending Liberalisms in World Politics: Ideology and Power.* Boulder: Lynne Rienner Publishers, 2001.
Risse-Kappen, T. "Between a New World Order and None: Explaining the Reemergence of the United Nations in World Politics." In: K. Krause; M. Williams. *Critical Security Studies.* Minneapolis: Minnesota University Press, 1997, p. 255-298.
Rocha, A. J. R. d.*Relações Internacionais: Teorias e Agendas.* Brasília: Funag, 2002.
Rosenau, P. M. *Post-Modernism and the Social Sciences: Insights, Inroads, and Intrusions.* Princeton, New Jersey: Princeton University Press, 1992.
Ruggie, J. G. "Territoriality and Beyond: Problematizing Modernity in International Relations." *International Organization,* v. 47, n. 1, p. 139-174, 1993.

Ruggie, J. G. "What Makes the World Hang Together? Neo-Utilitarianism and the Social Constructivist Challenge." *International Organization*, v. 52, n. 4, p. 855-886, 1998.

Schmidt, B. C. *The Political Discourse of Anarchy: A Disciplinary History of International Relations*. Albany: State University of New York Press, 1998.

Shapiro, M. J. "Textualizing Global Politics." In: J. Der Derian; M. J. Shapiro. *International/Intertextual Relations: Postmodern Readings of World Politics*. Nova York: Lexington Books, 1989, p. 11-22.

Smith, S. (Ed.). *International Relations: British and American Perspectives*. Oxford: Basil Blackwell, 1985.

Smith, S. "The Self-Images of a Discipline: A Genealogy of International Relations Theory." In: K. Booth; S. Smith. *International Relations Theory Today*. University Park, Pennsylvania: The Pennsylvania State University Press, 1995, 1-32.

Smith, S. "Positivism and Beyond." In: B. M. Z. Steve Smith. *International Theory: Positivism and Beyond*. Cambridge: Cambridge University Press, 1996, p. 11-44.

Smith, S.; Booth, K. *International Relations Theory Today*. University Park, Pennsylvania: The Pennsylvania State University Press, 1995.

Smith, S.; Booth, K. et al. (Eds.). *International Theory: Positivism and Beyond*. Cambridge: Cambridge University Press, 1996.

Sorensen, G. "IR theory after the Cold War." *Review of International Studies*, n. 24, p. 83-100, 1998. Stein, A. A. *Why Nations Cooperate: Circumstance and Choice in International Relations*. Ithaca: Cornell University Press, 1990.

Strange, S. *States and Markets*. Londres: Pinter Publishers, 1988.

Sylvester, C. *Feminist Theory and International Relations in a Postmodern Era*. Cambridge: Cambridge University Press, 1994.

Sylvester, C. "The Contributions of Feminist Theory to International Relations." In: K. B. M. Z. Steve Smith. *International Theory: Positivism and Beyond*. Cambridge: Cambridge University Press, 1996, p. 254-278.

Tickner, J. A. *Gender in International Relations*. Nova York: Columbia University Press, 1992.

Tickner, J. A. "Re-visioning Security." In: K. Booth; S. Smith. *International Relations Theory Today*. University Park, Pennsylvania: The Pennsylvania State University Press, 1995, p. 175-197.

Tickner, J. A. "You Just Don't Understand: Troubled Engagements Between Feminists and IR Theorists." *International Studies Quarterly*, v. 41, n. 4, p. 611632, 1997.

Tucídides. *História da Guerra do Peloponeso*. Brasília: Editora Universidade de Brasília, 1986.

Vasquez, J. A. *The power of power politics: from classical realism to neotraditionalism*. Cambridge: Cambridge University Press, 1983.

Waever, O. "The rise and fall of the inter-paradigm debate." In: S. Smith; K. Booth; M. Zalewski. *International Theory: postivism & beyond*. Cambridge: Cambridge University Press, 1996, p. 149-187.

Walker, R. B. J. "Sovereignty, Identity, Community: Reflections on the Horizons of Contemporary Political Practice." In: R. B. J. Walker; S. H. Mendlovitz. *Contending Sovereignties: Redefining Political Community*. Boulder, Colorado: Lynne Rienner, 1990, p. 159-85.

Walker, R. B. J. "State Sovereignty and the Articulation of Political Space/ Time." *Millennium: Journal of International Studies*, v. 20, n. 3, p. 445-461, 1991.

Walker, R. B. J. *Inside/Outside: International Relations as Political Theory*. Cambridge: Cambridge University Press, 1993.

Walker, R. B. J. "From International Relations to World Politics." In: J. A. Camilleri; A. P. Jarvis; A. J. Paolini. *The State in Transition: Reimagining Political Space*. Boulder: Lynne Rienner Publishers, 1995, p. 21-38.

Walker, R. B. J. "International Relations and the Concept of the Political." In: K. B. a. S. Smith. *International Relations Theory Today*. University Park: Pennsylvania State University Press, 1995, p. 306-327.

Wallerstein, I. "The inter-state structure of the modern world-system." In: S. Smith; K. Booth; M. Zalewski. *International theory: positivism and beyond*. Cambridge: Cambridge University Press, 1996, p. 87-107.

Wallerstein, I. *The Essential Wallerstein*. Nova York: The New Press, 2000.

Walt, S. J. *Revolution and War*. Ithaca, Nova York: Cornell University Press, 1997.

Walt, S. J. "International Relations: One World, Many Theories." *Foreign Policy*, n. 110 (Spring), 1998.

Waltz, K. N. *Man, the State and War: A Theoretical Analysis*. Nova York: Columbia University Press, 1954.

Waltz, K. N. *Theory of International Politics*. Reading, Mass.: Addison-Wesley, 1979.

Watson, A. *The Evolution of International Society: A Comparative Historical Analysis*. Londres: Routledge, 1992.

Weber, C. *Simulating Sovereignty: Intervention, the State and Symbolic Exchange*. Cambridge: Cambridge University Press, 1995.

Weber, C. "Flying Planes Can be Dangerous." *Millennium: Journal of International Studies*, v. 31, n. 1, p. 129-148, 2002.

Wendt, A. "The Agent-Structure Problem in International Relations Theory." *International Organization*, v. 41, n. 3, p. 335-370, 1987.

Wendt, A. "Anarchy Is What States Make of It: The Social Construction of Power Politics." *International Organization*, n. 46, p. 391-425, 1992.

Wendt, A. "Collective Identity Formation and the International State." *American Political Science Review*, v. 88, n. 2, p. 384-396, 1994.

Wendt, A. *Social Theory of International Politics*. Cambridge: Cambridge University Press, 1999.

Wight, M. "Why is there no International Theory?" In: H. Butterfield; M. Wight. *Diplomatic Investigations*. Londres: George Allen & Unwin, 1966, p. 17-34.

Wight, M. *International Theory: The Three Traditions*. Nova: York, Holmes & Meier, 1991. Young, O. R. *International Cooperation: Building Regimes for Natural Resources and the Environment*. Ithaca: Cornell University Press, 1989.

Young, O. R. "The Effectiveness of international institutions: hard cases and critical variables." In: J. N. Rosenau; E.-O. Czempiel. *Governance Without Government: Order and Change in World Politics*. Cambridge: Cambridge University Press, n. 20, p. 16-194, 1992.

Zacher, M. W.; R. A. Matthew. "Liberal International Theory: Common Threads, Divergent Strands." In: J. Charles W. Kegley. *Controversies in International Relations Theory: Realism and the Neoliberal Challenge*. Nova York: St.Martin's Press, 1995, p. 107-150.

Zalewski, M. "Feminist Theory and International Relations." In: M. Bowker; R. Brown. *From Cold War to Collapse: Theory and World Politics in the 1980's*. Cambridge: Cambridge University Press, 1993, p. 130-155.

Zalewski, M.; C. Enloe. "Questions About Identity in International Relations." In: K. Booth; S. Smith. *International Relations Theory Today*. University Park, Pennsylvania: The Pennsylvania State University Press, 1995, p. 289-291.

Zehfuss, M. *Constructivism and International Relations: The Politics of Reality*. Cambridge: Cambridge University Press, 2002.